感谢关强先生为本书题写书名。

本书受北京印刷学院学科建设与研究生教育专项"传媒经济优势学科建设"（21090117010）资助。

NEW RESEARCH ON
CULTURAL INDUSTRY

文化产业研究新论

佟东　韩丽雯◎著

图书在版编目（CIP）数据

文化产业研究新论/佟东，韩丽雯著. —北京：经济管理出版社，2018.2
ISBN 978-7-5096-5567-2

Ⅰ.①文… Ⅱ.①佟…②韩… Ⅲ.①文化产业—研究—中国 Ⅳ.①G124

中国版本图书馆 CIP 数据核字（2017）第 312525 号

组稿编辑：申桂萍
责任编辑：赵亚荣
责任印制：黄章平
责任校对：陈　颖

出版发行：经济管理出版社
　　　　　（北京市海淀区北蜂窝 8 号中雅大厦 A 座 11 层　100038）
网　　址：www.E-mp.com.cn
电　　话：(010) 51915602
印　　刷：北京玺诚印务有限公司
经　　销：新华书店
开　　本：720mm×1000mm/16
印　　张：15.75
字　　数：269 千字
版　　次：2018 年 4 月第 1 版　2018 年 4 月第 1 次印刷
书　　号：ISBN 978-7-5096-5567-2
定　　价：68.00 元

·版权所有　翻印必究·
凡购本社图书，如有印装错误，由本社读者服务部负责调换。
联系地址：北京阜外月坛北小街 2 号
　电话：(010) 68022974　邮编：100836

目 录

文化产业发展亟待文化产业结构调整 ……………………………………… 001
基于偏好相似理论的我国文化产业"走出去"战略研究 ………………… 004
大兴新区文化产业发展的机遇与挑战 ……………………………………… 017
中国文化产业结构安全对文化产业发展的影响 …………………………… 028
论文化贸易发展与文化软实力提升的关系 ………………………………… 035
文化贸易对文化软实力提升的影响及对策 ………………………………… 041
影响文化产业"走出去"的国际竞争力因素及对策研究 ………………… 053
北京优秀传统文化传承创新与文化"走出去"问题研究 ………………… 067
产业集聚对中国文化产业安全的影响 ……………………………………… 078
关于北京市昌平区文化创意产业园区发展状况调研报告 ………………… 096
中国出版传媒产业政策安全 ………………………………………………… 107
创客运动对文化创意产业全方位的变革 …………………………………… 127
内容创新对中国文化产业安全的影响 ……………………………………… 137
网络新媒体产业安全现状及对策分析 ……………………………………… 159
中国出版传媒产业安全 ……………………………………………………… 173
中国文化产业安全 …………………………………………………………… 193
中国新媒体产业安全与发展 ………………………………………………… 215

文化产业发展亟待文化产业结构调整

摘　要： 文化产业安全是关系到文化产业发展的关键问题之一。而文化产业结构安全又是文化产业安全的核心问题。文化产业结构安全是指文化产业内各细分行业间以及各细分行业内部各部门间产业关联性适度，文化产业政策有利于该国文化的传播和文化产业的繁荣，主导产业具有一定的国际竞争力，且通过自身调整升级能够抵御来自外部的冲击和威胁，并能够通过文化贸易逐渐将本国文化传播到世界各个国家和地区。

2012年，我国文化产业产值突破4万亿元，占国民生产总值的比重进一步增加，达到了3.48%，但与文化产业发展强国相比还存在一定的差距，美国文化产业占GDP的比重达25%。文化产业的发展亟待文化产业结构的调整，而文化产业结构的现状则是决定文化产业结构调整的重要因素。从产业安全的角度，不利于文化产业结构调整升级的状态都可被看作是对文化产业结构安全的威胁。

在我国文化产业的细分行业中，新闻出版业、电影产业、广播电视产业、动漫产业、游戏产业、广告产业、艺术品经营业和演出产业是产值较高的八个细分行业。新闻出版业是文化产业中占比最大的产业，接近八个细分行业总产值的60%，而其他行业中，广告产业和广播电视产业占比分别为16.46%和12.18%，演出产业和电影产业所占比重则不足1%。如此悬殊的差距造成了中国文化产业结构的不合理和不安全。

各个国家的产业结构政策都有不同的倾向。美国在文化产业结构政策方面，通过各种非营利文化组织设立基金会及各种资助文化产业发展的捐赠制度，促进各种文化产业、各个文化部门的协调发展。英国在制定文化产业结构政策时，所选的产业均是国内较为成熟的产业，确保各个产业部门能够相互支撑，互为供给，产业结构上下游完整。

我国文化产业结构政策的总体原则是"大力发展大众文化，努力扶持高雅文化"。文化产业化的一个基础方针就是使文化产业能够更加贴近大众、通俗易懂。而文化产业的消费者水平并不一致，有一部分消费者对高雅文化有追求和消费偏好，因此从产业发展的角度，既要顾及大众文化产业，也要兼顾高雅文化产业的发展。但我国文化产业发展正处于起步期，还未形成完整的产业链条，产业结构政策没有给予产业该如何发展的有力指导，是扶植，是保护，还是挽救。

由于我国文化事业起步较晚，文化产业的发展尚处于一个粗放型阶段，与我国的总体经济实力并不相称，国际竞争力也较弱。我国的出版产业，排名出版产业收入前4位的企业总收入只占到该产业总收入的6%，即便是前20名的企业总收入也只占到全产业总收入的20%左右。在中国，文化产业没有大的企业充当"领头羊"，是中国文化产业发展中的一个软肋。如何调整产业内部的结构，提升大企业的市场集中度，是提升中国产业结构国际竞争力一个亟待解决的问题。

为促进文化产业发展，特建议：

（1）扶植一批企业尽快成长起来。产业结构安全不仅是产业结构的不断升级，更应该包括产业结构的优化，在文化产业的发展过程中，如何选择文化产业内的主导产业、潜力产业以及关联产业，对文化产业结构的安全和促进文化产业的发展有着至关重要的作用。而在主导产业选择的基础上尽快扶植一部分企业先发展起来，则是促进整个产业结构优化的有效途径。

（2）促进文化贸易发展，通过贸易促进结构调整。在未来产业结构的调整中，在保持现有文化贸易规模的基础上，调整新闻出版业的进出口规模和产业内部结构，一方面，适应国际文化市场的需求，将我国的出版物打入世界市场；另一方面，通过新闻出版业贸易规模的扩大进一步拉动其他相关文化产业的出口规模，促进整个文化产业的协调发展。在一定时期内实现文化贸易的增长和文化产业结构的调整升级。

（3）促进多产业共同发展，扭转新闻出版行业一家独大的局面。在现有产业结构比重的基础上，提升电影产业的产品质量，加快与国外知名片商之间的合作；促进动漫产业和游戏产业的崛起，在建设动漫产业园的基础上，吸引适量的外商直接投资，打破内资独揽的局面，将动漫游戏产业发达国家的理念引入我国文化产业发展中，与我国文化特色相结合，形成具有中国特色、具有国际竞争力的动漫游戏产业。

（佟东、刘彬，本文原载于《人民政协报》2013年11月26日B02版）

基于偏好相似理论的我国文化产业"走出去"战略研究

摘 要：偏好相似理论是以需求为研究出发点，研究世界各国如何进行国际分工并进行国际贸易的基本理论。通过对我国文化产品和服务同主要贸易伙伴在需求上具有重叠性的分析，并结合偏好相似理论的假设，笔者认为偏好相似理论是适用于分析我国文化贸易和文化"走出去"战略的基础理论；并以需求重叠为基础，提出了基于偏好相似理论的文化产业"走出去"战略体系，包括四个主要方面，即产业结构调整适应贸易结构战略、产业布局适应对象国分布战略、产业布局适应产业协同发展战略以及产业政策制定针对行业特点战略；并结合我国文化产业发展的现状及特点，提出了基于偏好相似理论的文化产业"走出去"战略实施对策。

关键词：偏好相似理论；文化贸易；文化产业；走出去；战略

一、引 言

拉动中国文化产业发展，推动中华文化走向世界是中国文化产业"走出去"的历史使命。中国文化正在大踏步地走向世界，而文化"走出去"是中国民族复兴的主要途径。我国文化产业正在探索文化与科技融合、文化与创意融合的崭新发展模式，在这一背景下，如何促进承载着文化价值和文化意识的中国文化产品和服务走向国际市场,如何运用国际化的运作方式和国际化标准来促进文化产业的发展,如何提高我国文化企业的整体实力以及驾驭国际市场的能力,这些都是文化产业发展战略需要深入研究的问题。这不仅需要不断拓展我国文化产业的国际视野,传播良好文化形象,更要将文化交流与文化贸易融合在一起,努力发掘我国文化产业的资源优势,增强文化软实力,不断提升文化话语权。2014年3月国务院签发的《关于加快发展对外文化贸易的意见》明确提出,随着改革开放的推进,尽管我国对外文化贸易的规模不断扩大且结构逐步优化,但核心文化产品和服务贸易逆差仍然存在,对外文化贸易占对外贸易总额的比重比较低。这需要在明确支持重点的基础上,加大财税支持,强化金融服务,完善服务保障,以加强统筹协调,整合资源,推动相关政策措施的落实。2002~2013年,我国文化产品对外贸易额由39.3亿美元上升到274.1亿美元,但出口所占比例仍很小,2013年我国文化产品出口总额为91.9亿美元,仅占文化产品对外贸易总额的33.53%,如何实现扩大文化产品出口仍是我国文化产业发展面临的艰巨任务之一。[①]囿于文化产业的统计口径存在差异,且文化贸易在我国的发展还比较不成熟,本文所涉及的文化产业是指在我国对外文化贸易中占据主要份额的演艺娱乐业、新闻出版业、电影产业、电视产业、动漫产业、游戏产业、艺术品产业、设计业、广告业、音乐产业和文化会展产业。

二、偏好相似理论在文化贸易研究中的适用性

偏好相似理论是由瑞典经济学家林德于1961年在其著作《论贸易和转变》中提出的,最初用于解释发达国家间存在大量贸易往来的现象。由于古典国际贸易理论和现代国际贸易理论都是基于要素禀赋差异来解释国际贸易发生的原因,而这对于要素禀赋相近的国家和产品的贸易无法给予很好的解释,因此基于需求偏好不同的偏好相似理论从传统贸易理论中拓展出来,形成了新的国际贸易理论。偏好相似理论基于参加贸易的各国在需求上有重叠的部分,这部分重叠来源于各

---

① 刘建凡. 中国文化发展报告(2013)[M]. 北京:社会科学文献出版社,2013.

国居民收入水平的不同,无论在经济发达的欧美资本主义国家,还是在经济比较落后的发展中国家和欠发达国家,都有对不同档次文化产品的需求,而这部分重叠需求就是贸易参与国参与国际分工并进行贸易的基础。

如图1所示,假定世界上有三个国家,分别为A、B、C三国,这三国均对三类文化产品有需求,分别为高端文化产品、低端文化产品和介于两者之间的其他文化产品。在图中,矩形Ⅰ为A国的需求可能性边界,矩形Ⅱ为B国的需求可能性边界,矩形Ⅲ为C国的需求可能性边界,在三国共同的需求可能性边界中,有一部分是互相重叠的,即为图中黑实线围成的小矩形Ⅳ,矩形Ⅳ即为三国间进行国际分工并进行文化产品贸易的来源。

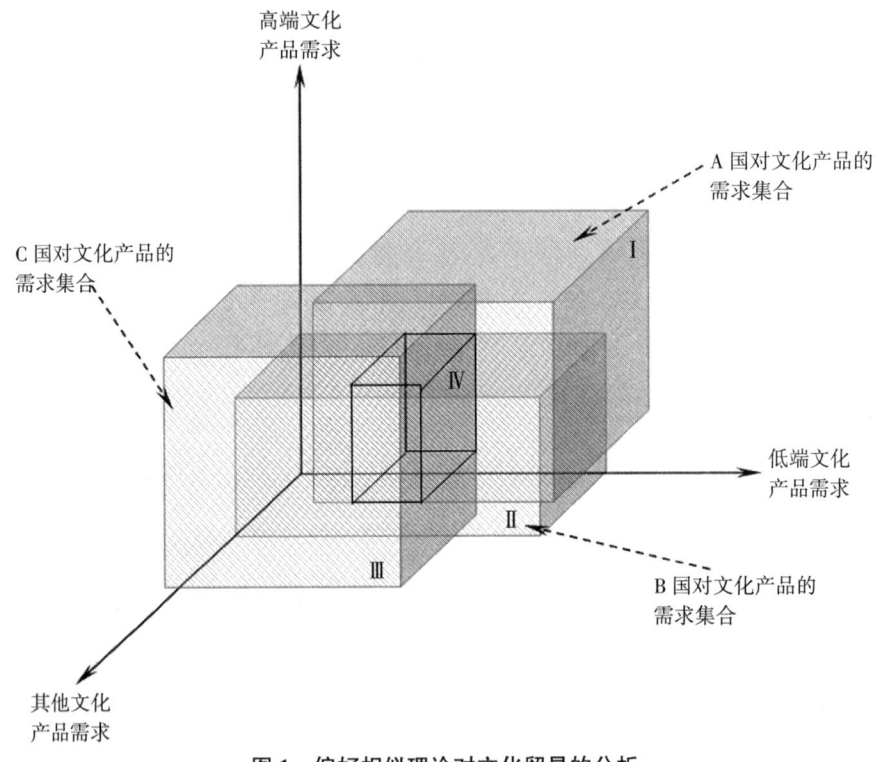

图1 偏好相似理论对文化贸易的分析

偏好相似理论之所以适用于分析文化贸易以及文化产业走出去,其原因主要在于:

第一,文化产品需求结构的梯度分布。结合我国文化贸易的发展现状,目前，在文化产业领域与我国有着较为广泛贸易往来的国家主要集中在美国、欧洲、日本以及韩国等发达国家。在我国，居民文化消费日益多元化，从最受欢迎的上网、看电视、看电影，到阅读书报杂志、参观博物馆展览馆、旅行、听广播，再到看文艺演出、艺术品收藏，不同消费群体体现出了对不同文化产品和服务的需求。从文化消费支出结构来看，年龄越大对文化消费的支出越高，受教育程度越高文化消费支出越高，收入越高文化消费支出越高，这样的消费结构决定了我国居民对文化产品的需求存在梯度分布，既有对高端文化产品和服务的需求，也有对低端文化产品和服务的需求。同样在任何一个国家或地区，都存在不同层次的消费需求，一个国家的生产和供给能力难以满足全部消费需求，因此需要通过对外贸易实现需求与供给的平衡，使参加贸易的各国在贸易中获利。这一点符合偏好相似理论的第一个前提假设，即参加贸易的各国（地区）消费者需求结构不同。

第二，参与文化贸易的各国存在对文化产品和服务需求的重叠。正如图1所示，参与贸易的各国间有需求上的重叠是偏好相似理论得以成立的基础。以2011年我国与主要贸易伙伴间部分文化贸易数据为例，表1中数据全部来自《中国对外文化贸易年度报告2012》[①]，其中第49章、第95章、第97章是指按照海关统计标准所采用的国际通用《商品名称及编码协调制度》中与文化产业相关的产品。第49章包括"书籍、报纸印刷图画及其他印刷品，手稿、打字稿及设计图纸"；第95章包括"玩具、游戏品、运动用品及其零件、附件"；第97章包括"艺术品、收藏品及古物"。

表1 2011年我国与主要贸易伙伴部分文化产业对外贸易额

单位：千美元

国别/地区	第49章		第95章		第97章	
	出口额	进口额	出口额	进口额	出口额	进口额
美国	897664	322666	12327892	61063	100952	7193
日本	114360	322623	2870105	176246	126646	701
韩国	25774	17379	609786	174070	571	603

① 侯湘华，叶朗. 中国对外文化贸易年度报告 [M]. 北京：北京大学出版社，2012：70-71.

续表

国别/地区	第49章		第95章		第97章	
	出口额	进口额	出口额	进口额	出口额	进口额
欧盟	724185	321068	9053274	86365	70624	13080
德国	98977	133625	2901030	17294	10661	1221
英国	317340	121495	1953091	2490	9068	2651
法国	81836	10623	767997	4559	7966	5388
意大利	26386	10536	509021	12494	3397	1176
荷兰	80419	17188	1032930	4723	21786	219
俄罗斯	75405	10759	581371	175	25930	64
西班牙	37414	1046	419246	770	6175	146

资料来源：根据《中国对外文化贸易年度报告2012》中数据整理。

这三类产品可以用来代表不同消费层次的消费品。从表1中数据可以看出，我国与主要贸易伙伴间在不同档次的文化产品上均有贸易往来，互有出口和进口。这说明，在不同档次的文化产品消费中，中国居民消费偏好与主要贸易伙伴国家居民消费偏好存在重叠需求部分。这一点符合偏好相似理论的第二个前提假设，即参加贸易的各国（地区）需求重叠。

在满足以上两个假设前提的基础上，可认为偏好相似理论是适用于文化贸易和文化产业走出去分析的国际贸易理论，但这里还要考虑国际贸易产生的两个基本前提，即存在可交换的剩余产品和剩余服务，贸易是在不同国家或地区之间进行的。一方面，在满足本国消费的基础上，存在可用于交换的剩余产品和剩余服务。随着科学技术的发展和生产力的提高，在国际分工的链条中，各国都会生产并向其他国家或地区出口本国在生产中具有比较优势的产品，这在文化产业走出去和文化贸易中仍然存在。以新闻出版产业为例，2012年我国图书出版量为79.25亿册，其中国内零售61.55亿册，收入617.13亿元；图书出口1325.69万册，出口额4250.09万美元；并且全国新华书店系统、出版社自办发行单位仍有累计库存56亿册。大量的库存图书说明本国消费在一定程度上得到了满足，并存在较多的剩余，这些剔除国内消费后的剩余图书就是我国对外图书贸易的基本条件之一。扩展到文化贸易领域，仍然满足国际贸易这一基本前提。另一方面，贸易或者称其为商品和服务的流动是在国家（地区）间进行的。这一点无须赘述,文化产业走出去,就是通过文化贸易带动文化产业的发展,以及文化产品和服务走出国门,走向世界。通过文化"走出去",使世界各国各地区逐渐了解中国文化,将中国的文化传向世界,提升我国在国际竞争中的软实力,实现国民经济的长足发展。

三、文化产业"走出去"的战略体系

(一) 我国文化产业走出去现状

2000年起,伴随着我国加入世界贸易组织(WTO),国家出台了多项促进文化产业及其细分行业"走出去"的政策,通过15年的发展,我国文化贸易从无到有,规模从小到大,取得了一定的发展。从核心文化产品进出口额看,进出口总额从2005年的82.3亿美元上升到2012年的274.5亿美元,其中出口额由2005年的78.9亿美元上升到2012年的259亿美元,进口额由2005年的3.5亿美元上升到2012年的15.6亿美元。在核心文化产品中,视觉艺术品的贸易量最大,2012年视觉艺术品的进出口总额为143.37亿美元,占当年核心文化产品进出口总额的52.22%,其中进口总额为1.23亿美元,出口总额为142.14亿美元。[①]

从产品结构上看,在核心文化产品进出口方面,出口增长率最高的是视觉艺术品,其增长率为52.4%;其次是视听媒介产品,其增长率为42.5%;除声像制品的出口为负增长外,其他核心文化产品的出口均实现了一定程度的增长。而进口增长率最高的是视听媒介产品,其增长率为131.7%;其次是视觉艺术品,其增长率为19.1%;除声像制品的进口为负增长外,其他核心文化产品的进口均实现了一定程度的增长。

从贸易集中度的角度看,2007~2012年,我国出口的主要对象国和地区为美国、中国香港、德国、英国、日本和荷兰等,值得关注的是,2012年韩国成为

---

① 国家统计局社会科技和文化产业统计司,中宣部文化体制改革和发展办公室.2013中国文化及相关产业统计年鉴[M].北京:中国统计出版社,2013:51.

我国的主要文化产品出口对象，并仅次于美国、日本和欧盟国家，成为我国第四大文化产品出口贸易伙伴。2007~2012年，我国进口的主要对象国和地区为美国、日本、韩国、英国、德国和中国香港等，尤其是韩国，2012年仅次于美国、日本和欧盟，一跃成为我国第四大进口贸易伙伴。由此可以看出，北美、欧洲和东亚是我国文化产品出口的主要方向。

（二）适应"走出去"的文化产业结构调整战略

文化产业结构反映的是文化产业内部各细分行业之间的结构关系。我国文化产业发展起步较晚，目前尚未形成完整合理的产业结构，产业结构仍需进一步优化和完善。在我国，目前占据文化产业产值绝大部分比重的细分行业主要有演出业、新闻出版业、电影产业、广播电视产业、动漫产业、艺术品产业和文化会展产业。如表2所示，从2010~2012年文化产业各细分行业之间的比例关系看，在文化产业各细分行业中，新闻出版业占据了绝大部分比重。以2012年为例，根据国民生产总值及文化产业产值占GDP比重推算的当年文化产业产值为44142.37亿元，新闻出版产业产值占到了文化产业总产值的37.69%，而其他主要产业的产值比重相对要小很多。由此可见，对于文化产业结构来说，各细分行

表2　2010~2012年文化产业主要细分行业产值及结构关系

单位：亿元，%

主要细分行业	2010年		2011年		2012年	
	产值	比重	产值	比重	产值	比重
演出业	108.00	0.55	203.20	0.87	355.90	1.34
新闻出版业	12375.20	63.19	14568.60	62.22	16635.30	62.64
电影产业	153.60	0.78	178.10	0.76	209.60	0.79
广播电视产业	2301.87	11.75	2717.32	11.61	3268.79	12.31
动漫产业	470.84	2.40	621.72	2.66	759.94	2.86
艺术品产业	1694.00	8.65	2108.00	9.00	1784.00	6.72
文化会展产业	2482.00	12.67	3016.00	12.88	3543.00	13.34
7个产业总值	19585.51	100.00	23412.94	100.00	26556.53	100.00

资料来源：演出业数据来自《2012中国演出市场年度报告》；新闻出版产业数据来自《2012年新闻出版产业分析报告》；电影产业数据来自《2012~2013年中国电影产业研究报告》；广播电视产业数据来自《2012中国广播电视年鉴》；动漫产业数据来自文化部第九届中国国际动漫游戏博览会；艺术品产业数据来自《2012中国艺术品市场年度报告》；文化会展产业数据来自《2012年中国会展业发展报告》。

业发展的不均衡，是文化产业"走出去"以及文化贸易发展受到限制的原因之一。

从适应文化产业"走出去"的角度看，首先，要了解我国主要文化贸易对象的需求空间，特别是与我国在其他领域贸易往来比较密切的国家或地区，由于与这些国家或地区有着开展贸易的基础条件，并在贸易协定、贸易政策等方面存有一定程度的共识，这样可以通过其他关联产业"走出去"带动文化产业"走出去"。其次，要挖掘经济结构类似、经济发展水平相当的国家或地区成为新的文化贸易伙伴。根据偏好相似理论，经济发展水平越接近，人均收入水平越相当，两个国家在需求上的相似程度越大，越容易开展文化领域的贸易往来。因此，掌握贸易对象国的文化产品需求信息，有助于我国在适应需求结构的前提下调整产业结构和贸易结构，在适应需求的前提下实施文化产业"走出去"的战略。

因此，适应文化产业"走出去"的文化产业结构调整战略，应该是以贸易对象的文化产品及服务的需求结构为导向，特别要关注主要文化贸易对象国或地区，以及经济发展水平相当的国家和地区对文化产品及服务的需求，简单地说就是"投其所好"，按照需求进行生产和出口，以带动我国文化产业结构的调整，使之与文化贸易结构更相适应，实现文化产业"走出去"。

（三）适应"走出去"的文化产业布局战略

文化产业布局反映的是文化产业在全国范围内的区域分布。我国文化产业布局总体上呈现东部发达西部落后的现状。2012年，广东、山东、浙江和福建四个东部经济发达省份的核心文化产品进出口额在全国居领先地位，分别达到116.71亿美元、41.47亿美元、32.25亿美元和19.53亿美元，分别占到我国文化产品进出口总额的42.5%、15.1%、11.7%和7.1%。[①]

根据我国第一次和第二次全国经济普查数据，2004年在我国各省、市、自治区中，文化及相关产业增加值位居前六位的是广东、北京、山东、浙江、上海和江苏，其增加值分别为698.9亿元、385.9亿元、286.9亿元、273.1亿元、269.5亿元和258.6亿元。2008年在我国各省、市、自治区中，文化及相关产业增加值居前六位的是广东、山东、江苏、北京、浙江和上海，其增加值分别为

---

① 资料来源：中商情报网. 2012年我国文化产品出口情况分析. 网址：http://www.askci.com/news/201302/22/221093561942.shtml.

1545.0亿元、651.0亿元、644.80亿元、641.40亿元、529.70亿元和378.40亿元。尽管从两次全国范围内的经济普查数据看，排名前六位的省、市、自治区有排名上的变化，但总体上看文化产业发展较快的地区仍然是东部较发达地区。而2004年在我国各省、市、自治区中，文化及相关产业增加值居后六位的是西藏、青海、宁夏、海南、甘肃和贵州，其增加值分别为4.6亿元、5.1亿元、9.8亿元、13.4亿元、18.1亿元和24.1亿元。2008年在我国各省、市、自治区中，文化及相关产业增加值居后六位的是西藏、青海、宁夏、海南、贵州和甘肃，其增加值分别为8.7亿元、10.3亿元、13.8亿元、21.7亿元、26.6亿元和28.9亿元。可以看出，文化产业发展相对落后的地区主要集中在西部。我国文化产业发展总体上呈现出东强西弱的现状，这与经济基础和产业发展规模不无关系。[①]

从适应文化产业走出去角度看，首先要合理布局文化产业，避免出现扎堆现象。我国现阶段产业发展战略将文化产业确定为支柱产业，必然会掀起新一轮的文化产业热潮，而各地区为了利用国家政策，极有可能出现重复建设的问题。在文化产业布局上要与文化产业"走出去"和文化产品需求相结合，针对不同贸易对象国的不同需求，形成空间上的合理分布。文化产业贸易不同于其他产业的贸易形式，其是以产业内贸易为主，因此要在充分掌握需求信息的基础上，通过建立稳定的贸易伙伴关系，将产业布局到更加合理的区域中。以电视剧产业为例，与我国有着紧密贸易关系的大多数为汉语文化的国家和地区，如新加坡、中国香港、中国台湾，可以把与电视剧制作相关的重点产业布局到与这些国家毗邻的珠江三角洲地区，从而带动广西、贵州、云南等地的文化产业发展，摆脱文化产业发展东强西弱的现状。

因此，适应文化产业"走出去"的产业布局战略，应该是充分了解不同贸易对象国或地区对我国文化产品需求上的差异，针对贸易对象国或地区文化产品类别需求的不同，形成文化产业在全国范围内的合理分布，以及文化产业细分行业在区域上的协调分布，避免出现重复建设、发展重点不突出等制约文化产业发展的现象，通过区域间的协同发展，实现互利共赢，从而实现我国文化产业的繁

[①] 资料来源：国家统计局社会科技和文化产业统计司，中宣部文化体制改革和发展办公室. 2013中国文化及相关产业统计年鉴[M]. 北京：中国统计出版社，2013：38-39.

荣，促进文化产业走向世界。

（四）适应"走出去"的文化产业政策制定战略

文化产业政策反映了一国政府对文化产业发展的支持与规范。切实有效的文化产业政策不仅对文化产业发展有加速作用，同时还能规范文化市场的竞争秩序，提升文化产业的国际竞争力，促进文化产业"走出去"和文化贸易的发展。文化产业"走出去"的前提是文化产业的繁荣发展，在满足本国消费者对文化产品和服务需求的基础上，再将文化产品向外出口，实现中国文化的"走出去"。因此要处理好文化产业内需与出口两者之间的关系，就需要政府通过"看得见的手"来实现资源的有效配置，并通过"看不见的手"实现供给与需求的平衡。法国是一个时尚的国度，巴黎时装周无疑是法国的一张名片，每一位殿堂级的时装设计师都是从这里走向世界。巴黎时装周这个国际性大舞台的构建充分体现了法国政府所推行的"走出去"的文化产业政策，不仅促进了法国文化走向世界，同时也为有着同样需求的各国服装设计师提供了一个展现自我的舞台。因此，国家在制定相关促进文化产业"走出去"政策时，要发挥本国的比较优势，搭建具有本国文化特色的海内外推广平台，将中国文化推向世界。我国于2004年开始每年举办一次的"中国（深圳）国际文化产业博览交易会"到2014年已经举行了十届，吸引了越来越多的海外采购商前来洽谈合作。作为实现文化梦想的舞台，文博会在推动中华文化"走出去"，提升中国文化产业国际竞争力方面有着不可替代的作用。文博会不仅能够使世界各国的采购商接触到中华文化的精髓，同时也使中华文化走向世界的力度越来越大。

同时，文化产业"走出去"不仅要依靠文化贸易，也要依靠投资。准确掌握需求信息，通过投资的方式将中国文化带出国门。出国演出，将中国文化生动地呈现在海外观众的面前，是促进中国文化"走出去"的一个有效途径，特别是与中国传统表演形式和技艺相结合的商业演出更能使海外观众了解中国文化。2013年，伴随尼日利亚中国文化中心和马德里中国文化中心的建成，海外中国文化中心已达到14个，举办各类文化活动近千场。2013年全国文化系统批准对外文化交流项目2159起，在对外文化交流中起到了不可忽视的作用。正是国家政策的支持，成就了多样化的对外文化交流活动，促进了文化产业产品和服务的"走出去"。

因此，适应文化产业"走出去"的产业政策制定战略，应该是在充分掌握需求信息的基础上，针对不同特点的产业制定不同内容的文化产业政策。针对演出业艺术感染力强的特点，应该多支持走出国门，到世界各地巡回演出，或在主要国家或地区设立文化中心；对于影视广播等题材主题鲜明的文化产品，应鼓励多参与国际合作，不仅能够使中国文化更容易被不了解中国文化和历史的国外观众接受，更有利于学习国外先进的拍摄方法和技术，提高相关产业的技术水平和国际竞争力。总而言之，文化产业政策的制定要有利于针对不同需求群体的消费者，便于和更有效地向他们提供适合的文化产品和服务，在满足消费需求的同时，实现文化产业的"走出去"。

（五）基于偏好相似理论的文化产业走出去战略体系

偏好相似理论是一个以需求为研究出发点，探讨贸易各国进行国际分工和生产，并进行贸易的理论。因此，需求相似或者需求重叠是本文提出文化产业"走出去"的基本前提，如图2所示，结合前文的分析，基于偏好相似理论的文化产业"走出去"战略应该是一个包含产业结构调整适应贸易结构战略、产业布局适应对象国分布战略、产业布局适应产业协同发展战略以及产业政策制定针对行业特点战略在内的综合战略体系，通过制定有针对性的战略实现文化产业的繁荣和文化贸易的发展，促进中国文化走出国门、走向世界。

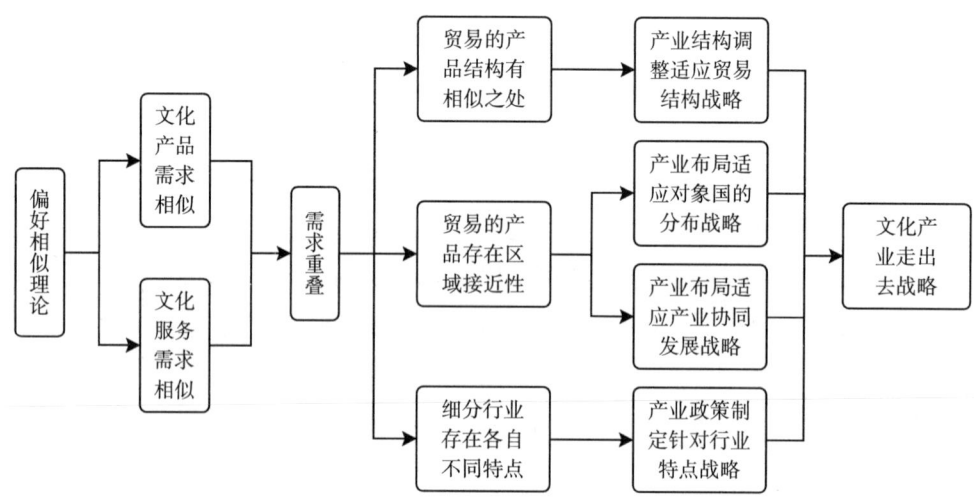

图 2　基于偏好相似理论的文化产业走出去战略体系

四、实施文化产业走出去战略的对策建议

（一）以文化产业结构调整促进文化贸易结构调整，促进文化产品"走出去"

产业结构与贸易结构间的协调程度往往是决定产品能否走出国门的重要基础。我国在实施文化产业"走出去"战略过程中，以文化产业结构的调整为基础对文化产品和文化服务的供给结构动态调整，适应国内和国外两个市场对文化产品和文化服务的需求，并进一步促进贸易结构的改善。合理的贸易结构能够使我国的文化产品和服务，以更为合理的供需关系为纽带，通过文化贸易走入世界各国（地区）消费者的生活中，把中国文化带到世界各地。通过文化产业结构调整实施的文化产业"走出去"战略，不仅能够实现文化贸易的增长，促进文化产品的出口，同时还能够通过文化贸易反过来促进文化产业结构的调整，既有利于文化产业"走出去"，又有利于调整文化产业结构。

（二）以地缘优势为导向合理布局文化产业，提升文化产品的认知度

地缘优势在文化产业发展中起着重要的作用，地缘接近的国家（地区）在文化、风俗、语言、宗教信仰等方面有着相似性。我国是一个多民族、多语系、风俗多样性的国家，从南到北、由西向东，不同地区有着各不相同的文化特色，也因此形成了发展文化产业各自不同的优势。我国南部与港、澳毗邻，同属岭南文化圈，开放进取、实利重商使其在我国改革开放中起到了重要作用。东部沿海与韩、日隔海相望，日本和韩国传承了儒家文化的精髓，更加重视人与人之间的伦理关系。不同的地域文化形成了当地与众不同的文化特征，以此为基础对文化产业合理布局，将使中国不同地区的文化精髓得以充分彰显，同时也会加深文化产品和服务所蕴含的不同文化特征，进一步提升文化产品的可认知度，更易于被海外消费者所接受和认知，也更有利于我国文化产品和文化服务"走出去"。

(三) 以国家整体战略为出发点布局文化产业，避免文化产业的重复建设

产业布局不仅要考虑到地缘优势，更要与国家总体产业布局和产业发展战略相结合。既要顾及到三次产业在全国范围内的布局，也要考虑三次产业内部的细分产业布局，并结合文化产业的特点，实现与相关产业、辅助产业、支撑产业的全国合理布局。这样既可以避免重复建设、产能过剩，又可将有限的文化资源进行合理配置，使其在现有技术水平条件下产生更大的经济效益，并配合其他政策实现文化产业的"走出去"。

(四) 以各行业特点为依托制定文化产业政策，提高文化产业国际竞争力

行业特点是一个行业具有国际竞争力、赖以发展的基础，而有针对性的产业政策将进一步凸显行业特色，使其本身固有的与众不同之处更好地被激发出来。而针对不同的消费群体的不同特色文化产品和服务在产品生命周期的初始阶段，更加需要政策的扶持，出台与行业特色紧密相关且能有效实施的政策，对文化产业各细分行业的发展会大有裨益。同时，产业政策的实施更需要金融政策、财政政策、货币政策等各类政策的协同来发挥作用，提高我国文化产业的国际竞争力，使文化产业走向世界的步伐加大加快。

参考文献

[1] 刘建凡. 中国文化发展报告 (2013) [M]. 北京：社会科学文献出版社，2013.

[2] 侯湘华，叶朗. 中国对外文化贸易年度报告 [M]. 北京：北京大学出版社，2012：70-71.

[3] 国家统计局社会科技和文化产业统计司，中宣部文化体制改革和发展办公室. 2013 中国文化及相关产业统计年鉴 [M]. 北京：中国统计出版社，2013：38-39，51.

(佟东，本文原载于《上海文化》2014 年第 10 期)

大兴新区文化产业发展的机遇与挑战

摘　要：在大兴新区，文化产业是一个新兴产业，规模不大，且发展滞后于北京市其他区。但是，中共十三届三中全会和四中全会召开以来，不断涌现出了有利于文化产业发展的新政。同时，伴随着京津冀一体化程度不断提高，"一带一路"倡议的提出，从对内和对外贸易两方面也为大兴新区文化产业的发展带来了机遇。但是，文化产业发展规模小、产业发展模式粗放、发展环境不佳等问题也对大兴新区文化产业的发展形成了一定的挑战。与此同时，大兴新区唯一的文化产业集聚区——新媒体产业发展基地在大兴新区文化产业发展中所体现的作用也很有限。面对这些机遇与挑战，大兴新区"十三五"时期应积极地利用新政、新战略、新环境带来的机遇，同时，也要打破发展中的瓶颈，寻求适合文化产业发展的道路。

关键词：大兴新区；文化产业；发展机遇；发展挑战

一、引　言

2014年末，习近平总书记在中央经济工作会议讲话时强调："认识新常态，适应新常态，引领新常态，是当前和今后一个时期我国经济发展的大逻辑。"也就是说，我国经济发展正从高速增长转向中高速增长，经济发展方式正从规模速度型的粗放增长转向质量效率型的集约增长，经济结构正从增量扩能为主转向调节存量、做优增量并存的深度调整，经济发展动力正从传统增长点转向新的增长点，而文化产业就是新的增长点之一。大兴新区在首都文化产业发展战略的指导下，在"十三五"时期新的发展环境中面临着更多的机遇与挑战。

二、大兴新区文化产业发展的机遇

（一）新政出台带来的发展机遇

中共十八大对扎实推进社会主义文化强国建设做出了专门部署，指出建设社会主义文化强国，必须走中国特色社会主义文化发展道路，关键是增强全民族文化创造活力。要深化文化体制改革，解放和发展文化生产力，要坚持把社会效益放在首位，社会效益和经济效益相统一，推动文化产业快速发展。中共十八大对于文化建设做出的一系列战略部署，也为文化产业发展注入了强大的动力。

中共十八届三中全会以来，为贯彻落实中共十八大关于全面深化改革的战略部署，十八届中央委员会出台了一系列针对文化改革的具体措施。

中共十八届三中全会审议通过的《中共中央关于全面深化改革若干重大问题的决定》提出，"紧紧围绕建设社会主义核心价值体系、社会主义文化强国深化文化体制改革，加快完善文化管理体制和文化生产经营机制，建立健全现代公共文化服务体系、现代文化市场体系，推动社会主义文化大发展大繁荣"。在谈及文化开放时，《中共中央关于全面深化改革若干重大问题的决定》提出，"坚持政府主导、企业主体、市场运作、社会参与，扩大对外文化交流，加强国际传播能力和对外话语体系建设，推动中华文化走向世界。理顺内宣外宣体制，支持重点媒体面向国内国际发展。培育外向型文化企业，支持文化企业到境外开拓市场。鼓励社会组织、中资机构等参与孔子学院和海外文化中心建设，承担人文交流项目"。

中共十八届四中全会审议通过的《中共中央关于全面推进依法治国若干重大问题的决定》提出，"建立健全坚持社会主义先进文化前进方向、遵循文化发展规律、有利于激发文化创造力、保障人民基本文化权益的文化法律制度。……制定公共文化服务保障法，促进基本公共文化服务标准化、均等化；制定文化产业促进法；制定国家勋章和国家荣誉称号法；加强互联网领域立法，完善网络信息服务、网络安全保护、网络社会管理等方面的法律法规"。

现阶段，文化产业发展面临着难得的历史机遇。党和国家高度重视文化产业发展，先后出台了《文化产业振兴规划》等一系列指导、扶持文化产业发展的政策文件，对我国文化产业发展进行统一部署；《中华人民共和国国民经济和社会发展第十二个五年规划纲要》中更是明确提出要"推动文化产业成为国民经济支柱性产业"。社会资本对文化产业的关注度显著提升，文化产业的盈利模式逐步得到认可，民间资本投资文化产业的热情高涨，为产业快速发展创造了良好的投融资环境。我国历史悠久的文化传承、丰富多彩的民族文化和中国特色社会主义实践，为我国文化产业发展提供了极为丰富的资源宝库。国家整体经济实力的增强，广大人民群众精神文化需求的迅速增长，为文化产业发展提供了坚实的物质基础。

结合大兴新区文化产业发展的现状，在"十三五"时期，新政出台为文化产业发展带来的机遇主要有：

第一，小微文化企业发展将受到扶持。以往政策的关注点在国有大型文化企业，对扶持小微文化企业重视不够。文化产业的发展不能仅依靠国有大型文化企业，文化产业以创意为核心，不同于制造业，即使发展到成熟阶段，也要靠数量众多的中小文化企业支撑。文化部、工信部、财政部联合印发《关于大力支持小微文化企业发展的实施意见》，这是国家部委首次发文支持小微文化企业的发展。

第二，文化产业与金融合作将受到青睐。尽管以往的政策中也有金融支持政策，但"十三五"时期的金融政策力度将进一步加大，尤其是文化部、中国人民银行、财政部联合发布的《关于深入推进文化金融合作的意见》对下一阶段文化与金融深入对接做出了明确指导。此后陆续出台的很多文件中都涉及金融支持政策，如对电影产业、特色文化产业等都实行金融支持政策，可以说文化产业的发展迎来了空前的机遇期。

第三，文化产业监督机制将发挥作用。文化产业的规范监督政策是创建统一开放、公平竞争的市场环境的重要保障。其主要包括：内容管理政策，即保持文化产品和服务内容的积极健康；市场监管政策，即保证文化市场的规范有序；准入政策，即保证文化安全和文化资源的合理配置。

(二) 京津冀一体化带来的发展机遇

在京津冀一体化发展的格局下,北京、天津、河北三地将在文化产业合作方面优势互补,通过建立三地文化合作的组织机构等制度机制,搭建平台,联手推动区域内的商演等活动。这意味着此前一直停留在"框架"阶段的三地合作将进一步落地。京津冀文化市场消费以具体合作的形式进一步打通,不仅让北京的文化资源能够更充分地发挥作用,也能让更多消费外溢至天津、河北,为区域一体化提供未来的发展原动力。

相对于其他区域,北京、天津、河北三地对于文化消费、文创产业的重视程度都非常高。北京自然不必多说,影视产品生产交易中心、艺术品交易中心等多个重要文化产业中心多年前就已经形成,凝聚了全国最多的影视生产、制作、发行、交易资源。而近年来天津的曲艺文化产业、河北的旅游文化产业,在当地获得的支持也不可小觑。目前在天津,曲艺演出市场的火热程度甚至有比肩北京的趋势,观看曲艺演出的消费习惯也已逐渐固化下来。在天津,即使是相对低成本、小制作的曲艺演出,只要内容过硬,同样有可能获得较高票房。而这种消费氛围在北京的演出市场上,似乎还未完全形成。早在2011年,京津冀晋蒙五省(市)就签署了文化发展战略合作协议,确定在华北五省(市)建立文化发展联席会议制度,整合区域文化资源,发挥北京的文化辐射作用,但其实当时的合作在市场主体的合作方面还是比较有限的,大多数都是对市场的联防协作执法管理,仅有的一条也是推动实现文化旅游互为目的地和客源地。

京津冀一体化进程提速至今,三地已有不少产业积极地相互寻找着对接的机会,在这种"热火朝天"的产业合作背景下,文化产业的一体化略显低调。三地真正将宏观合作凝结成具体的框架还是在2014年。2014年8月底,北京市文化局、天津市文化广播影视局、河北省文化厅三方在天津签署了《京津冀三地文化领域协同发展战略框架协议》。接下来的9月,三地新闻出版、广电部门又在第十二届北京国际图书节开幕式上共同签署《京津冀新闻出版广播影视协同创新战略框架协议》,提速文化产业一体化进程。前者明确三地文化部门将建立高层协商机制、具体工作层面沟通协调机制和联席会议制度。而后者则确定,三地新闻出版广播影视业将建立协同创新合作机制,通过政策扶持、产业规划和重大项目对接等方式,共同推进行业资源整合、产业转型升级,提升京津冀新闻出版广播影视业的发展质量和市场竞争力。

目前,北京、天津、河北三地的优势分别是文化科技、文化休闲和文化旅游,因此,未来天津发展以演艺为中心的文化休闲产业,河北发展以旅游为核心的文化旅游产业都比北京更合适。以目前北京越来越高的用地、用人等各种成本来看,未来的文化娱乐综合体,比如更具地方特色的"万达广场"类项目等将会更密集地出现在天津、河北,这两地很有可能代替北京发挥更充分的文化娱乐作用,吸引北京居民前去异地消费。在这种情况下,天津如果能够迅速将交通等基础设施配套做齐,并给予北京往来消费者一定程度的消费优惠,多提供一些有天津特色的演出等产品,势必会对北京市内的文化综合体起到一定的分流作用。

从地理位置上看,大兴新区位于北京市南部,是距离北京市中心最近的远郊区,同时又与河北省廊坊市、涿州市毗邻,与天津、河北保定两市也很接近,有着优越的地理位置。京津冀一体化发展为大兴新区带来的机遇主要有:

第一,为文化制造业发展提供机遇。京津冀一体化有利于传统产业的布局。由于北京市区的地理空间有限,因此大兴新区可以在产品宣传、展示和销售等环节进行合理调整。大兴新区利用土地资源的优势,可建立生产加工产业集群,发挥自身优势。传统的老字号企业需要进行体制改革,推动混合所有制的发展,将民营股份纳入其中,通过兼并重组减轻同业内竞争压力,例如景泰蓝等厂商在改革后,恢复了市场活力。京津冀一体化推动了传统文化的产业融合,借助区域重新布局传统文化产业。北京的一些大企业可与河北、天津的企业重组,在大兴新区建立传统文化产业集群,加速产业的凝聚力,增强人才、资金、技术等要素的流动,不断带动传统文化产业发展,促进文化消费。

第二,借助品牌企业扩大地方影响力。现阶段大兴新区文化产业的发展相对滞后,居民文化消费能力较弱。为了发展京津冀区域的传统文化产业,大兴新区需要借助北京、天津、河北的人才资源以及品牌企业的优势带动发展。其中,北京作为首都,文化产业跨界融合、创业投资的机会较多,能够在一定程度上带动大兴新区企业的发展。想要促进大兴新区的文化消费,需要结合传统文化及市场需求创新艺术表现形式。例如,戏曲、相声、话剧等传统表演形式可以结合当代的一些时尚内容和主题,根据现代人的生活喜好和审美习惯,创作出消费者喜爱的艺术作品,使传统文化与现代文化产业紧密结合,促进文化消费。

第三,为文化产业园区带来发展机遇。大兴新区的国家新媒体产业基地以新媒体、数字影音、数字出版为主导产业。基地规划建设"一区（核心区）、三园（星光影视园、北普陀影视园和大森林影视园）、三中心（动漫创作及人才培训中心、艺术人才培训中心及软件制作中心）"。其生态环境非常适合文化创意产业发展，并有很高的复制门槛。京沪、京石高速公路，京津、京沪、京九等铁路干线在大兴新区内穿城而过，形成了与周边京津冀地区城市连接的便捷通道。以京津冀一体化发展战略为指导，依托"一区、三园、三中心"，将为大兴新区文化产业园的发展带来一定的机遇。

（三）"一带一路"带来的发展机遇

为推动国际合作，中国向世界发出了"一带一路"的倡议，即构建"丝绸之路经济带"和"21世纪海上丝绸之路"。这条依托"古丝绸之路"的亚欧大陆新通道，涉及近60个沿线国家，总人口约44亿，经济总量约为21万亿美元，分别占全球的63%和29%。2014年8月，文化部、财政部联合发布的《关于推动特色文化产业发展的指导意见》提出，依托丝绸之路沿线丰富的文化资源，调动各方力量，推动丝绸之路文化产业带建设。文化旅游资源是"一带一路"独一无二的文化产品，因此，可以此寻求产业发展的突破点。

"一带一路"不仅是一条商贸之路，也是一条文化之路，丝绸之路文化是沿线各国、各地区共同的文化记忆。促进东西方的思想交流和文化交融，是古丝绸之路不可忽视的历史作用。同样，在"一带一路"的建设过程中，文化的先导作用亦不容忽视。中国民间文艺家协会驻会副主席罗杨认为，以文化交流先行带动"一带一路"沿线国家民心相通，增强互信，加深了解，夯实"一带一路"互联互通的共识基础，既是文化产业必须承担的历史责任，也为文化产业发展提供了难得的机遇。丝绸之路是商贸之路，是和平之路，更是文化之路。"一带一路"的建设为文化产业发展提供了巨大的发展空间和历史机遇。而特色文化产业是"一带一路"的突破点。

在商贸交流的同时，文化交流潜移默化、润物无声，在当今建设"一带一路"的进程中，文化先行显得尤为重要，"丝绸之路经济带"也可以打造出"丝绸之路文化产业带"，通过进一步深化与沿线国家的文化交流与合作，讲好中国故事，传播好中国声音，把"中国梦"同周边各国人民过上美好生活的愿望、同地区发展的前景对接起来，促进中华文化走出去，提升中国的国际话语权和影响力。

"一带一路"倡议的实施,将带动大兴新区文化产业"走出去",为大兴新区文化产业带来的机遇主要体现为文化产品"走出去"。"老字号"将借力走出国门。大兴新区拥有多个"中华老字号"品牌。北京百花蜂产品科技发展有限责任公司(注册商标"百花")、北京二锅头酒业股份有限公司(注册商标"永丰")、北京雪莲羊绒股份有限公司(注册商标"雪莲")三家企业均荣获中国商务部授予的"中华老字号"称号。随着"一带一路"的开拓,更多华人走向世界,老字号潜力巨大。老字号产品蕴含丰富的中国历史文化,"一带一路"倡议为大兴新区的"中华老字号"品牌走出国门带来了机遇,借助"丝绸之路经济带"将优秀文化产品销往中亚、南亚、东南亚、地中海、波斯湾以及俄罗斯等北欧国家;借助"21世纪海上丝绸之路"将优秀文化产品销往南太平洋、印度洋及欧洲大部分地区。

(四)人才集聚带来的发展机遇

北京是全国的政治、经济、文化中心,拥有大批的名牌高校,也因此集聚了大量的高层次人才。北京大学、清华大学等国内顶级学府培养了大批的文化产业领军人才。大兴新区坐落于北京市南部,区域内拥有享誉全国的北京印刷学院等培养文化领域人才的高校,而国家新媒体产业基地更是被授予"北京市文化创意产业人才培养基地"称号。文化人才对地区文化的发展起着至关重要的作用。实现文化强市需要大量文化经营、管理以及从事文化品牌塑造的高端人才,而这些人才又是全国各地都在争抢的稀缺资源。

人才集聚是北京发展的一大特点,大兴新区借着这股东风,致力于实现文化产业的新发展。人才集聚将为该区的文化产业发展带来的机遇有:

第一,人才流动加速文化资源整合。京津冀作为合作共同体突破了三地的行政界限,使北京、天津、河北的文化资源得到优化,打破文化资源的垄断形成更大的文化板块,这有利于促进文化消费,在延长传统文化产业链的同时提升文化产业竞争力。在不受行政区域限定的情况下,人才可以在京津冀三地流动,突出差异化经营优势。天津和河北可以借助北京的市场延长传统文化产业链,在提升自身综合能力的同时发展北京的文化产业,促进文化消费,实现市场规模和产业规模的共同提升。与此同时,北京拥有丰富的人力资源和国内外的研究机构,在产业布局以及企业发展方面,可以对增强天津、河北文化企业的综合实力起到一定的积极作用。

第二，人才基地将推动文化产业创新发展。2014年，国家新媒体产业基地被授予"北京市文化创意产业人才培养基地"称号。国家新媒体产业基地从2009年开始建设新媒体人才培养基地，拥有优质的空间载体资源、完善的硬件及软件设施、雄厚的师资力量以及特色化的培训专业，具备较好地承担文化创意产业人才培养的能力。未来，基地将致力于加快推动北京市文化创意产业发展所需人才建设，重点培养包括熟悉文化创意产业链整体运作的复合型人才，文化创意产业领域关键环节如研发设计、经营管理、营销经纪等专业型人才。

三、大兴新区文化产业发展的挑战

（一）文化产业未形成发展规模

与北京市文化创意产业发达的区域相比，大兴区文化创意产业发展规模尚显不足，总量偏低，大兴区和亦庄经济技术开发区占全市文化创意产业比重远不如其他区，对区域产业发展的主导作用还没有充分发挥。全区规模以上文化创意单位涉及领域狭窄，对文化艺术、新闻出版、艺术品交易等领域涉足较浅，龙头企业和知名品牌偏少。大兴区文化创意产业各领域发展不均衡，多数领域收入增长平缓，利润出现负增长。

长期以来，新闻出版是文化创意产业中的重点领域。2014年1~11月，新闻出版实现收入9.6亿元，与去年同期10.7亿元相比降幅达到10.1%。随着其他行业，特别是艺术品交易的快速发展，新闻出版占文化创意产业总收入的比重大幅下降，由去年的17.5%降至今年的13.3%，对产业发展的推动作用进一步减弱。

艺术品交易领域持续保持了高速发展的态势，收入继续大幅增长。2014年1~11月，艺术品交易领域实现收入合计29.2亿元，同比增长108.1%，占文化创意产业收入合计比重的40.3%，成为收入占比最大和增长幅度最快的领域。行业内部调整使艺术品交易业的收入大幅增长，从而促进了文化创意产业收入的总体增长，使艺术品交易成为文化创意产业中的主导领域。

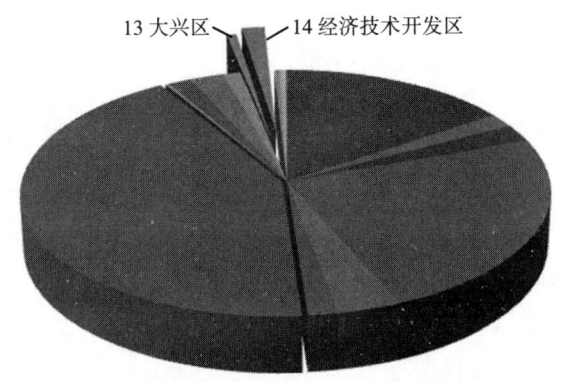

1 东城区	2 西城区	3 崇文区	4 宣武区
5 朝阳区	6 丰台区	7 石景山区	8 海淀区
9 房山区	10 通州区	11 顺义区	12 昌平区
13 大兴区	14 经济技术开发区	15 门头沟区	16 怀柔区
17 平谷区	18 密云县	19 延庆县 （图中按顺时针排列）	

图1 北京市各区县文化创意产业收入份额

互联网以其广泛、迅捷、高效等特性，已成为当今人们工作生活不可或缺的重要部分。以互联网为运营基础的高端企业拥有强大的竞争能力，是经济社会未来发展的主要力量。随着大兴区文化创意产业功能区的不断完善，此类企业正逐渐发展壮大，软件、网络及计算机服务成为区域经济发展的新动力。2014年1~11月，软件、网络及计算机服务领域收入合计连续保持两位数以上的高速增长，实现收入7.8亿元，同比增长16.5%，实现利润总额1亿元，占文化创意产业利润总额的87.4%。

随着经济社会的不断进步，广告会展适应发展的要求进行了改进与整合，经营状态不稳定，致使收入、利润同比皆为负增长。1~11月，广告会展收入为3.5亿元，同比减少12.1%；利润为-0.4亿元，比上年同期减少0.1亿元，亏损额度持续扩大。

旅游、休闲娱乐盈利能力强，推动产业利润增长。政府关注民生工程，加大对生态环境治理的投入，加之旅游业的快速发展，促进了行业利润的增长。1~11月，该领域利润总额为0.2亿元，同比增长19.8%，收入利润率为2%，远高于其他行业，使其成为文化创意产业中盈利能力最强的领域。

(二) 粗放型发展模式已不合时宜

文化创意产业与现代服务业、现代制造业之间缺乏整合，产业融合发展存在掣肘，对新产品、新服务、新市场"三新"领域的开拓能力不足。文化创意产业内关联度不高，各个产业门类各自为政，限制了企业间基于业务协作的产业集群形成。现阶段大兴区文化创意产业功能布局较分散，主要集中分布在大兴经济技术开发区与国家新媒体基地的核心区和起步区，但是由于各个片区规模都相对较小，对文化创意产业的发展驱动力尚显不足，需要扩大核心区规模，强化核心功能区的产业带动功能。

北京大兴经济技术开发区和大兴行政区域在空间上进行了整合，在提供发展空间载体扩容机会的同时，也带来了产业间整合升级的问题。需要整合现有产业资源，在坚持发展文化创意产业基础上，容纳更多更广的产业业态，寻求产业结构进一步优化升级，理顺文化创意产业与亦庄开发区高端现代制造业、高新技术产业之间的关系，理顺与都市产业、现代服务业等产业体系之间的关系，通过产业间的整合，寻求整个文化创意产业发展新方向。

(三) 文化产业发展环境亟待改善

大兴区产业整体集聚要素吸引力不强，对资本、技术、知名企业等吸引力有待进一步提高。文化创意产业具有高人力资本含量、高技术含量和高附加值的特点，其发展尤其需要高素质的人才做支撑。尽管大兴区积极引进人才，但由于北京市中心城区吸引力较强，造成现阶段大兴区人力资源还远不能适应其发展的需要。大兴区和亦庄经济技术开发区文化创意产业从业人员共有3.6万人，占全市比重仅为3.4%。尤其是新媒体产业、设计创意业、影视业、动漫产业等产业门类对创新型人才、技术技能型人才和经营管理人才的需求更为迫切。人才短缺，特别是高级人才的短缺，已成为制约大兴区文化创意产业发展的关键因素之一。

大兴区文化创意产业发展的软服务环境瓶颈亟待突破。一方面，公共基础性软服务平台薄弱，包括工商、税务等许多部门的服务环节亟待完善；另一方面，商业服务企业缺失，中介机构少，创业者最需要的有关商务咨询、信息服务、中介服务以及风险投资业务等"软服务"尚不能完全到位，且相当数量的中介机构处于缺失状态，起不到支撑创新的应有作用。

在硬环境建设过程中，尽管大兴区的基础设施正在逐步完善，但在交通道路、电力设施等方面基础仍然薄弱，尤其是信息网络建设已经成为新媒体产业发展的阻碍因素。在公共技术服务平台方面，现阶段仅有北京数字音乐中心、动漫产业孵化平台、技术评测与动漫资源共享平台、产业孵化科技条件平台等，对新媒体产业、电子信息服务产业和设计创意产业的支撑均不足。

（四）新媒体产业基地的作用未得到发挥

大兴区文化创意产业的发展规模和发展质量与其自身具有的优势和地位尚不相称，新媒体产业的带动引领作用尚未完全显现，与北京市其他区差异发展的特征不明显，产业发展独占性优势形成不足。受政策和发展空间限制，在文化创意产业发展与其他区重叠的领域，如海淀区的电子信息服务业、石景山区的数字娱乐产业、西城区的设计创意产业等，大兴区相对优势不足，容易受到周边发展的竞争挤压，产业发展模式亟待进一步突破。

2014年，国家新媒体产业基地全社会固定资产投资实现69550万元，比上年增长118.7%，增幅居全区第三位，其中固定资产投资实现49335万元，占基地全部投资的70.9%，比上年增长57.1%。2014年全社会固定资产投资虽然增长速度较快，但仍存在以下问题：

第一，全区总量占比份额少。2014年，国家新媒体产业基地全社会固定资产投资仅占全区总量的1.3%，分别比大兴生物医药基地和采育产业园低13.2个和5个百分点。

第二，工业投资所占份额少。2014年国家新媒体产业基地工业投资完成8668万元，占固定资产投资完成额的17.6%，工业投资所占份额比大兴生物医药基地和采育产业园分别低61.2个和69.7个百分点。

第三，文化创意产业类投资所占份额较少。2014年国家新媒体产业基地文化创意产业类投资完成16568万元，占全社会固定资产投资完成额的23.8%，不足1/3，亿元以上投资项目仅一项。

（佟东，本文原载于《丝绸之路》2015年第18期）

中国文化产业结构安全对文化产业发展的影响

摘　要：中共十八届三中全会通过《中共中央关于全面深化改革若干重大问题的决定》，强调要"提高文化开放水平""切实维护国家文化安全""推动中华文化走向世界"。文化的发展与传播依托文化产业的发展，文化产业结构调整是文化产业发展的基础。本文以产业安全理论为基础，在对文化产业结构安全内涵进行界定的基础上，分析了文化产业结构安全对文化产业发展的影响，并提出促进文化产业发展的对策建议。

关键词：文化产业；产业结构；产业安全；产业发展

一、引　言

文化产业安全是关系文化产业发展的关键问题之一。而文化产业结构安全又是文化产业安全的核心问题。中共十八大报告提出，"扎实推进社会主义文化强国建设""提高国家文化软实力"，并使"文化产业成为国民经济支柱性产业"。中共十八届三中全会强调要"提高文化开放水平""切实维护国家文化安全""推动中华文化走向世界"。[1] 文化产业成为国家经济发展的重要生力军，通过文化产业的发展来夯实文化强国建设的基础。本文从产业安全的视角，在深入理解

---

[1] 中共中央关于全面深化改革若干重大问题的决定 [N]. 人民日报，2013-11-16.

文化产业结构安全内涵及外延的基础上，探讨了文化产业安全对我国文化产业发展的影响。对文化产业安全的研究不仅有利于文化产业自身的发展，促进国家文化产业的繁荣，同时基于文化产业较高的关联性，这也是指导我国产业结构调整升级，经济全面发展的重要参考。

二、文化产业结构安全的内涵

文化产业作为一个国家或地区文化软实力的体现，有着与其他产业不同的特点和属性，它既具有促进国民经济发展和调整产业结构升级的经济属性，同时也具有文化传播和提升国家软实力的文化属性。因此在定义文化产业结构安全时，要在不失其经济属性的同时，兼顾其文化属性。

文化产业结构被认为是"社会发展到一定阶段所形成的，反映着一定社会文化生产关系的文化再生产过程中文化产业间的相互联系和比例关系"。[1]而产业结构安全理论认为，产业结构安全是"一国产业部门处于相互适应、协调发展、持续增长的状态，支柱产业和战略产业由本国资本控制，且具有较强的国际竞争力，同时，该国的产业结构升级不依赖于外国产业的转移，能够通过自身升级抵御国内外不利因素的冲击"。

文化产业结构安全应在产业结构安全理论的指导下，结合文化产业自身的特点进行界定。本研究认为，文化产业结构安全是指文化产业内各细分行业间以及各细分行业内部各部门间产业关联性适度，文化产业政策有利于该国文化的传播和文化产业的繁荣，主导产业具有一定的国际竞争力，且通过自身调整升级能够抵御来自外部的冲击和威胁，并能够通过文化贸易逐渐将本国文化传播到世界各个国家和地区。

根据文化产业结构安全的这一内涵，可以看出，文化产业结构安全的内容包括三个方面：

第一，文化产业内部各细分行业间的结构比例是否有利于文化产业的结构升

---

[1] 刘吉发，陈怀平. 文化产业学导论[M]. 北京：首都经济贸易大学出版社，2010：86-87.

级。文化产业覆盖的范围很广，既包括文化内容的发展、文化产品的制造，也包括文化内容的翻印传播、文化交流，根据联合国第三次修订的《国际标准产业分类》，文化产业包括4大门类、23个小项。各细分行业间的比例关系，以及各细分行业内部各部门之间的比例关系是否符合国民经济产业结构升级的总体目标，是否有利于文化产业结构的调整和升级，是关系文化产业结构安全与否的第一个方面。

第二，文化产业结构政策是否与文化产业发展的总体目标相适应。保护型产业政策有利于保护幼稚产业、弱小产业，促进其不断发展壮大；扶植型产业政策有利于扶植主导产业，促进其尽快占领国际国内市场；援助型产业政策有利于挽救衰退产业。在文化产业不同的发展阶段，如何制定不同的产业政策，是关系文化产业安全与否的第二个方面。

第三，文化产业结构是否具有国际竞争力。国际竞争力是衡量一个产业是否安全以及可持续发展的重要标准之一。文化产业结构是否有利于提升文化产业的国际竞争力，是否能够促进一国文化贸易的发展，促进该国文化在各个国家或地区的传播，是关系到文化产业结构安全的第三个方面。

文化产业结构安全不仅关系到文化产业自身的发展，同时对整个国民经济结构的调整、产业结构的升级都存在一定的影响，因此研究文化产业安全，不仅有利于促进文化产业的繁荣发展，同时也能够更好地促进文化产业服务于其他产业，促进整个国民经济的发展和繁荣。

三、文化产业结构安全对文化产业发展的影响

2012年，我国文化产业产值突破4万亿元，占国民生产总值的比重进一步增加，达到了3.48%，但与文化产业发展强国相比还存在一定的差距，美国文化产业占GDP的比重达25%。文化产业的发展亟待文化产业结构的调整，而文化产业结构的现状则是决定文化产业结构调整的重要因素。从产业安全的角度，不利于文化产业结构调整升级的状态都可以被看作是对文化产业结构安全的威胁。

（一）文化产业结构比例

在我国文化产业的细分行业中，新闻出版业、电影产业、广播电视产业、动漫产业、游戏产业、广告产业、艺术品经营业和演出产业是产值较高的八个细分行业。由图1可知，新闻出版业是文化产业中占比最大的产业，接近八个细分行业总产值的60%，而其他行业中，广告产业和广播电视产业占比分别为16.46%和12.18%，演出产业和电影产业所占比重则不足1%。如此悬殊的差距造成了中国文化产业结构的不合理和不安全。从与美国文化产业发展的对比来看，美国的文化产业结构中，占比重最大的是广播电视产业，占到了全美国文化市场份额的46%，其次便是出版业，占到了文化产业市场份额的20%，这两个产业不仅成为美国文化产业中的支柱产业，同时也是世界市场上的主导者，在国际广播电视市场和国际出版市场中都占有重要的地位。正是依赖于这样的文化产业结构，美国文化产业结构被认为有利于文化产业结构合理化、高度化发展，是相对集中基础上的分散和分散基础上的集中。

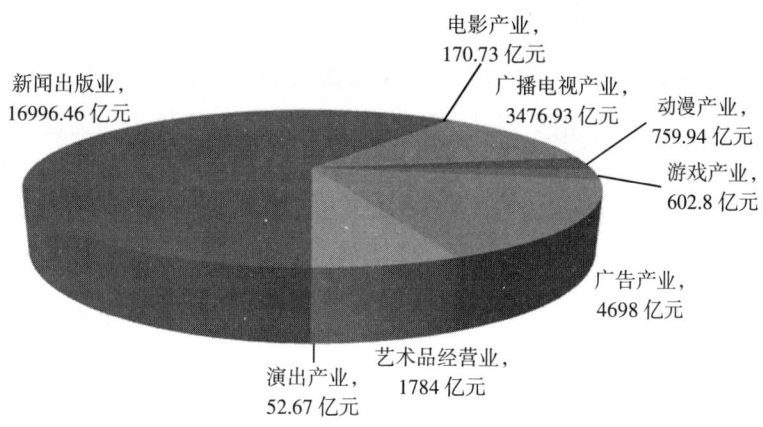

图1　2012年我国主要文化产业细分行业占比情况

资料来源：图中数据根据《2012年新闻出版产业分析报告》[①]《2012年中国游戏产业报告》[②]以及《中国统计年鉴》（2009~2012）相关统计数据整理得到。

---

① 2012年新闻出版产业分析报告［R］.北京：国家新闻出版广电总局，2013（7）.
② 张瑶力，郑南.2012年中国游戏产业报告［R］.中国版协游戏工作委员会，2013（1）.

(二) 文化产业结构政策

各个国家的产业结构政策都有不同的倾向。美国作为市场化程度最高、经济最发达的国家，在文化产业结构政策方面采取"无为而治""适时而变"的政策，通过各种非盈利文化组织设立基金会及各种资助文化产业发展的捐赠制度，促进各种文化产业、各个文化部门的协同发展。英国在制定文化产业结构政策时，所选的产业均是国内较为成熟的产业，确保各个产业部门能够相互支撑，互为供给，产业结构上下游完整。

我国文化产业结构政策的总体原则是"大力发展大众文化，努力扶持高雅文化"。文化产业化的一个基础方针就是使文化产业能够更加贴近大众、通俗易懂。而文化产业的消费者水平并不一致，有一部分消费者对高雅文化有追求和消费偏好，因此从产业发展的角度，既要顾及大众文化产业，也要兼顾高雅文化产业的发展。但我国文化产业发展正处于起步期，还未形成完整的产业链条，产业结构政策没有给予产业该如何发展的有力指导，是扶植，是保护，还是挽救尚不明确。

(三) 产业结构国际竞争力

由于我国文化事业起步较晚，文化产业的发展尚处于一个粗放型阶段，与我国的总体经济实力并不相称，国际竞争力也较弱。一方面体现为文化产业整体实力不强，另一方面体现为竞争能力弱，在国际竞争中处于劣势。美国文化产业国际竞争力较强的原因之一在于其产业集中度较高。以美国出版产业为例，该产业收入排名前20的企业总收入占到该产业总收入的85%以上，排名前四的企业总收入占到了该产业总收入的30%。反观我国的出版产业，排名出版产业收入前四位的企业总收入只占到该产业总收入的6%，即便是前20名的企业总收入也只占到全产业总收入的20%左右。在中国，文化产业没有大的企业充当"领头羊"，是中国文化产业发展中的一个软肋。如何调整产业内部的结构，提升大企业的市场集中度，是提升中国产业结构国际竞争力一个亟待解决的问题。

四、文化产业发展的对策建议

（一）扶植一批企业尽快成长起来

产业结构安全不仅是产业结构的不断升级，更应该包括产业结构的优化，在文化产业的发展过程中，如何选择文化产业内的主导产业、潜导产业以及关联产业，对文化产业结构的安全和促进文化产业的发展有着至关重要的作用。而在主导产业选择的基础上尽快扶植一部分企业先发展起来，则是促进整个产业结构优化的有效途径。我国改革开放也是通过先开放沿海经济区，后带动内地发展的模式取得了国民经济健康有序的发展。因此，实现文化产业的繁荣发展，维护文化产业结构安全，也可以遵循这样的途径，在文化产业内部产业关联紧密的基础上，通过主导产业的发展和主导产业内企业的崛起，带动整个文化产业结构的升级和健康发展。

（二）促进文化贸易发展，通过贸易促进结构调整

产业结构安全不仅受到来自内部经济因素的影响，在开放经济条件下，国际贸易也会对产业结构的发展产生一定的影响。文化产业结构亦是如此，在平稳度过"入世"过渡期后，中国文化产业要继续履行"入世"承诺，进一步开放图书、报纸、杂志的进口与分销，音像制品领域的引进和版权业的规范发展。从我国目前文化贸易的情况看，文化贸易量居前三位的分别为电影业、网络游戏业和艺术品业，而这三个产业在我国文化产业产值中所占的比重都不是很高，而占文化产业总产值约60%的新闻出版产业的贸易量却排到了八个细分行业的倒数第三位。贸易结构和产业结构的巨大偏差，导致了我国文化产业结构的不安全和文化产业发展的滞后。在未来产业结构的调整中，在保持现有文化贸易规模的基础上，应调整新闻出版业的进出口规模和产业内部结构，一方面，适应国际文化市场的需求，将我国的出版物打入世界市场；另一方面，通过新闻出版业贸易规模的扩大进一步拉动其他相关文化产业的出口规模，促进整个文化产业的协调发展，在一定时期内实现文化贸易的增长和文化产业结构的调整升级。

(三)促进多产业共同发展,扭转新闻出版行业一家独大的局面

文化产业结构的偏重无疑将对文化产业的发展产生负面的影响,而文化产业内部新闻出版业一家独大的局面是产生这一现象的根本原因。在现有产业结构比重的基础上,应提升电影产业的产品质量,加快与国外知名片商之间的合作;促进动漫产业和游戏产业的崛起,在建设动漫产业园的基础上,吸引适量的外商直接投资,打破内资独揽的局面,将动漫游戏产业发达国家的理念引入我国文化产业发展中,与我国文化特色相结合,形成具有中国特色、具有国际竞争力的动漫游戏产业。同时,也不能忽略其他产业的发展,尽管新闻出版行业的产业结构比重占绝对优势,主要源于广阔的国内市场,但其国际竞争力却不强,尽快提升新闻出版行业的国际竞争力,让更多的文化出版物流向世界各地,是促进我国文化产业繁荣发展和文化产业结构升级的重要目标之一。

五、结　语

对文化产业安全的研究目前尚处于起步阶段,本文的研究是在产业安全理论的指导下,结合我国文化产业发展的现实以及文化产业自身特点,从理论层面的思考。对文化产业安全的研究仍需进一步深化,不仅要对文化产业结构安全进行研究和探讨,同时要开展关于文化产业布局安全、文化产业组织安全和文化产业政策安全的研究与思考,跨学科、多视角地研究文化产业安全问题,为国家文化产业的发展以及实现文化强国建设提供参考。

参考文献

[1]中共中央关于全面深化改革若干重大问题的决定[N].人民日报,2013-11-16.
[2]刘吉发,陈怀平.文化产业学导论[M].北京:首都经济贸易大学出版社,2010:86-87.
[3]2012年新闻出版产业分析报告[R].北京:国家新闻出版广电总局,2013(7).
[4]张瑶力,郑南.2012年中国游戏产业报告[R].中国版协游戏工作委员会,2013(1).

(佟东,本文原载于《改革与开放》2015年第23期)

论文化贸易发展与文化软实力提升的关系

摘　要：文化贸易是主权国家彰显文化软实力，提高文化产业竞争力的重要途径。文化贸易能够体现文化的吸引力，提升文化的凝聚力，深化文化的渗透力，增强文化的同化力。尽管我国文化贸易存在文化贸易规模小限制文化的吸引力、文化贸易平台建设不完善削弱文化的凝聚力、特色文化品牌少降低文化的感染力、文化贸易模式单一减弱文化的同化力、文化贸易地理方向过于集中限制文化的传播力等方面的问题，但文化贸易发展对文化软实力提升的作用不容忽视。

关键词：文化贸易；文化软实力；文化发展

一、文化贸易体现文化的吸引力

文化"软实力"源于一个国家文化的吸引力。国家政策合理合法、国家政治行为准则民主，国家的文化"软实力"就会不断提升。一个国家若想成为文化强国，其国家文化价值体系就必须具备较强的吸引力。约瑟夫·奈还认为，美国的"软实力"体现为对于各种文化的包容、社会的责任和人们之间的诚实与信任。这也是这个民族的吸引力所在。发达的非营利组织、志愿组织也是国家"软实力"的标志。志愿组织和志愿者的发展是一个国家和民族社会责任感的重要体现。①

美国是世界公认的经济强国、文化强国,美国"软实力"所体现的文化吸引力主要表现在美国对外文化贸易的吸引力上。2011年,美国文化贸易的进出口总额达到1553.62亿美元,位居世界第一,是英国文化产品进出口总额的5.37倍,德国文化产品进出口总额的3.55倍,韩国文化产品进出口总额的8.43倍。中国文化产品进出口总额与美国相比,差距也很大,2011年中国文化贸易进出口总额为192.9亿美元,而当年美国文化贸易进出口总额为中国的8.05倍。若单从文化出口贸易方面看,2011年,美国文化产品出口总额为1201.47亿美元,是英国文化产品出口总额的6.59倍,德国文化产品出口总额的5.64倍,韩国文化产品出口总额的29.68倍,中国文化产品出口总额的31.3倍,从中可以看出美国文化产品在世界市场上所具有的强大吸引力。②

在美国,恐怕没有哪个产业像电影产业一样有如此广阔的国际市场,好莱坞电影对国际电影市场所表现的吸引力,是美国文化软实力的集中体现。20世纪20年代,好莱坞电影在海外已经受到了广泛的欢迎,迷人的影星、动人的音乐和情节起伏的故事,为好莱坞电影争取了大量的海外观众,同时也吸引了大批欧洲的杰出导演和明星加盟好莱坞。20世纪30年代,美国电影产业33.3%的收入来源于海外,到20世纪60年代,美国电影产业50%的盈利来源于海外。尽管美国所生产的影片数量仅为世界影片总量的10%,却占据了世界50%的银幕时间和盈利利润。好莱坞在输出美国电影的同时,也随之输出了电影所承载的美国的文化和价值观念。随着美国对世界电影市场的一步步占领,美国的文化和价值观也在世界上广为传播,成为美国政府在世界范围内宣扬美国文化和价值观的非常具有影响力的"软力量"。③

如今,电影消费作为大众文化的一个主要部分,不仅成为美国文化消费的主流,而且也是世界各国文化消费的主流。作为文化传播的先锋力量,好莱坞电影所承载的美国文化和美国精神席卷全球,吸引了大量外国公众的兴趣,同时也成为传播美国价值理念和生活方式的主要途径,提高了美国文化的吸引力,成为美

---

① 丁元竹. "软实力"产生于文化吸引力 [N]. 文汇报,2006-10-09.
② 数据来自联合国贸易与发展委员会。
③ 孙有中. 美国文化产业 [M]. 北京:外语教学与研究出版社,2007:139.

国文化软实力的重要组成部分。

因此,可以说文化贸易作为国家文化传播的载体,体现了国家文化的吸引力,一个国家文化贸易额越大,特别是出口额越大,说明该国的文化在世界市场上被认同的程度越高,那么文化的吸引力也就越大,越有利于该国文化软实力的提升。

二、文化贸易提升文化的凝聚力

文化贸易集中地体现了国家文化的凝聚力,是衡量国家文化软实力的重要方面。在全球化的推动下,各国之间的联系越来越紧密,国际上对进一步推进贸易、投资等自由化的压力也越来越大。当前,国际社会比较关注经济全球化是否会导致全球文化同质化(主要是美国化)的问题。在北美自由贸易区中,美国与加拿大之间的贸易冲突多源于美国文化对加拿大文化的同化。加拿大从强调"文化例外"到强调"文化多样性",其目的是希望通过利用文化政策干预加拿大消费者对文化内容消费的选择来塑造"新的和更好的"加拿大人,加强加拿大人的国家身份和强化加拿大的凝聚力。但是,实施了几十年的文化保护政策后,加拿大似乎比以前更加分裂,魁北克的独立主义倾向更为严重。从产业角度来讲,一方面,加拿大文化产业在文化政策的扶持下确实有了长足的发展,具备了在国际文化市场上竞争的实力,也吸引了大批美国文化产业资本到加拿大投资,但另一方面,加拿大文化政策在具体实施过程中鼓励的不是"加拿大内容"的生产,而是"国际内容"或"美国内容"在加拿大的生产。与其他产业不同,文化产业输出的产品,无论是报纸、图书等以信息为主的产品还是电影、电视、音乐等以娱乐为主的产品,不仅影响消费者的世界观,也影响消费者的自我建构。因此,文化产品不仅具有商业价值,而且传播并建构着文化价值,生产并再生产着"文化身份",对社会凝聚力有重要作用。①

---

① UNESCO. Culture, Trade and Globalization [M]. UNESCO Publishing, 2000: 9.

三、文化贸易深化文化的渗透力

文化软实力受到政治势力和经济竞争力的影响，存在一定的不确定性，文化软实力的发挥需要强大的政治、经济和军事实力做后盾，只有硬实力足够强大，软实力才能真正发挥其影响力和吸引力。通常，文化软实力与文化硬实力之间是相辅相成的，国家硬实力越强，文化软实力就越能发挥其作用。但二者的相互支撑也有一个限度，并非其硬实力越强，软实力就一定能最大限度地发挥其作用，当一个国家过度使用其硬实力，造成社会不安和时局动荡时就会反过来削弱文化软实力的影响力和渗透力。21世纪初，美国文化软实力的下降就很好地佐证了滥用硬实力而招致严重后果的现象。同时，软实力和硬实力不可偏废任何一方，二者的作用同等重要，使用硬实力的同时，也要适度使用软实力，这样才能够在软实力与硬实力之间寻求一个平衡点，使二者的作用得到更好的发挥，这个平衡的发展力被称为"巧实力"，巧实力的充分发挥将对国家发展产生积极的作用。

文化贸易是文化渗透的主要手段和方式。美国广播节目对加拿大的渗透早在20世纪初加拿大创建广播电台时就掀开了序幕。当时，蒙特利尔和多伦多等地的主要电台，只有大概20%的节目是加拿大人自行制作的，其余则大部分来自美国，由于加拿大与美国的渊源，美国广播节目深受加拿大听众喜爱，因此，在加拿大广播电台创建初期，美国的思想文化就开始了渗透。[①] 直到1936年，加拿大广播公司成立才打破美国文化通过广播节目对加拿大文化的渗透。在政治多极化和经济全球化的复杂背景下，各国家和地区之间的文化交往日益频繁，同时也伴随着国际文化贸易的快速发展。长期处于经济和政治垄断地位的西方国家，为实现其政治、经济目的，以文化贸易为手段，在不同国家文化相互作用的同时，逐步实行"文化殖民"政策，以新的方式和手段继续其霸权行为，在新的历史时期，通过文化渗透延续和强化其文化霸权。而从另一个角度看，通过文化贸易，

---

① 卢锋，唐湘宁. 加拿大对美国文化渗透的抵制及其对我国文化建设的启示 [J]. 南京邮电大学学报（社会科学版），2012（9）：10-14.

一国的文化、民族精神能够有效地传播到其他国家，形成对他国的文化渗透，而随着文化渗透程度的不断加深，文化渗透力也不断增强，文化软实力也得到了相应的提升。

四、文化贸易增强文化的同化力

文化软实力归根结底是一种文化同化和认同的力量，一种文化的同化力强，软实力自然就强，同化力弱，软实力自然就弱，而没有同化力的文化，也就不存在软实力问题。

"功夫熊猫"被称为中国人熟悉的陌生人，熊猫是生活在我国的一种特殊物种，世界其他国家都没有熊猫，因此熊猫也被看作是中国文化的代表，但是《功夫熊猫》影片的推出，是新时期西方人对中国形象的一次新的构筑。影片《功夫熊猫》对中国传统文化的理解力和表现力是不容否认的，但是我们也应该看到被灵活地渗入其中的美国文化，影片的核心有意无意地向观众输出美国的文化精神，让"功夫熊猫"成了中国人熟悉的"陌生人"。尽管"功夫熊猫"的很多元素源于中国文化，但这仅附着于表面，从其内在核心来看，功夫熊猫所蕴含的仍是来自美国的文化元素。虽然美国文化包含了很多不同民族、异质的元素在其内部，是一个文化的大杂烩，但好莱坞电影通过不断地在本国文化与异域文化之间进行民族化，既不掩盖美国电影的本土味道，又在理解外族文化观念过程中将其同化。这种文化同化不同于西方人以往设计的中国形象，而是一种更加不易察觉的文化同化过程。这种文化同化既非刻意美化，也非恶意丑化，而是在刻画中国正面形象的同时，植入了美国的文化思维，是在研究中国传统文化的基础上，对中国文化的同化过程。在电影产业中，文化同化现象的出现是一种必然的现象，商业利益的驱使，以及美国无法抵御美国民众对中国文化的青睐，使得在经济全球化的今天美国不得不以一种全新的姿态来迎接中国文化、认同中国文化。但这种认同并非本质上的认同，而是在模糊化中国这个异域文化的同时，不断地以本土文化包容、消化掉异域文化，最终实现向本土文化的靠拢。

电影贸易作为文化贸易中的重要支撑，其所代表和传播的国家文化容易被接触、被接受。任何一个国家都不承担传播他国文化的义务，使用他国传统文化元素，注入本国的文化价值观和文化精神，通过包装将核心文化推向世界，在全球文化大众化的今天，是一种新的模式，也是一种行之有效的途径。美国电影中所输出的仍是西方人的价值观，其核心实质仍然是西方的文化，弘扬的仍然是西方所倡导的精神，是西方人利用中国特色文化作掩护进行的较为成功的文化同化。

参考文献

[1] 丁元竹. "软实力"产生于文化吸引力 [N]. 文汇报，2006-10-09.

[2] 孙有中. 美国文化产业 [M]. 北京：外语教学与研究出版社，2007：139.

[3] UNESCO. Culture，Trade and Globalization [M]. UNESCO Publishing，2000：9.

[4] 卢锋，唐湘宁. 加拿大对美国文化渗透的抵制及其对我国文化建设的启示 [J]. 南京邮电大学学报（社会科学版），2012（9）：10-14.

（佟东，本文原载于《丝绸之路》2016年第22期）

文化贸易对文化软实力提升的影响及对策

摘　要：文化贸易是一国文化产业走出国门，提升文化软实力的主要途径，而我国文化贸易囿于其贸易规模小、贸易平台建设不完善、特色文化品牌少、贸易模式单一和贸易地理方向过于集中的现状，而对文化软实力的提升作用不甚明显。本文通过研究发现，加强对文化贸易平台的搭建、特色文化品牌的培育、文化贸易模式的创新、文化贸易地理方向的拓展和对外投资的加强将有助于提升文化贸易在提升文化软实力中的作用。

关键词：文化贸易；文化软实力

一、文化贸易在提升文化软实力中的不足

（一）文化贸易规模小限制文化的吸引力

虽然我国文化产业发展很快，但与世界文化强国相比还有很大的差距。日本、美国、英国和德国是世界上文化产品出口排名前四的国家，其出口总额占到世界销售文化产品额的一半以上，美国、英国、德国、法国占进口总额的近一半，不管进口还是出口中国没有一个位于世界前列的。从中可以看出，世界上文化贸易集中于少数发达国家，我国文化贸易额极小，占世界文化产品贸易的比重微乎其微。尽管从1995年开始，中国与美国、英国、日本、法国占据世界文化

贸易前五名（这是由联合国教科文组织统计整理确认的），但是通过一些统计数据不难看出，一半多的文化贸易额集中在发达国家之间，绝对量的排名可能会有所变化，但是相对规模却依然没有发生改变，我国所得文化贸易额与世界文化贸易额之比非常小以致无须计量。例如，中美之间文化贸易，美国统计中中国占比不足1%，说明中国文化贸易需要大力发展。再以图书版权作为例子说明情况，2012年我国进口美国版权5606项，而出口仅为1259项，引进与输出之比接近4.45∶1，虽然相比于2010年的4.61∶1有进步但幅度很小。从整体看，文化贸易额不断增加，但是文化贸易额占比却没有明显改善，文化贸易整体发展欠佳。我国没有品牌文化产品和服务能够在世界主流文化市场上立足。我国既没有美国式大片也没有能引领亚洲的"韩流"，这与我国五千年文明历史不相匹配。

多年来，美国海外票房与本土票房比例一直维持在大约2∶1，2011年北美（包括美国和加拿大）票房为102亿美元，海外票房（不包括北美）达163.63亿美元。而我国2011年国产影片海外市场收入为20.46亿元（约3.15亿美元）。据中国电影海外推广公司统计显示，从2002年到2011年，十年间国产影片共在中国内地以外的市场取得180余亿元（约27.69亿美元）的销售收入。美国的电影生产尽管只占全世界总量的5%~6%，但放映时间却占全世界观影总时间的80%；国内票房收入与海外票房收入的比值基本维持在0.618的黄金分割点区域，产业结构非常成熟与科学。美国票房并不是回收成本最重要的指标，它只占电影总收入的1/4，其余的3/4来自其他衍生品或关联产业，这几个方面共同打造了一条完整的产业链，这些衍生收益是无法估量的。中国电影在海外的状况恰恰相反，过于追求票房或者说只能追求票房，票房收入占总收益的95%左右（甚至以上），尚未形成打造产业链的观念。作为一个电视剧生产和播出大国，相对于美国、日本、韩国等影视产业强国而言，中国在国际市场上所占份额还相当微小，传播力、影响力还相当有限。中国电视剧辐射的范围主要限于亚太地区，约占出口总量的2/3，即使在亚洲，也逊于韩国和日本；近年来海外销售量下降趋势明显，海外销售额仅占总额的5%左右，且销售面小，售价不高。我们的电视剧作品还没有受到国际社会消费者的认可，还属于弱势文化。由此可见，中国真正进入国际市场的影视作品数量还很有限，流行文化的国际影响力偏弱，文化贸易软实力缺乏足够的吸引力。

（二）文化贸易平台建设不完善削弱文化的凝聚力

随着我国综合国力不断增强，国际影响力日益扩大，为"走出去"创造了巨大商机。改革开放以来，我国的现代化建设取得了举世瞩目的巨大成就，综合国力不断增强，社会不断进步，国际地位和影响力显著提高。"中国文化热"的背后，是世界对我国文化产品和服务的巨大需求和商业机会。但是，我国文化贸易服务平台建设却不能满足日益增长的文化产品贸易需求，这极大地削弱了文化产品出口企业的生产积极性，削弱了文化对经济的凝聚作用。

尽管国家各级政府部门出台了一系列推动文化产品和服务出口的政策，鼓励和支持各种所有制文化企业积极开展、参与和从事文化产品与服务出口，但是海关过境手续复杂、因公出国审批手续烦琐却是摆在文化贸易之前的一道门槛。我国现已形成位于华北、华东和华南三地的国家级对外文化贸易基地，但其作用还未得到充分发挥。

尽管我国文化"走出去"机遇良好，但是也要看到文化贸易平台建设不完善已经阻碍了文化贸易的进一步发展，主要表现为资本来源渠道狭窄和缺少对国际市场的调查研究及交流联系渠道。一方面，在融资方式上，投资控股、金融信贷、资本融资等手段发展较慢，多渠道融资格局尚未形成。文化企业上市融资的较少，许多低营利性的文化企业普遍面临资金匮乏、融资乏力、发展受限，甚至亏损等。另一方面，由于市场信息闭塞，不能很好地根据国际市场需求策划、生产和营销我国的文化产品，这也导致了我国缺少在国际文化市场上具有竞争力的文化产品，不利于提高我国文化的凝聚力。

（三）特色文化品牌少降低文化的感染力

文化传播的核心竞争力就是品牌的竞争力，特色突出、文化鲜明的品牌无疑会提升国家文化的感染力。从好莱坞电影在全球的流行可知，好莱坞电影之所以在不同的文化中广泛传播，除了电影质量高这一前提，最终要归功于好莱坞品牌在全球的知名度和认知度，所以说在文化多元的全球化时代，竞争的核心在于品牌。品牌是立足市场的基石，是品牌所有者通过有效的传播手段使消费者认识、喜爱进而产生购买行为的过程。如今，我国国内电影存在着数量暴增和品牌的知名度低之间的矛盾，影片纷扰、媒体竞争激烈的现状也使人们有着多样化的选择的同时面临着选择的困难。现在已经不是"酒香不怕巷子深"的时代，塑造自己的品牌并进行有效的传播是有效吸引受众的重要途径，也是进行沟通提高知名度的重要媒介，它可以有效减少消费者内心的不确定性，提升购买和使用的安全感，在跨文化传播过程中可以减少不同文化环境带来的陌生感和不适感，坚定消费者的信念，所以说品牌是电影跨文化传播中的核心竞争力所在。但是，我国国内电影制作公司没有整体规划，今天拍古装剧、明天拍现代剧，没有核心产品和主流电影，生产的电影不少但最终对品牌建设起作用的却很少，国际上对中国电影也难以形成一个比较具体的印象，这种不专一造成了跨文化传播的无目的性。中国电影并非不想走出中国、走向世界，而是缺乏品牌培养的意识，这使中国文化产品很难实现跨文化传播。按照好莱坞的行业规定，其电影的品牌维护费用一般占到总费用的50%，而国产电影才逐渐开始意识到品牌维护的作用，且步伐缓慢，而且大部分影片并未针对海外市场，两者的差距是明显的——国产电影用于品牌培育和维护的费用所占比例相对较小。[1]

（四）文化贸易模式单一减弱文化的同化力

由于中国大多数文化企业规模较小，资金实力有限，国际市场经验不足，而专注于国内市场的开发，甚至是地方性市场，因此，风险低、投入少的贸易模式仍是中国文化企业在国际市场上进入的首选和主要方式。如今，中国文化企业走向国际市场主要依赖于两种模式：一种是文化产业博览会，另一种是国外发行公司代理。尽管这两种模式都有一定的作用与效果，但是局限性也随之产生。尽管中国国内一些外向型文化企业已经看到了国外市场的发展潜力，逐步开始不仅局限于文化交流、寻找海外代理等模式，而是适应时间的要求，通过联合创作、合资经营、购买影院剧场等方式，积极地谋求海外发展，但是，从企业整体的国际化水平来看，仍然处于初级阶段。企业选择直接投资方式进入国际市场，并且不断拓展文化产业价值链，主动开发文化衍生品，走向国际化价值链的高端，形成较强的风险控制能力，能够与当地文化企业或者其他跨国公司同台竞争，还有很长一段路要走。[2]

---

[1] 张慧，徐小立. 国产电影跨文化传播的核心竞争力——以《功夫熊猫2》的品牌营销为例 [J]. 电影评价，2012（8）：82-84.
[2] 王娟. 中国文化企业国际市场进入模式探析 [J]. 国际贸易论坛，2012（3）.

中国文化产品出口的渠道较为狭窄，即使有优秀的、市场价值大的文化产品，也只能滞留在国内而不能走出国门为国外的消费者所知晓。目前，我国国内文化产品出口主要有两个渠道：一是通过国内外的文化博览会，如北京国际图书博览会、深圳文博会、法兰克福书展，近年来我国90%以上的版权贸易合同是在此类展览会上签订的；二是通过国外发行公司代理。这两个渠道在图书文化贸易中扮演了一定的角色，但是其市场、资本、人才、体制等还不完善，不能形成常态的文化贸易模式。

在国际文化贸易中，文化同化力表现为原有文化被新文化所代替，跨国企业并购通常是文化同化力发挥作用的主要形式。文化同化以并购方的文化取代被并购方的文化，被并购企业被完全吸收进另一方为主要方式。近年来，我国文化企业逐渐放开走出去的步伐，大踏步地走向国际市场。继安徽出版集团全资收购波兰时代马尔沙维克集团，中国出版集团以1亿元收购英国出版科技集团股份，积极抢占数字技术制高点后，2014年出版业的海外并购又掀起新一轮高潮，凤凰传媒以8500万美元的大手笔收购了美国出版国际有限公司（PIL）童书业务，广西师范大学出版社集团以200万美元的最终价格将澳大利亚视觉出版集团收入囊中。即便如此，我国文化企业走出去的步伐明显落后于文化强国，这严重制约了我国文化对他国的同化力。

（五）文化贸易地理方向过于集中限制文化的传播力

文化全球化的国际大背景给我国对外文化传播提供了更大的发展空间。目前，我国正处于重要的历史机遇期，振兴中华文化、传播中华文明是民族复兴的重大任务和战略课题。积极实施对外文化传播战略，广泛传播中华文化，增强国家文化影响力和竞争力，对于提升我国文化软实力具有重要而深远的意义。[1]而我国文化贸易，无论是出口还是进口都存在贸易地理方向过于集中的问题。

出口方面，从区域上看，我国对外产品出口主要集中于亚洲及大洋洲地区的日本、韩国、新加坡、阿拉伯联合酋长国和中国香港，美洲地区的美国、加拿大和巴西，欧洲地区的德国、英国、荷兰、意大利、俄罗斯、法国和西班牙等国。近年来，马来西亚和印度逐渐取代俄罗斯和西班牙成为我国文化出口的对象国。

---

[1] 李月明.对外文化传播与我国文化软实力的构建[J].攀登，2009（1）：124-128.

从贸易额上看,2007~2013年美国一直是我国文化贸易出口的第一大对象国,而从第二位到第六位也始终是中国香港、德国、英国、日本和荷兰五个国家(地区)。我国文化贸易出口的前六大贸易伙伴共同贡献了我国文化产品出口额的60%左右,由此可见,我国核心文化产品出口的集中度较强。

进口方面,从区域上看,我国对外产品进口主要集中于亚洲地区的日本、韩国、新加坡、印度尼西亚、中国台湾和中国香港,北美洲地区的美国和加拿大,欧洲地区的德国、英国、荷兰、意大利、俄罗斯和法国等。近年来,泰国和印度逐渐取代爱尔兰成为我国文化进口的对象国,特别是泰国,2013年一跃成为我国文化产品第一大贸易进口国。从贸易额上看,2007~2012年美国一直是我国文化贸易进口的第一大对象国,而从第二位到第五位也基本上是中国香港、英国、德国和日本四个国家(地区),2013年泰国成为我国文化产品第一大进口国,其后是美国、中国台湾、日本和英国。我国文化贸易进口的前五大贸易伙伴共同贡献了我国文化产品进口额的50%左右,由此可见,我国核心文化产品进口的集中度较强。

较强的进口和出口的集中度表现为我国文化对外传播的局限性,广泛的传播才能使世界各国人民了解中国文化,因此从这一点上看,我国文化贸易较为集中的贸易地理方向将限制我国文化的传播力。

二、发展文化贸易,提升文化软实力的对策建议

(一)搭建文化贸易平台,提升文化走出去的规模和质量

加强渠道和平台建设,构建多元化、多层次的国际文化营销网络。如果没有平台和网络,文化产品根本传播不出去,更不要说"走出去"。通过各种渠道,重点瞄准国外主流市场、国际汉文化圈和港澳台地区。支持并鼓励文化企业参加国家重点支持的文化展会,通过中国(深圳)国际文化产业博览交易会、中国国际广播影视博览会、中国国际动漫节、中国国际动漫游戏博览会、北京国际图书博览会等推动文化出口。支持文化企业到海外参加国际展会、进行商贸推介,如

参加境外演艺交易会、艺术博览会、图书展、影视展、音像展艺术节、双年展、动漫游戏节等国际大型展会和文化活动，进一步扩大文化企业国际影响力。借助区域文化合作等平台，支持文化企业按规定与国际著名文化制作、经纪、营销机构合作，在境外建立文化产品营销网点。打造广东南方国际版权交易中心等具有重要影响力的国际出版版权交易平台，发挥其在对外推广文化产品和服务方面的积极作用。在我国驻外机构的协助下，积极搭建对外文化贸易平台，为企业进入国际市场铺设道路。中国文化要实现融入世界、影响世界的目标，既要有自己特色的文化内容，更要结合当地的需求，走本土化道路，才能真正进入当地主流社会、家庭。因此，要鼓励各类文化企业到海外建立营销渠道，重点抓好影视音像、动漫玩具、出版物、文艺演出、新闻媒体网络等国际营销网络建设。

  文化产业的发展历程并不是很长，因为它和其他的产业是不同的。其他的产业可能发展至今已经成熟，而文化产业起步相对较晚，目前仍处于不断发展以及完善阶段，文化产业是新兴的朝阳产业，尤其是我国的文化产业更需要长时间的发展。因此，文化产业的发展离不开政府的扶持和引导，没有政府的扶持就很难在激烈的市场竞争中取得优势，并可能被其他国家相对强势的文化企业所垄断和打压。因此，我国政府必须加强对文化产业的补贴和奖励，并给予一些优惠政策。对于那些具有竞争力的文化企业，政府更应该重视，增加其出口补贴以及生产补贴，鼓励其出口，以保证并提高这些文化企业在国际文化市场上的竞争优势，提高产品出口能力。我国政府也可以调研我国文化产业各个领域的发展情况，并以它们的发展情况为标准将它们划分层次，按照层次分类，重点培养那些发展较好且发展潜力较大的行业。例如，和其他文化领域相比，我国的电影产业发展的情况相对较好，而且近些年大有进军世界电影市场的良好势头。政府可以针对我国电影行业发展的特点进行补贴和扶持，以提高其在国际上的竞争力；而对于那些发展相对较弱的企业，也要给予重视和扶持，对其发展的潜力进行分析，对于发展前景较好的企业也要给予补贴，从而保证其健康地发展。政府也要大力地培养大型的具有竞争优势的文化企业。日本对文化产业的并购、重组对于今后中国如何更好地发展文化产业具有很大的帮助，中国需要进一步推动文化机制的改革，不断地鼓励文化企业之间的并购与重组，让大型的且具有优势的文化企业并购那些没有竞争优势且不具备发展潜力的企业，减少资源浪费，从而提高我国大企业的发展潜力，提高我国文化经济发展的整体效应。

(二)培育特色的文化品牌，讲好中国故事

不同于以往的产品竞争阶段，当今品牌竞争是国际市场竞争的特征，文化产品和文化服务方面更是如此。当前，文化消费在某种意义上可以说就是品牌消费，品牌是一个国家的企业及其相关产品和服务跻身于国际市场的根本保障，它的意义已经超越了单纯的商标和标识，是企业乃至一个国家竞争力的源泉。因此，要提高中国文化产品和服务的国际竞争力，扩大对外文化贸易，提高中国文化软实力，文化企业必须要树立和增强品牌意识，提高对实施品牌战略重要性的认识，高度重视品牌战略的作用。首先，要提供一大批信息含量大、知识含量多、原创性强、科技含量高的文化产品，形成精品集聚优势，打造在国际文化市场上享有一定声誉的、有中国特色的文化产业品牌。其次，中国文化企业作为文化产品和文化服务的供给者，要以打造世界知名文化企业集团为目标，实施品牌战略，并积极参与到文化贸易的国际竞争中。同时，文化品牌的开发应注重对科学技术的应用，积极发展数字电视、数字电影、网络游戏和动漫等高新文化产业，用先进的技术手段再现传统文化的精华，不断创新文化传播的方式，展开物流配送、电子商务等现代流通组织形式和经营业态，从而提升各国人民对中国文化的认同感。

提升我国文化软实力，要依靠发展我国对外文化贸易，就必须依托文化产业自身的发展和强大，同时利用中华民族丰富的文化资源优势，通过多种经营方式，研发具有中国特色的产品，打造民族特色品牌，讲好中国故事。要重点扶持具有中国民族特色的文化艺术品的出口，支持动漫游戏、电子出版物等新兴文化产品进入国际市场。要大力提高文化产品的出口比重，消除文化贸易赤字，让中国尽快变成文化出口大国，这是实现由"中国制造"跃升为"中国创造"的关键所在。

文化产业及文化贸易的发展同样也需要品牌建设。只有建立属于自己的并且享誉世界的知名品牌才能推动文化产业及文化贸易的繁荣发展，这对于提高我国文化贸易的国际竞争力，并在国际市场占据优势地位都具有积极意义。值得学习的是，日本之所以能摘取"动漫王国"的桂冠，除了该行业自身不断努力之外，最重要的原因就是它成功地塑造了日本的动漫品牌，这样既融合了日本独特的文化同时也满足了多国消费者的需求偏好。

文化品牌的培育要有国际化视野，让文化品牌在世界舞台的角逐中有足够的竞争力。文化品牌既是民族的，同样也应该成为世界的。并且只有文化品牌成为世界的，才能成为真正的文化品牌，才能在全球经济一体化的市场博弈中成为强者和胜利者。培育文化品牌必须要有国际化视野，适应国际化的规范，坚持国际化标准，拓展国际化市场。要善于实施"走出去"战略，让民族文化品牌与世界著名文化品牌进行对话和竞争，在这个过程中"强筋壮骨"，让民族文化品牌成为世界品牌。文化品牌体现的是国家形象和文化软实力，跨文化交流需要平等对话，没有品牌的文化，只能在交流中被他者化、殖民化，因而以国际化视野提升文化品牌品质也是国家文化安全的需要。

（三）创新文化贸易模式，提高文化的传播力

一个国家文化的软实力不仅取决于其内容是否具有独特魅力，更加取决于是否具有先进的传播手段和强大的传播能力，特别是在当今信息社会，凡是传播手段先进、传播能力强大的国家，其文化理念和价值观念就能广为流传，就能掌握影响世界、影响人心的话语权，文化的传播能力已经成为国家文化软实力的重要因素。[①]

文化贸易具有国际化传播的特征，以文化贸易为载体，创新文化贸易模式，按照行业集聚、空间集中、资源集约的发展策略，科学规划文化贸易整体布局，建设文化产业示范基地和文化产业园区，以集团军的形式联合开拓国际市场，增强文化走出去的传播力。

要想在国际文化市场上拥有长久的竞争力，就必须拥有独特的竞争优势。由于我国同时拥有悠久的历史和渊博的文化，因此可以利用自身特有的文化，从两个方面进行文化市场的开拓。一方面，可以不断开发和扶持国内具有民族特色的相关文化产业，将我国的民族文化实行资产产业化，并加大对文化主体的培养力度，因为具有特色的文化产品或服务，在国际市场上具有独特的竞争力，容易渗透至国外文化中，在获得利益的基础上，可以发展我国的文化产业；另一方面，需要针对我国的特色产业，加大对外开放力度，把民族文化推向世界舞台，让其在世界市场上获得更大的发展空间，从而提高我国文化产业在国际市场上的竞争力。

---

① 冯艳霞.浅论增强我国文化软实力的途径［J］.改革与开放，2010（7）：180.

(四) 拓宽文化贸易地理方向，拓展文化的传播范围

大型跨国文化企业认为，营销是文化商业运作过程中的一个重要环节，一个文化产品的营销成本占总成本的比例很高。经过多年的发展，这些文化巨头占据国际市场的主导地位，资金实力和人才资源使它们建立起了整套的完整和成熟的调研、生产、制作、营销及后期衍生产品销售的渠道，并在全球主要国家和地区建立了市场营销网络。反观我国，文化企业提高了对市场营销的重视程度但是在营销上的投入比例仍十分小。

中国文化产品在国外遭遇较高的"文化折扣"，国外的消费者不熟悉中国的文化产品，从而不能建立亲切感，因而也不会进行消费。因此，中国文化企业可以利用关系营销，培养国外消费者对中国的亲近感。首先，中国文化企业可以团结合作成立海外办事处，定期举办中国文化展，介绍中国文化，并与当地的消费者建立良好的关系。其次，积极地与国外文化企业合作，充分利用它们本土化宣传的优势，推广中国文化产品。再次，除了利用关系营销外，中国文化企业开拓国外市场时还要利用捆绑式营销。这种营销方式可以通过策划具有影响力的活动来吸引消费者，从而提高中国文化产品的知名度和竞争力。以江苏卫视的《非诚勿扰》为例，截至2013年10月，《非诚勿扰》已经与海外媒体、报社等合作成功地举办了8个海外专场，观众群遍布五大洲，创下了电视相亲节目的新高，而国外的观众也因为新颖的节目模式越来越多地关注到该节目甚至同类型的节目。最后，中国文化企业也要充分利用国内的国际交流平台，如上海国际电影节、ChinaJoy、北京国际图书博览会、深圳文化博览会等大型节庆会展活动，通过这些平台可以和与会的海外优秀文化企业进行交流合作，并举办一些推广活动。例如，在2011年第十五届"北京放映"活动中，有数百部国产影片通过150多家海外片商销往世界70多个国家和地区。

贯彻实施文化"走出去"战略是提高文化贸易，促进经济增长的另一法宝。为此，我们要积极主动地开展对外文化交流以提高我国的国际文化地位。首先，加快成立和壮大文化跨国公司，采取较为自由的文化贸易政策，对于国外文化企业集团的兼并和收购给予鼓励，加大中国文化的国际传播力度。其次，重点开拓俄罗斯、东亚等国家和地区的文化市场。从上文分析可知，我国文化产品输出地过于集中，市场占有率并不高，中国文化产品的国际化程度低。我国与日本等东

亚国家"文化折扣"程度较低，但我国文化产品出口数量在"儒家文化圈"依然较少。中俄两国作为邻邦，有着良好的外交关系，因此我国在提升自己文化产品质量的同时应当努力去开拓俄罗斯市场。此外，在文化贸易竞争日益加剧的情况下，我们应该去积极开拓日本等东亚文化市场。最后需要指出的是，我国既要保持文化出口，也要促进文化进口。不能为了改善文化贸易存在的输出地过于集中的问题就单方面地增加文化出口，也不能一味地增加文化进口。必须双管齐下，在发展我国文化产业的同时，也积极参与文化贸易。

（五）加大文化产业对外投资，深入海外市场

支持国内媒体和各种所有制企业赴境外投资。按照有关规定，鼓励企业通过新设、收购、合作等方式，在境外收购剧场，设立演艺经纪公司、艺术品经营机构、出版社、报刊社、印刷厂、广播电视网、出版物营销机构等。鼓励国内媒体创办外文报刊、广播和电视频道，或在境外购买媒体播出时段和报刊版面、开办广播电视频率频道、开展对外劳务合作，支持国内网站与国外知名网络媒体合作。对符合《文化产品和服务出口指导目录》规定的境外投资，在信息咨询、市场考察等方面予以支持。提升文化软实力，发展文化贸易，增强"走出去"的能力，归根结底还要落实到人的因素上。在文化生产、文化创造、文化经营、文化传播、文化管理和文化出口等方面，我们要培养大批具有国际视野的复合型人才，充分发挥人的能动性、创造性，建构文化本土性价值体系和话语体系，全面振兴文化产业，如此才能真正走出国门、走向世界，同全球文化进行平等的对话和交流，展示文化强国的气象和风度，提升我国的文化软实力。

要树立中国文化的国际形象，扩大中国文化贸易的发展，提高我国文化产业的国际竞争力，必须走规模化发展与经营之道。加快产业重组步伐，建立大型文化产业集团，实现规模经济，进而以强大的规模提升文化产业的国际竞争力。同时，注重培育外向型骨干文化企业，鼓励有实力的企业"走出去"进行跨国经营，建立面向国际市场的文化产业集团。规模经营方面要组成产业集团，改变文化企业规模小且分散的现状。以我国的电影业为例，中国电影业扩大经济规模的基本思路是成立电影集团，实现集团化经营。发行放映的主要改革思路是建立院线为主的供片机制。利用现有的发行放映资源，建立区域性院线和跨省院线，鼓励有条件的发行放映公司进行院线制改造，主要是减少发行环节，扩大发行放映

的企业规模。通过改革，逐步在全国范围内建立起几家跨媒体经营的大型电影制片集团和若干跨地区经营的、设施先进的、院线布局合理的电影发行放映集团，这样中国电影产业的规模效应就可形成了。

参考文献

［1］张慧，徐小立. 国产电影跨文化传播的核心竞争力——以《功夫熊猫2》的品牌营销为例［J］. 电影评价，2012（8）：82-84.

［2］王娟. 中国文化企业国际市场进入模式探析［J］. 国际贸易论坛，2012（3）.

［3］李月明. 对外文化传播与我国文化软实力的构建［J］. 攀登，2009（1）：124-128.

［4］冯艳霞. 浅论增强我国文化软实力的途径［J］. 改革与开放，2010（7）：180.

（佟东）

影响文化产业"走出去"的国际竞争力因素及对策研究

摘　要：文化产业逐渐成为我国的新兴支出产业，也备受各级政府和学者的关注。而将文化产品送出国门，国际竞争力在其中发挥着重要的作用。本研究通过对文化产业"走出去"现状的梳理，首先，从文化贸易竞争力因素和文化产业国际市场竞争力因素两个角度探索影响文化产业"走出去"的竞争力因素。其次，从明确中国文化产品"走出去"的目标市场、明确中国文化产品的竞争优势、培育优秀文化产品和服务的品牌竞争力、深入了解贸易对象国消费者的需求偏好四个方面提出提升文化产业竞争力、促进文化产业"走出去"的对策建议。

关键词：文化产业；国际竞争力；走出去

2000年以来，我国文化产业实现了长足的发展。文化产业增加值以年均接近20%的速度增长，在国民经济中所占的比重也不断提升，逐渐成为具有一定影响力的国民经济支出产业，并被提到事关国家发展的战略高度。

根据国家统计局发布的数据，2013年我国文化产业增加值为21351亿元，占GDP的比重为3.63%。其中，文化产业法人单位增加值为20081亿元，比上年增加2010亿元，增长11.1%，比同期GDP现价增速高1个百分点。按行业分，文化制造业增加值为9166亿元，占42.9%；文化批零业增加值为2146亿元，占10.1%；文化服务业增加值为10039亿元，占47%。按活动性质分，"文化产品的生产"创造的增加值为12695亿元，占59.5%；"文化相关产品的生产"

创造的增加值为8656亿元，占40.5%。在文化产业增加值中，"文化创意和设计服务"创造的增加值为3495亿元，占16.4%。

文化产业能够取得如此跨越式的发展，与国家对文化产业的大力扶持密切相关，产业政策和财政金融政策在推动文化产业发展中发挥了重要作用。同时，《文化产业振兴规划》《文化部"十二五"时期文化改革发展规划》《"十二五"时期文化产业倍增计划》《关于加快文化产业发展的指导意见》《文化产业投资指导目录》《关于扶持我国动漫产业发展的若干意见》等一系列法律法规的出台也对文化产业规划提供了良好的法律保障。

面对世界经济全球化和地区经济一体化的国际经济发展新格局，在经济新常态下，实现文化产业"走出去"，产业竞争力是最为核心的影响因素。本文在对我国文化产业国际竞争力影响因素分析的基础上，结合文化产业"走出去"的战略构想，提出进一步提升文化产业国际竞争力，实现文化产业"走出去"的对策建议。

一、我国文化产业"走出去"现状

在文化大发展的时代，文化产业"走出去"和文化传播成为世界各国关注的焦点。各国政府都意识到了文化产业"走出去"的重要性。在世界文化产业大发展的背景下，文化贸易也驶入了发展的快车道，世界文化贸易规模正在不断扩大。文化贸易的对象分为文化产品和文化服务两大类，其中以文化产品为主要内容。全球文化贸易总额从2002年的4184.93亿美元，发展到2010年的8855.34亿美元，年均增速达到7.78%，如图1所示。

（一）文化贸易总体发展现状

我国文化贸易在世界贸易大环境中也取得了长足的进步，在文化产业快速发展的推动下显示出强劲的增长势头，文化贸易总额不断创出新高。根据联合国贸易与发展会议数据库的资料显示，2002~2012年，中国的文化产品贸易出口额从323.23亿美元增长到1289.09亿美元，年均增速14.8%；进口额从26.63亿美元增加到98.63亿美元，年均增长14%，如表1所示。

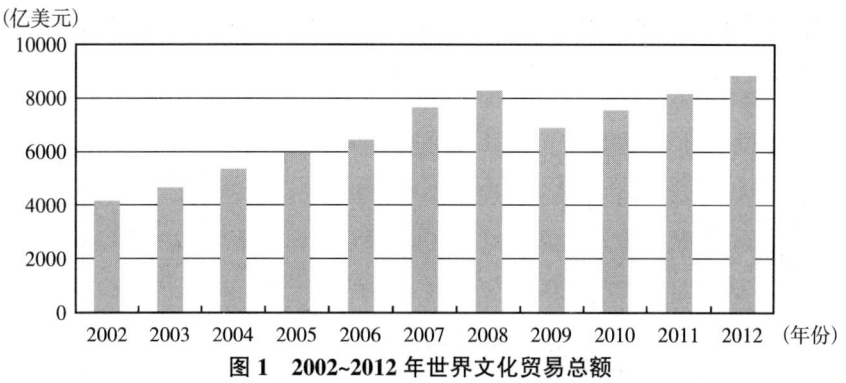

图1 2002~2012年世界文化贸易总额

表1 2002~2012年中国文化产品贸易额

单位：亿美元

年份	出口额	进口额	进出口总额
2002	323.23	26.63	349.86
2003	385.49	31.45	416.94
2004	456.11	34.9	491.01
2005	555.09	38.03	593.12
2006	627.14	41.85	668.99
2007	729.98	56.21	786.19
2008	848.06	60.77	908.83
2009	757.40	60.61	818.01
2010	977.53	75.91	1053.44
2011	1122.55	86.53	1209.08
2012	1289.09	98.63	1387.73

资料来源：联合国贸易与发展会议数据库。

由表1可知，我国文化产业的规模不断扩大，其中出口额的比重较大，文化贸易顺差不断扩大，从2002年的296.6亿美元，扩大到2012年的1190.46亿美元，表现出我国具有一定水平的文化贸易竞争力。但这也从另一个角度提出了新问题，即我国的文化交流过于单向，双向的贸易和文化融合需要进一步加强。

随着我国文化贸易的壮大，我国在世界文化贸易中的份额不断提高，已经从

2002年的8.36%提高到2012年的15.69%，显示出在世界文化贸易格局中的重要地位，如图2所示。

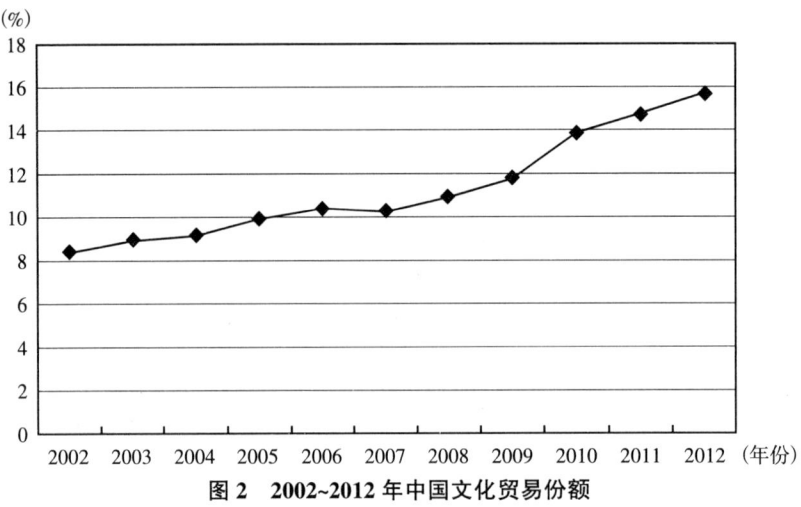

图2　2002~2012年中国文化贸易份额

文化贸易除了货物之外还包括文化服务，虽然产品贸易占绝对地位，但是服务贸易的作用也不可忽视。由于性质的不同，产品贸易的对象是工业品，这类商品的特点是可以通过重复的加工生产来实现，对文化创意的依赖程度不高；文化服务贸易则不同，其价值的创造只依赖较少的制造业或加工业，主要是依托理念创意和技术创新，具有低消耗型、知识密集型的特点。因此，文化服务贸易的规模能够真实反映文化贸易的发达程度，也是文化产业是否先进的体现方式。

如表2所示，2000~2010年这11年间，我国的文化服务贸易有8年的时间保持逆差，2000~2005年为贸易逆差，2006~2008年连续三年出现顺差，随后在国际经济危机的影响下，中国又处于贸易逆差状态。

表2　2000~2010年中国个人文化娱乐服务贸易额

单位：亿美元

年份	进口额	出口额	进出口总额	逆差
2000	0.37	0.11	0.49	-0.26
2001	0.50	0.28	0.78	-0.22
2002	0.96	0.30	1.26	-0.66

续表

年份	进口额	出口额	进出口总额	逆差
2003	0.70	0.33	1.03	−0.36
2004	1.76	0.41	2.17	−1.35
2005	1.54	1.34	2.88	−0.20
2006	1.21	1.37	2.59	0.16
2007	1.54	3.16	4.70	1.63
2008	2.55	4.18	6.73	1.63
2009	2.78	0.97	3.76	−1.81
2010	3.70	1.23	4.93	−2.47

资料来源：联合国贸易与发展会议数据库。

近些年来，我国的文化服务贸易总额保持着平稳增长，但是出口额的波动性较大，2008年达到4.18亿美元，2009年则大幅下滑到0.97亿美元，2010年有所恢复，但是还不足2005年的水平，这说明文化服务的发展基础还不够稳固。

此外，对比文化产品贸易可以发现，文化服务贸易的比重过低，以2010年为例，文化服务贸易总额为4.93亿美元，仅为文化产品贸易的0.47%。未来文化服务贸易的比重需要进一步提升，形成合理的文化贸易结构。

随着经济的快速发展，民众对精神文化的需求快速增加，为文化产业的跨越式发展提供了广阔的发展前景。企业不断增加文化产品种类，也是满足人民群众日益增长的文化需求的重要手段，近年来，文化产业的快速发展准确地验证了这一点。2012年，我国共出版了41.4万种图书，比2002年的17.1万种增加了24.3万种，年均增速9.3%，有17.2万种图书再版或重印，比2002年的70269种增加了10万多种，年均增速9.4%。2012年，新闻出版全行业收入达到16635.3亿元，同比增长14.2%；国内电影票房达到170.73亿元，同比增长30.18%。我国城市电影票房连续10年的平均增速超过30%。动漫产业的产值则从2005年的不足100亿元，增加到2012年的760亿元。中国文化产业井喷式的发展态势为中国企业"走出去"打下了良好的基础。

（二）文化贸易产品结构

中国对外文化贸易产品主要包括文化艺术品、声像制品、设计品、新型媒介物、表演艺术品、印刷品和视觉设计品等。中国对外文化产品贸易出口产品结构呈现"一枝独秀"态势,进口产品结构呈现"三足鼎立"之势。

1. 出口产品结构呈现"一枝独秀"态势

由图3可以看出,设计品是中国最主要的文化出口产品,占比70%以上。而如声像制品、表演艺术品、印刷品等核心的文化产品所占比重很小,不足3%。由此可以看出,中国对外文化贸易出口产品结构呈现"一枝独秀"的态势。这虽然发挥了中国低廉制造成本优势,但是中国对外文化贸易出口产品主要是附加值低的劳动密集型产品,无法促进中国对外文化贸易竞争力的大幅度提高。

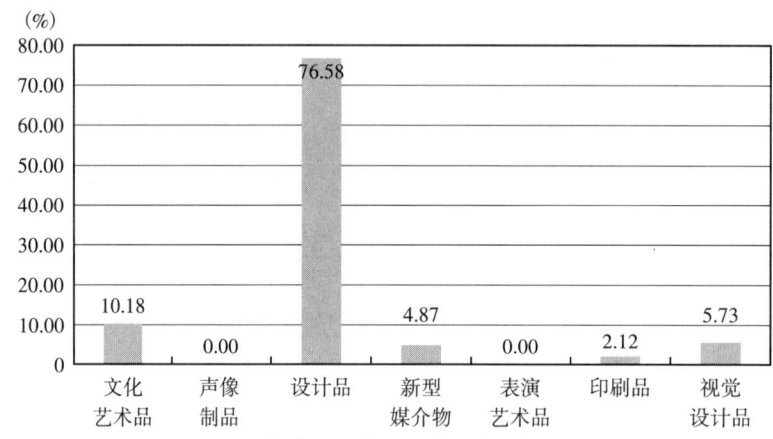

图3　2010年我国七大文化产品出口额所占比重

资料来源:联合国贸发会议统计数据库(http://unctad.org/en/Pages/Home.aspx)。

2. 进口产品结构呈现"三足鼎立"之势

与文化贸易的出口产品结构相比,中国文化贸易进口产品结构有所不同。由图4可以看出,设计品、新型媒介物和文化艺术品是中国文化产品进口的前三甲,三者所占中国文化产品进口的比重合计达到了85%以上。其中,设计品所占的比重达到40%,虽然设计品所占的比重很大,但是新型媒介物和文化艺术品所占比重也不低。所以,文化贸易进口产品结构没有像出口产品结构一样出现"一枝独秀"之势,而是呈现"三足鼎立"之势。

由图4可以看出,声像制品、表演艺术品和视觉设计品三者所占中国文化产品出口的比重很小,不足5%。另外,由联合国贸发会议统计数据库中数据可知,文化艺术品的进口比重由2002年的19.29%下降至2010年的13.43%,总体上呈

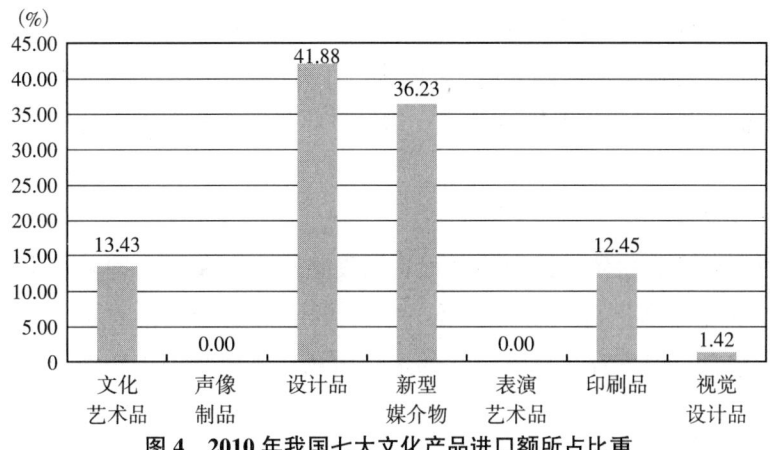

图4 2010年我国七大文化产品进口额所占比重

下降趋势。而新型媒介物的进口比重总体上呈上升趋势。总的来看，中国对外文化贸易进口产品结构呈现"三足鼎立"之势。

（三）文化贸易市场结构

市场结构主要是指供给方和需求方之间的关系。本节主要从出口市场结构和进口市场结构两方面来分析中国对外文化贸易的市场结构，并着重分析文化贸易的主要进出口国情况。

1. 出口市场结构

目前，我国对外文化贸易出口市场结构比较单一，主要集中于西欧、北美和东南亚发达国家和地区。中国文化贸易出口市场排名前十位的均为发达国家和地区，且前十大出口市场所占比例波动不大，其中美国所占比例达到了三成（见图5）。

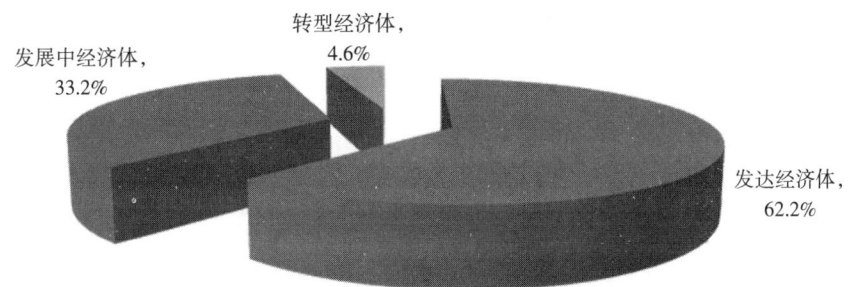

图5 2010年中国文化贸易出口市场分布

资料来源：UNCTAD 数据库（http://unctad.org/en/Pages/Home.aspx）。

由图 5 可以看出，2010 年中国文化贸易出口市场分布中，发达经济体所占比重最大，达到 62.2%，发展中经济体所占比重次之，为 33.2%，转型经济体所占份额最低，为 4.6%。由此可见，发达经济体仍是中国对外文化贸易最大的出口市场。

2. 进口市场结构

就中国对外文化贸易进口市场而言，发达国家和发展中国家基本上平分了中国对外文化贸易进口市场。[①] 排名前十位的中国对外文化贸易进口市场所占比例波动较大，但不存在比例过大的进口市场，主要集中于欧洲、北美和亚洲地区。

对中国对外文化贸易进口数据分析得出，发达经济体和发展中经济体平分了中国对外文化贸易的进口市场。但是目前来看，中国对外文化贸易最大的进口市场依然是发达经济体。由图 6 可以看出，在 2010 年中国文化贸易进口市场分布图中，发达经济体所占比重最大，达到 55.9%，发展中经济体所占比重次之，为 43.5%，转型经济体所占份额最低，为 0.6%。

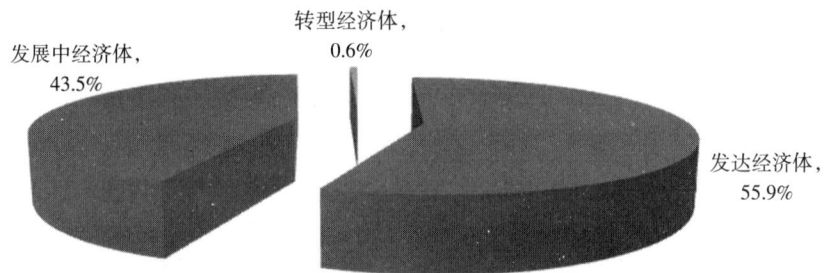

图6 2010 年中国文化贸易进口市场分布

资料来源：UNCTAD 数据库（http://unctad.org/en/Pages/Home.aspx）。

---

① 李怀亮，虞海侠. 我国文化产品和文化服务出口结构及竞争力分析 [J]. 国际贸易, 2013 (9).

二、影响文化产业"走出去"的竞争力因素

（一）文化贸易竞争力因素

贸易竞争力指数是用以衡量产业国际竞争力的一个重要指标。从文化贸易竞争力指数可以看出一个国家文化产业"走出去"竞争力的强弱。文化贸易竞争力指数如下计算：

$$S = \alpha X + \beta Y + \gamma Z + \delta W$$

$$W = \sum d_l w_l$$

$$a_i, \ b_j, \ c_k, \ d_l$$

$$i, \ j, \ k, \ l = 1, \ 2, \ 3, \ \cdots$$

$$S = \alpha X + \beta Y + \gamma Z + \delta W = \alpha \sum a_i x_i + \beta \sum b_j y_j + \gamma \sum c_k z_k + \delta \sum d_l w_l$$

$$\alpha + \beta + \gamma + \delta = 1; \ \sum a_i = 1; \ \sum b_j = 1; \ \sum c_k = 1; \ \sum d_l = 1$$

$$\text{文化贸易竞争力指数} = \frac{\text{文化贸易出口额} - \text{文化贸易进口额}}{\text{文化贸易出口额} + \text{文化贸易进口额}}$$

其中，分母为文化进出口总额，分子为文化净出口额。

第一，当文化出口额小于文化进口额时，文化净出口额是小于 0 的，此时，文化贸易竞争力指数也是小于 0 的，这说明文化出口的规模小于文化进口的规模，并且文化贸易竞争力指数越接近 –1，说明文化出口额与文化进口额之间的差距越悬殊，同时也就表明文化产业很难"走出去"，文化产业国际竞争力较弱。

第二，当文化出口额大于文化进口额时，文化净出口额是大于 0 的，此时，文化贸易竞争力指数也是大于 0 的，这说明文化出口的规模大于文化进口的规模，并且文化贸易竞争力指数越接近 1，说明文化进口额与文化出口额之间的差距越悬殊，同时也就表明文化产业"走出去"已形成一定的规模，文化产业国际竞争力相对较强。

第三，文化贸易竞争力指数是一个介于 –1 与 1 的数值，并且当文化出口额

与文化进口额相等时，文化贸易竞争力指数为0。

1. 文化产品贸易竞争力

文化产品贸易的强弱并不代表文化产业的发达程度，只是说明在文化产品的加工出口方面占有优势，这主要是由文化产品的性质所决定的。因为从某种程度上来讲，文化产品贸易也是加工贸易的一种类型，艺术、音乐、设计等分支行业最终都要形成产品实物，都需要投入资本和劳动力，同时我国和印度劳动力价格较低，均为制造业大国，通过发挥劳动力比较优势可以生产大量的文化产品实物，在国际文化产品贸易中处于顺差地位，从而文化产品贸易的竞争力较强，文化贸易竞争力指数较高。

与此相反，劳动力成本较高的国家，不适宜直接生产文化产品，这些国家主要输出文化创意，并非产品实物，其文化产品贸易的竞争力指数较低。因此，通过文化产品贸易竞争力指数来反映文化产业的强弱具有一定的局限性。

2. 文化服务贸易竞争力

文化服务贸易竞争力指数在0以上，表明在文化服务领域具有较强的竞争力，贸易保持顺差，作为文化产业强国，在产业资金、人才、技术等方面具有较强的优势，其出口的产品并非劳动密集型产品，因此能够最大程度地发挥其比较优势，从而体现出较高的文化贸易竞争力指数值。而当文化贸易竞争力指数值在0以下时，表明这些国家在文化服务领域处于劣势地位，贸易保持逆差。

中国在2006~2008年间的文化服务贸易竞争力指数值小于0，说明文化服务贸易并不是中国的强项，而在2008年后有所提升，达到0以上，在2012年受大环境影响下滑到0以下，但2013年就恢复到0.5，并为历史最高值，这表明中国的文化服务贸易实现了较大的飞跃，从贸易逆差转变为贸易顺差。

（二）文化产业国际市场竞争力因素

文化产业国际市场竞争力是从国际、国内市场两个角度来探讨文化产业的国际竞争力。通常情况下，一个国家其文化产业具有较强国际市场竞争力，那么该国的文化产业也必然具有较强的国际竞争力。国际市场竞争力通常通过文化产业国际市场份额和国内市场份额来反映。

1. 文化产业国际市场份额

文化产业国际市场份额反映的是国内本土企业在世界市场上的地位和竞争力

状况，一般而言，用文化产业的制成品出口额占全世界同类产品出口总额的比重表示。产业国际市场份额指标数越大，则表明该产业的国际竞争力越强。国际市场占有率（M）的大小具有不同的代表意义，代表着不同的国际竞争力水平。当 M 值大于 10% 时，代表着该国国际竞争力非常强；若 M 值处于 5% 和 10% 之间，代表国际竞争力较强；若 M 值处于 1% 和 5% 之间，代表国际竞争力一般；若 M 值小于 1%，则代表国际竞争力非常弱。

文化产业的国际市场份额不仅反映出该产业的纯经济实力，同时也反映着国际上对该国文化的认同感，国际消费者越认同该国的文化内涵，那么就越愿意购买该国的文化产业，相应的该国文化产品的国际市场占有率就越高。本国文化产业的国际竞争力越强，就意味着国际上对本国文化的认同感越高，相应的文化产业的安全度就越高。"越是民族的，就越是世界的"，这句话在本国文化产业制定国际发展战略上是一条不变的黄金律，在经济全球化和信息一体化的当下，对于文化产业这种主打精神内涵的产业而言，同质产品在国际市场上是没有任何竞争力可言的，只有具有本国特色的民族产品才更有可能引起国际消费者的兴趣。一国的文化产品要想在世界市场上站稳脚跟，就迫切需要国际社会对该国文化的认可，这种认可不仅会带来经济上的获利，更重要的是意味着国家形象的成功塑造。

M 值的最高值出现于 2005 年，为 2.35%，M 值的最低值出现于 2008 年，为 2.13%，整体来看，M 值波动不大却一直在较低值附近浮动。从 2004~2012 年这 9 年的数据可以看出，M 值均处于 1%~5% 中，整体在 2.2% 上下浮动，平均值为 2.23%。由此可知，中国核心文化产品国际市场占有率较低，国际市场竞争力一般。[①]

2. 文化产业国内市场份额

文化产业国内市场份额反映国内文化产业在国内市场上的占有率和竞争力情况，在此，我们用文化产业在国内市场的销售额与国内市场全部销售额之比来衡量。事实证明，文化产业国内市场份额越大，表明国内市场大部分都为本土企业所占领，那么本国文化产业在国内市场上的竞争力就越强，地位就越高。文化产业的国内市场需求规模越大，表明国内消费者对文化产品的需求越高。庞大的文

---

① 丁婧. 中国服务贸易竞争力分析——基于贸易竞争力指数的评价 [J]. 经济研究导刊, 2012 (18).

化市场一方面有利于国内文化企业的生存和发展,另一方面也给国外文化企业提供了进入的空间。国内文化市场规模越大,同时文化产业国内市场份额越高,越说明国内文化企业是国内文化大市场的主要供给者,国内市场主要处于国内文化企业的控制之下。

三、促进文化产业"走出去"的对策建议

(一)明确中国文化产品"走出去"的目标市场

明确文化产品的目标市场,也就是要明确文化产品出口的地理方向。文化产品出口地理方向的确定有助于我国文化产业开拓市场、文化产品走向世界。市场需求是一个产业发展的动力源泉,文化产业要实现"走出去",必须明确其在国际市场上的主要需求。因此,在国际市场上的目标定位是中国文化产品走出国门、走向世界首要解决的问题。当今世界,文化贸易比较活跃的地区集中于欧美等发达国家市场,我国文化产品若想打入国际市场,应更加贴近这些国家的需求偏好,这需要立足我国文化产品的特色,使文化产品能更好地适应欧美国家的消费习惯,以及对我国文化产品和文化服务的认同。同时,也要紧紧抓住东南亚、南亚、东北亚等周边国家市场,这些国家和地区与我国地缘相近、语言相似,拥有共同的文化传统,便于开展文化贸易。尤其是地处东北亚地区的中、日、韩三国在文化方面同宗同源,便于开展文化贸易,融入这一地区的文化市场。[1] 因此,从中国文化产品"走出去"的目标市场或者地理方向来看,应重点考虑三个地区,即文化产业发展比较成熟的欧美地区、与我国形成紧密贸易关系的南亚及东南亚地区、与我国同根同源的东北亚地区。

---

[1] 袁晓莉,张宁. 中日韩文化创意产品贸易竞争力比较研究 [J]. 青岛科技大学学报(社会科学版),2015(1).

(二) 明确中国文化产品的竞争优势

文化产品与其他商品有着本质的区别，既具有商品属性，又具有文化属性。中国文化产品的优势在于其所蕴含的丰富的中国传统文化。自 2008 年以来，中国核心文化产品进出口总额和文化服务进出口总额连年增长。在全球文化市场、文化产品贸易市场上，中国总量占到了 19%，中国现在是全球最大的文化产品生产国。目前，我国出口的文化产品和服务中 60% 以上是文化娱乐设备、文化艺术用品和设施、体育健身器材、印刷包装产品、会议展览以及服务等，我国已经是世界前三大文化产品出口国家。我国文化产品最明显的优势是中国特色，随着我国经济实力的壮大，在世界经济和国际政治中的地位不断提高，越来越多的外国人对了解中国有很大需求，而中国文化产品最能反映出中国博大精深的文化底蕴，也是将中国文化传递到世界各地的最好载体。在文化产品设计、创新中要尽可能将中国元素、中国文化内含于产品之中。除此之外，中国文化产品中的文化制造产品具有价格上的相对优势，在保持这一优势的基础上，如何寻求其他新的竞争优势和增长方式迫在眉睫。因此，明确我国文化产品的竞争优势，对拓展国际市场将产生有利的推动作用。

(三) 培育优秀文化产品和服务的品牌竞争力

文化产品的品牌优势是文化产业发展的不竭动力。我国有着悠久的文化历史，历久不衰的文化品牌蕴含中华民族丰富的文化精髓。以老字号品牌为例，中华老字号品牌具有浓郁的传统文化特色，不仅包含了独特的生产技术、经营理念、民俗风情、道德信仰、文化内涵、地理条件乃至价值观念、人生哲学，同时，也是中华老字号企业对于品质、口碑、诚信等传统经营理念的追求，这些文化特色同时也是现代品牌要素构成，为品牌开发、品牌延伸创造了得天独厚的优势和条件。培育中国文化产品和服务的品牌竞争力，一方面，对已具备影响力的文化产品进行深入挖掘和高度提升，提升产品在产业链中的位置，将产品与相关产品进行深度整合，发挥其带动作用，将更多的文化产品带出国门；另一方面，对尚无竞争力的文化产品和服务品牌，加大扶持力度，促使优质品牌迅速成长起来，成为具有一定影响力的知名品牌。

（四）深入了解贸易对象国消费者的需求偏好

文化产品种类纷繁复杂，文化服务涉及的领域也比较宽，深入了解贸易对象国消费者对文化产品和文化服务的需求，可以更有针对性地提供相应的产品和服务。不同信仰、不同经济发展程度的国家和地区的消费者对文化产品和服务的需求也各有不同。消费者或偏好于对中国古典戏曲的喜爱，或偏好于对中国现代文学的喜爱，或偏好于对中国古董古玩的喜爱，或偏好于对中国现代影视剧的喜爱，各有不同。了解消费者的需求偏好是将我国文化产品和文化服务打入国际市场的基础。因此，做好充分的市场调研，深入了解贸易对象国消费者对我国文化产品和文化服务的需求偏好，有利于增强我国文化产品和服务的国际竞争力，有益于我国文化产业"走出去"。

参考文献

[1] 孟庆强，温珂，李卓华.基于钻石模型和因子分析的河北省文化产业竞争力评价[J].科技通报，2013（10）.

[2] 林孔团，翁木英.省域文化产业竞争力评价与提升——福建与部分省市的比较[J].福建师范大学学报，2014（1）.

[3] 张帆，张毅.中美文化产业国际竞争力对比分析[J].当代经济，2014（19）.

[4] 袁晓莉，张宁.中日韩文化创意产品贸易竞争力比较研究[J].青岛科技大学学报（社会科学版），2015（1）：84-88.

[5] 丁婧.中国服务贸易竞争力分析——基于贸易竞争力指数的评价[J].经济研究导刊，2012（18）：156-158.

[6] 李怀亮，虞海侠.我国文化产品和文化服务出口结构及竞争力分析[J].国际贸易，2013（9）：59-66.

（佟东，本文原载于《兰州学刊》2017年第8期）

北京优秀传统文化传承创新与文化"走出去"问题研究

——以北京非物质文化遗产为考察对象

  北京是一座历史悠久的城市，具有三千多年的建城史和八百多年的建都史，岁月的印痕和雕饰在北京的各个角落留下了珍贵的符号。北京城蕴含着丰富的历史文化和人文艺术。现代的北京城作为中国的首都，是当代中国城市建设的典范。北京作为国家的政治中心、文化中心、国际交流中心和科技中心的城市定位，需要大力弘扬其优秀传统文化。如何实现北京优秀传统文化的传承创新和文化走向世界是时代的主题，是提升国家文化软实力的重要措施。北京优秀传统文化主要包括北京物质文化遗产、北京非物质文化遗产和北京精神文化遗产，本文主要以北京非物质文化遗产为考察对象，通过对北京优秀传统文化的传承创新和文化"走出去"的现状进行调研，分析北京优秀传统文化传承创新中存在的问题，并提出比较完善的传承创新的途径和方法，分析北京优秀传统文化"走出去"存在的问题和解决的方法。为了实现上述目标，笔者对北京文化局和部分区文化委员会进行了访谈，对部分非物质文化遗产博物馆和展示中心进行了实地考察，并随机发放了200多份调查问卷。这一调研不仅将为北京优秀传统文化的传承创新提出对策建议，为文化"走出去"提供实际的建议，还将对进一步弘扬北京优秀传统文化起到重要的宣传作用。

一、北京优秀传统文化传承创新与文化"走出去"现状分析

自 2006 年起,我国把每年 6 月的第二个星期六定为中国的"文化遗产日"。"文化遗产日"的确立彰显了我国对中国传统文化遗产的保护和传承的重视。同时,国家政府开启了对国家非物质文化遗产的认定和保护措施。2006 年国家认定了首批国家级非物质文化遗产名录 518 项,2008 年国家认定了第二批国家级非物质文化遗产名录 510 项,2011 年国家认定了第三批国家级非物质文化遗产名录 355 项,2014 年国家认定了第四批国家级非物质文化遗产名录 306 项,至此国家级非物质文化遗产共有 1689 项。北京作为世界历史文化名城和六朝古都,具有两千多年的城市历史,沉积了一大批的能工巧匠和工艺绝活,造就了一大批品种繁多的非物质文化遗产。截至 2015 年,北京具有国家级和市级非物质文化遗产 212 项。作为首都和全国文化中心的北京积极响应国家保护优秀传统文化的号召,率先走出了一条保护和传承非物质文化遗产的创新路径。"十二五"期间,北京市对非物质文化遗产的保护和传承投入资金 1.26 亿元,其中,对代表性项目扶持经费 2927 万元,对代表性传承人补助经费 912 万元。北京不仅非常重视非物质文化遗产的传承创新,而且非常注重利用各种资源实现和提升北京优秀传统文化"走出去"的影响力。"十二五"期间,北京在国内外参与开展了将近 40 次大型的非物质文化遗产展示和展演活动,组织北京市非物质文化遗产走进中国台湾,走进沙特阿拉伯、韩国、法国、芬兰等国家,提升了非物质文化遗产的国际影响力。

(一)北京众多非物质文化遗产博物馆相继落成,推进了北京非物质文化遗产的保护和传承

随着国家对中国传统文化遗产的重视,北京开始率先设立非物质文化遗产博物馆,展开了对北京非物质文化遗产的抢救和保护工作。北京民俗博物馆成立于 1997 年,是北京唯一一所国办民俗类专题博物馆,馆址设在北京的东岳庙内,

同时成立了北京东岳庙管理处。民俗博物馆内陈列的主要文物有服饰文物、商业民俗文物、人生礼仪文物、岁时节日文物、传统游艺文物等。民俗博物馆所在地北京东岳庙本身就是全国重点文物保护单位，是国家祭祀之地，民间祭祀活动非常盛大，具有丰厚的民俗文化底蕴。北京民俗博物馆的宗旨是成为北京民俗文化的研究中心、展示中心和活动中心。十几年来，民俗博物馆的系列活动不仅唤起了京城百姓对旧京风情的怀念，满足了他们对原汁原味京城民俗的渴望与体验，也使馆庙同建的博物馆成为北京这个现代化都市中一道不可缺少的人文新景观。

北京空竹博物馆成立于2007年，坐落在北京报国寺南广场西侧的一座小四合院内。博物馆共设三大展厅，分历史、工艺、技法三大方面展示空竹的发展演变历程、制作空竹技艺的流变及抖空竹的各种花样。空竹是一种用线绳抖动使其飞速旋转而发出声响的玩具，抖空竹这种北京特有的技艺不仅具有表演艺术，而且也是非常方便实用的健身器材。博物馆还专门邀请国家级抖空竹技艺传人李连元及广内街道空竹队的志愿者作为博物馆解说，为观众专职讲解空竹的发展历程，并且现场教授观众抖空竹的技艺。北京空竹博物馆的建立为空竹这一北京优秀传统文化走向百姓成为活的文化提供了平台。

老北京传统商业博物馆成立于2011年，坐落于北京老舍茶馆的二层，是展现老北京传统商业形象的一处公益性人文景观。博物馆通过面塑艺术形式，展现茶叶铺、二荤铺、糕点铺、乐器铺、绸缎庄、大碗茶馆等多个具有代表性的老北京店铺微缩景观，各式各样的老北京店铺幌子如"文字幌""形象幌""实物幌"等也高悬在大厅里，博物馆内还展现着剃头挑子、水车等上百件商业老物件，让人看后仿佛徜徉在老北京市井商业景象之中。博物馆长期免费对外开放，对宣传北京优秀传统文化具有重要的窗口示范作用。

93号院博物馆成立于2014年6月，其宗旨是"传承非遗文化，弘扬中华文明"，是北京非物质文化遗产和民间艺术传播和体验的基地。博物馆所在地是具有500年历史文化的大栅栏琉璃厂地区。博物馆在修缮的基础上通过科学合理的再利用让老建筑"复活"和"活化"，实现对文化遗产的合理利用并让其焕发光彩、永葆文化遗产的生命力。博物馆共有两个展馆，前端展馆以非物质文化遗产传承人亲自制作、可以展示和销售的展品为主，后端展馆根据节日或其他主题，开展各种非盈利的展示展览活动，更好地将非遗作品展示给参展人员，让收藏家的收藏之作有机会走进人民群众之中，进行周期性展览。93号院博物馆还以

"让世界了解中国非遗，让中国非遗走向世界"为目标，搭建北京非物质文化遗产走出国门、走向世界的平台。

（二）北京非物质文化遗产展示中心和节庆活动为非物质文化走入百姓生活提供了平台，成为非物质文化遗产传承创新和"走出去"的典范

西城区文化委员会于2009年成立了西城区非物质文化遗产展示中心，展示中心坐落在繁华的西四地带，与周边的广济寺、白塔寺、历代帝王庙、地质博物馆等一起组成了具有浓厚文化氛围的阜景文化街。展示中心主要的展览内容包括西城区非物质文化遗产项目展厅、"菲怡阁"民俗文化讲坛、民间工艺展示区、传承人工作室等。展示中心通过引进民间手工艺人现场制作和展示、与观众现场交流技艺、传授制作方法等活动积极推动北京非物质文化遗产的宣传，为广大市民提供零距离接触民间传统技艺和体会传统文化的平台和机会。

北京民俗博物馆常年举办民俗展览，推出了《人生礼俗文物展》《老北京商业民俗文物展》等大型展览十余部，每年逢端午节、中秋节、重阳节等传统节日，民俗博物馆都会举办丰富多彩的民俗游园活动，如2016年的重阳节就举行了太极拳、太极扇表演活动，花会表演活动，重阳赏菊九华塔和重阳习俗等系列文化活动。其在春节举办的东岳庙庙会还被纳入国家级非物质文化遗产名录中。

中国民间艺术体验馆成立于2011年，坐落在北京朝阳区的高碑店。体验馆提供的服务主要包括民间艺术技艺体验、现场艺术表演、观众互动、民间艺术技法的培训、艺术品销售等，目前开发比较成熟的项目品种包括雕塑类、织绣类、绘画类、剪纸类、面塑类、草编类等。体验馆的宗旨是：抢救和保护非遗文化，从国家政府输血变成自身造血，让非遗项目真正成为文化创意产业。通过互动体验的方式、时尚的手法进行非物质文化遗产价值的挖掘、表现、传播和弘扬，体验馆独特的经营模式吸引了许多对中国传统文化感兴趣的外国游客，他们观看并体验京剧演员的上妆、勾脸和穿京剧行头等，兴趣盎然、流连忘返。

中国园林博物馆成立于2013年5月，是中国第一座以园林为主题的国家级博物馆。该馆的宗旨是成为收藏园林历史文物、弘扬中国传统文化、展示园林艺术魅力、研究园林价值的国际园林文化中心。2016年2月园博馆在春山景区开展了"新年剪窗花"活动，剪纸传承人张建中带领参观博物馆的小观众和家长们

一起将彩纸变成窗花，为观众奉上了浓浓年味的非遗文化大餐，也让现场的小观众和家长们近距离地感受到了传统非遗项目的制作，体验到了剪纸这项非遗文化的乐趣。

北京华商非物质文化遗产促进会成立于2010年，是北京唯一一家非物质文化遗产专业促进机构。机构隶属于北京华商会和北京市侨联，其宗旨是充分利用国内数千万华侨、侨眷、海内外华人的社会资源，弘扬中国优秀传统文化，研究、保护、宣传、弘扬、承传和振兴北京非物质文化遗产，为北京非物质文化遗产"走出去"搭建平台和整合社会资源，实现北京优秀传统文化在海内外发扬光大，将优秀传统文化惠泽世人。

2015年6月北京历代帝王庙博物馆举行了"我与非遗零距离"主题活动，开展广泛的非物质文化遗产体验活动，活动在风筝传承人刘宾老师和剪纸传承人刘晓迪老师的带领下，与观众一起了解非物质文化遗产项目的历史和内涵，并亲自动手体验风筝绘画与剪纸工艺，使观众近距离感受到传统文化之美，扩大了非物质文化遗产的宣传。

（三）北京非物质文化遗产还通过各种途径深入学校和社区，培育北京市民传承中华优秀传统文化的自觉意识

西城区京彩瓷博物馆为西城区的中小学校提供学生学习非物质文化遗产的平台，每年都会接待不同中小学的学生来博物馆了解并体验制作京彩瓷，从中感受中国瓷文化的博大精深。通过这种活动不仅传承和发展了康、雍、乾三朝制瓷绘瓷技法，用粉彩、古彩、新彩和珐琅彩技艺展现了皇城皇家的经典文化和中国瓷文化的神韵，而且培养了青少年对北京传统文化的喜爱，让北京优秀传统文化在青少年学生的思想意识中生根发芽，成为一种活的文化和艺术。

2015年10月19日"北京绢塑——非物质文化遗产校园博物馆"正式在北京市第十二中学洋桥学校落成。北京绢塑是北京绢人、绢花、绒鸟的总称，绢塑艺术的传承代表人滑树林多年来以北京十二中洋桥学校为基地，致力于北京绢塑艺术的传承创新，校园博物馆——北京绢塑的成立是北京非物质文化遗产传承创新的典范。

北京民俗博物馆先后举办过"民族国家的日历：传统节日与法定假日"等各类学术研讨会数十次，出版有《北京民俗论丛》《老北京传统节日文化》等书籍，

博物馆内还依托东岳书院为公众提供传统文化讲座服务，真正使博物馆成为北京市民和来自世界各地的游客了解北京传统民俗文化的重要窗口。

2016年10月逸仙华夏文化传承基地暨"真趣园"非遗手工传艺坊在北京市赵登禹学校正式成立。逸仙华夏文化传承基地是由北京市赵登禹学校和93号院博物馆共同建成的"真趣园"非遗手工传艺坊。"真趣园"的宗旨是：以各类非遗作品和非遗项目的传承为目标，在青少年中传播中华优秀传统文化，让非物质文化遗产走进校园，成为活的文化，打造校园内的非物质文化遗产博物馆。"真趣园"主要开展非物质文化遗产项目的展览、讲座和传承人与民众的互动体验等多种形式主题活动，为学生和市民搭建近距离接触非遗、感受非遗的平台和机会，在非物质文化遗产的传承中感受北京优秀传统文化的魅力，增强北京市民的民族文化认同感。逸仙华夏文化传承基地的成立开启了北京优秀传统文化与校园文化和社区公共文化服务体系相衔接的传承创新模式。

2016年11月北京市第六十五中学举行"国家非物质文化遗产——武强木版年画大师课程"启动仪式，这一活动是武强县木版年画博物馆和北京市第六十五中学携手，推动民族传统文化进校园的重要举措。课程启动之后，国家级传承人马习钦老师为同学们进行了第一次非遗大师课。在后续的课程中，非遗大师走进六十五中的艺术课堂，进行武强木版年画的文化内涵和技法等内容的讲解。与课程启动同步进行的还有"国家非物质文化遗产——武强木版年画专题展览"。这一活动展现了北京开启优秀传统文化进校园的传承创新模式。

通过对北京非物质文化遗产传承创新和文化走出去的实地考察，可以看出，北京在对优秀传统文化传承创新方面具有以下特点：一是北京的非物质文化遗产博物馆大多坐落在老建筑里，并且大多是北京著名的物质文化遗产，如历代帝王庙、火神庙、琉璃厂等著名古迹。这种设计不仅开启了名胜古迹的生产性保护，而且能够在宣传非物质文化遗产的同时，弘扬物质文化遗产的价值。二是北京非物质文化遗产的保护注重向人的传承，特别是向中小学生的传承，充分彰显习近平所倡导的"让文化遗产活起来"的理念。三是北京非物质文化遗产的传承和"走出去"充分利用了产业化的路径，通过外国游客的窗口带动北京非遗文化走向世界。北京优秀传统文化的传承、弘扬和系列宣传活动提升了北京市民保护北京优秀传统文化的自觉意识，在问卷调查中，关于"北京优秀传统文化的发展前景"的选项中，有超过1/3的人选择前景良好，如图1所示。

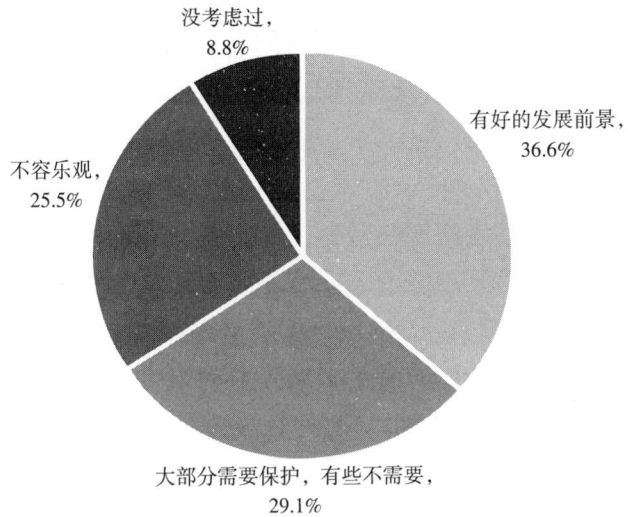

图 1　北京优秀传统文化的发展前景

由此可见,北京市民对北京优秀传统文化的传承和保护充满信心,对北京优秀传统文化的发展前景比较乐观。这从另一个侧面可以看出北京非物质文化遗产保护和传承创新的效果值得弘扬。

二、北京优秀传统文化传承创新与文化"走出去"存在的问题及原因分析

让"文化传统活起来"的倡导促进了北京优秀传统文化的传承创新,北京非物质文化遗产博物馆、体验馆和展示中心如雨后春笋般成立,并且与北京的物质文化遗产紧密绑定,真正实现了"让收藏在禁宫里的文物、陈列在广阔大地上的遗产、书写在古籍里的文字都活起来"的梦想。北京优秀传统文化传承创新和文化"走出去"出现了良好的势头,成为北京文化城市建设的重要成果,但是在实地考察和调研过程中也呈现出一些问题,在文化传承创新中存在的问题主要有以下几方面。

（一）北京优秀传统文化传承创新的种类有限，无法覆盖到所有的北京市级非物质文化遗产

在繁荣和红火的北京非物质文化遗产传承创新的背后，还存在着许多非物质文化遗产默默无闻，并不被大多数市民所了解，面临失传的危险。在本次调查问卷中，关于"你所认识和了解的北京传统文化有哪些?"（多选）中，有些传统文化知道的市民很少，如图2所示。

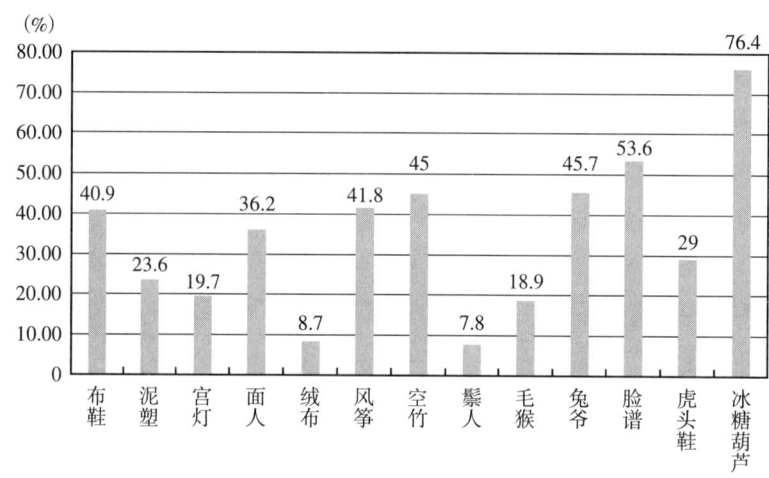

图 2　你所认识和了解的北京传统文化有哪些

由图2可以看出，一是在众多的北京传统文化中，市民所认识和了解的程度差别很大，占比例超过50%的仅有"脸谱"和"冰糖葫芦"，并且"冰糖葫芦"所占比例高达76.4%，而占比较低的绒布仅占8.7%，鬃人仅占7.8%，比例相差悬殊。究其原因在于传统文化运用的程度和宣传推广的程度差别很大，导致了市民认识和了解的程度也相差很大。二是在众多的北京传统文化中，对于容易产业化的传统文化市民认识和了解的程度一般较高。如布鞋占到40.9%，风筝占到41.8%，空竹占到45%，而冰糖葫芦占比最高，这四种传统文化都容易实现市场化经营，比如冰糖葫芦能够用于日常的消费，其商业化程度高，因此流传和影响就大。同时，这些易于产业化的传统文化在北京众多博物馆的展示和宣传中力度也较大，从而增加了市民对它们的认识和了解。

(二)北京优秀传统文化"走出去"还存在加强和改进的空间

北京优秀传统文化在"走出去"的过程中还存在水土不服的现象,比如对出口国家风俗习惯的了解,以及对"走出去"的北京非物质文化遗产的改进等。从考察中得知,现阶段北京非物质文化遗产的传承创新主要集中于国内的宣传和影响力的扩展,北京众多的非物质文化遗产博物馆和展示中心的主要目标是使传统文化走进老百姓的生活,成为活的文化,能够在北京民众中传承和得到认可。在"走出去"方面,从考察中可以看出,众多机构主要通过华侨和侨联的力量以及向外国游客宣传等方式进行,缺乏一定的主动意识,在政策和宣传方面还缺乏系统的推进,这与北京乃至全国非物质文化遗产的发展状况具有密不可分的关联。

(三)北京优秀传统文化的传承创新宣传力度不够,未能唤起民众的自觉意识

北京市对非物质文化遗产的保护和传承投入了巨大的人力和财力,但是这与北京市民对非物质文化遗产的关注度却不成正比,从调查问卷的数据中可以看出,市民对北京传统文化"有意识关注"的比例仅占36.2%,大部分人只是"偶尔关注",如图3所示。

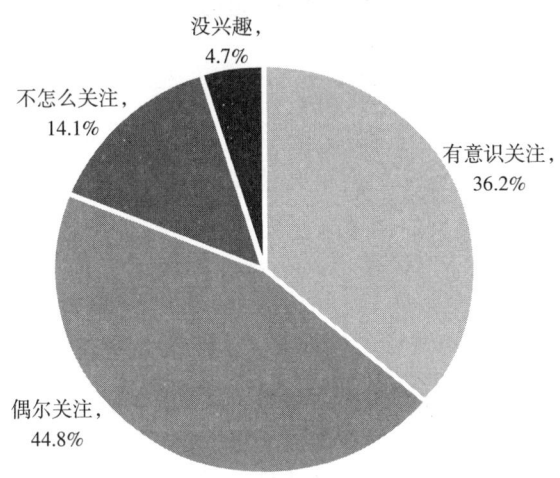

图3 是否关注北京传统文化问卷调查

图 3 数据显示，北京市民对北京优秀传统文化的自觉意识还有待提升，这与非物质文化遗产博物馆和展示中心等的宣传不够是有直接关系的。许多北京市民并没有感受到非物质文化遗产已经走进百姓的日常生活，特别是早出晚归的上班族更是很少有时间走进非遗博物馆和体验馆。

三、北京优秀传统文化传承创新与文化"走出去"的对策建议

北京优秀传统文化种类繁多，在长期的历史发展中蕴藏着各自的文化特性和表现特征，它们共同组成了北京城市的文化性格和人文素养。"十二五"期间，北京市委市政府制定了系统的文化发展战略，就文化发展如何为经济社会发展服务，推动文化体制改革，走保护、发展、创新之路，以及使文化发展成为经济增长点做了科学的规划。北京市非物质文化遗产的传承创新和文化"走出去"开展得有声有色，为非物质文化遗产的传承做出了重大贡献，针对当前存在的问题拟提出以下对策：

（一）加强制度建设，加大宣传和确立《北京市非物质文化遗产条例》

北京非物质文化遗产传承创新已经取得了显著的成效，接下来的非遗传承和保护将是具有挑战性的任务，如何更好地将濒临失传的非物质文化遗产传承下去，需要从制度上做出重大的调整，需要在立法上给予重大的支持。2016 年北京市已经将《北京市非物质文化遗产保护条例》列入立法规划。"十三五"期间，北京将推动把非遗保护措施、传承传播等问题纳入法规。北京市需要加大宣传力度，增强市民的法律意识，增强保护非物质文化遗产的自觉意识，在正式实施《北京市非物质文化遗产条例》的基础上，确立非遗项目保护单位的法律地位、非遗代表性传承人的权利、市和区两级名录申报及评审程序，建立非遗保护政府职责体系，提升社会参与程度等，从而从根本上解决北京非遗保护工作中的实际问题。

（二）根据北京非物质文化遗产的种类特性，建立科学合理的分类分级保护和传承创新机制

针对当前北京非物质文化遗产传承创新中存在的传承种类有限的问题，特别是各个非物质文化遗产博物馆普遍喜欢展示容易产业化的文化遗产的现象，有针对性地制定非物质文化遗产分类分级的保护和传承创新机制。根据非物质文化遗产的种类特性进行细分，政府对项目活动的扶持和补贴也应该进行分类分级，鼓励博物馆和社会组织更多关注和保护濒临失传的非物质文化遗产。比如，对于不容易产业化的非遗，政府要进行全额扶持和保护；对于容易产业化的非遗，政府进行部分的扶持或者是前期投入中扶持的政策。对于非物质文化遗产"走出去"问题，政府在加强扶持和鼓励的同时，要加强监督和监管，鼓励优秀传统文化的精神文化遗产率先走出国门，用精神文化的魅力开拓国外市场、检验国外市场，在调整中不断适应市场，然后再将蕴含精神文化的非遗产品等送出国门，成为国外市场需要和喜爱的产品。

（三）加大宣传力度，唤起广大北京市民传承优秀传统文化的自觉意识

北京市民来自四面八方，要通过公共文化服务体系的建设，将北京非物质文化遗产等优秀传统文化融入到市民的日常生活中去，让北京市民真切感受到北京非遗的巨大文化魅力，从内心深处产生对北京非遗的认同感，增强北京优秀传统文化对北京市民的凝聚力和吸引力。政府需要加大宣传力度，让非遗走进市民的生活，唤起北京市民传承优秀传统文化的自觉意识，让更多的市民参与到非物质文化遗产的体验和观赏之中，提升北京市民对北京优秀传统文化的认同感和凝聚力。

（韩丽雯）

产业集聚对中国文化产业安全的影响

随着文化产业的蓬勃发展,文化产业的布局呈现出了区域集聚的态势,即某类文化产业或某些相互关联的文化产业逐渐在特定的地理位置相对集中,形成了若干企业和机构的集合。"产业集聚是为创造竞争优势而形成的一种产业空间组织形式,其所具有的群体竞争优势和集聚发展的规模效益是其他形式无法比拟的。"[①] 在经济、政治和文化全球化、一体化的今天,文化产业的发展所呈现出的产业集聚效应在表现出群体竞争优势和集聚发展的规模效益的同时,对中国文化产业安全也产生了明显的影响。

一、文化产业集聚是文化产业安全的基础

(一) 文化产业集聚的含义

产业集聚,也称产业集群或企业集群,是某类产业或某些相互关联的产业逐渐在特定的地理位置相对集中形成若干企业和机构集合的现象。产业集聚的形成既有本地区的历史根源,又经常取决于本地企业之间既竞争又合作的关系集合。产业集聚的核心是企业之间及企业与其他机构之间的联系以及互补性。还有的学

---

① 李孟刚. 产业经济学 [M]. 北京: 高等教育出版社, 2008: 203.

者将产业集聚和产业集群进行了区分，认为"产业集群是一个静态的概念，强调的是有效率的空间产业组织形式，而产业集聚是一个动态的概念，强调企业空间集中的动力过程，既包括企业地理临近的动力机制，也包括企业空间集中后形成的产业组织形式，即产业集群的效率表现与动态演化"。① 由此可以认为，产业集聚涵盖了产业集群，二者虽然侧重点有所不同，但是基本可以共同使用，只是在分析产业空间集聚的动力机制和产业集聚后形成的空间组织形式的结构与效率时，主要采用产业集聚的概念表述。

从产业集聚的含义推知，文化产业集聚主要是指"相互关联的文化企业及相关机构在地理空间的集聚，其集聚的核心就是前后关联的产业链和产业协作网络。文化企业依据比较优势，可以选择在产业链的前端、中端、后端形成产业集聚，它们既可以是创意设计型的产业集聚，也可以是生产和制造型集聚，还可以是产品交易、传播和体验服务型的产业集聚"。② 具体地说，文化产业集群是指"几十家文化企业，集中投资，分布在一定的区域内，互相协调，产业分工，以一家企业或数家企业为龙头，形成上中下游，从文化创意到生产复制、衍生产品开发、产品包装、销售服务，形成一条完整的产业链，不仅生产规模巨大，市场占有率高，而且还能带动一系列的附属文化产业的发展"。③ 文化产业集群中文化企业之间的专业化连接非常紧密，各个企业之间在利益最大化的共同目标下相互依托，形成非常强烈的产业整合乃至庞大的产业基地。

文化产业的空间集聚是文化产业的重要特征。发达国家文化产业的发展实践证明了这一点。正如有的学者所说，"企业的空间集聚，可以节约相互之间联系的空间距离，获得空间集聚的劳动力市场的多重优势，并能利用大量专业化和互补性生产者集聚所形成的信息流动和创新潜力等"。发达国家文化产业的主要部分集中在像洛杉矶、纽约、伦敦、米兰或者东京这样的国际化大城市，现代文化产业形成了包括洛杉矶影视娱乐产业集群、斯坦福—硅谷软件网络和数码内容产业集群、纽约设计媒体娱乐产业集群、伦敦设计媒体娱乐产业集群、米兰时尚会展产业集群、东京动漫媒体印刷产业集群、法兰克福会展出版产业集群等十多个文化创意产业集群。这些文化产业集群汇集了全球文化和创意产业的主要企业和

---

①② 袁海.文化产业集聚的形成及效应研究[D].陕西师范大学博士学位论文，2012.
③ 胡惠林.文化产业学：现代文化产业理论与政策[M].上海：上海文艺出版社，2006：299.

研究机构，形成了紧密的基于分工协作的文化产业组织网络，产生了很强的集聚经济效应和国际竞争力。比如洛杉矶影视娱乐产业集群，这一文化产业集群在好莱坞周边约 100 平方千米的区域内，集聚了环球电影、华纳兄弟、派拉蒙、米高梅、索尼影视娱乐和迪士尼等美国七大电影娱乐公司的总部、众多独立制片公司和相关服务机构，产业类型以电影产业为主，并延伸到电视和报刊、广告、唱片、媒体制作、娱乐和主题公园，控制了全球电影娱乐市场的主要份额。根据美国电影协会公布的数据，好莱坞电影娱乐产业集群在 2001 年以后一直保持比较稳定的经济规模和增长速度，2009 年全球电影票房总额为 299 亿美元，其中 2/3 的电影票房来自美国好莱坞电影产业集群出品的电影，并没有受到 2008 年开始的全球金融危机的影响，反而电影产业的销售额还略有上升，显示出了文化产业集群的竞争优势。当然，文化产业集聚也不仅仅局限于大城市，在具有丰富文化资源的地方也可以培养形成，如在富有传统技艺、文化遗产、名胜古迹等文化和创意资源的地方，文化产业集群也可以培育和形成，如印度孟买影视娱乐产业集群和厄瓜多尔的西格乔斯手工艺品集群等。而且，从各国文化产业对 GDP 贡献度的对比可以看出，文化产业对 GDP 贡献度较大的国家和地区，恰恰是文化产业集聚程度较高和文化产业集群较为发达的国家和地区，这表明文化产业集群是文化产业发展的主要组织形式，是文化产业的主要特征。因此可以说，文化产业地区之间的竞争，主要就是文化产业集群之间的竞争。

（二）文化产业集聚与文化产业安全之间的关联

前文已经提到，全球化时代文化产业安全主要是指文化产业生存安全和文化产业发展安全：文化产业生存安全是指文化产业的市场或市场份额、利润率水平以及产业资本的三个循环中的任何一个循环都不受威胁的状态；而文化产业发展安全具体是指文化产业价值或市场份额的提高、产业技术创新以及产业的赶超不受威胁的状态。[①] 文化产业集聚与文化产业安全具有密切的关联，文化产业集聚对提升文化产业的市场份额和促进文化产业的技术创新具有重要的作用，文化产业集聚还是促进区域文化产业竞争力提高的重要途径。产业集群理论是新兴

---

① 何维达，宋胜洲. 开放市场下的产业安全与政府规制 [M]. 南昌：江西人民出版社，2003：74.

的区域发展理论，文化产业集群是这一理论在文化产业区域发展战略中的运用。文化产业集聚在强调区域文化产业分工的重要性的同时，也特别强调发挥区域内各种文化资源的优化配置和整合能力，以及文化产业之间上下游的关联，形成文化产业之间紧密的产业链，发挥技术进步与技术创新、文化创意的作用。

全球化时代随着以数字化为特征的文化产业战略升级，形成文化产业集聚是经济全球化背景下的文化产业发展的必然趋势。文化产业集聚可以提高文化企业的创新能力和国际化水平，完善文化企业的布局与分工，缩小企业与国际先进水平的差距，增加企业的数量，同时提升企业的质量，因此文化产业集聚不仅对文化产业安全具有重要的保障作用，而且对集群内文化企业的竞争能力的提高和地区文化产业的发展有着非常重要的意义。实施文化产业集聚战略具有重要的战略意义，"可以使区域内文化产业资源得到优化配置，有助于银行扩展信用贷款，解决集群内中小文化企业担保不足的问题；由于产业间的密切关联及地域上的集中，文化产业集群能有效地降低产品开发和转换成本，加快技术创新改造，促进区域文化经济发展；文化产业集群不仅是一种文化产业组织，也是一种可扩展的跨越式文化产业发展模式"。[①] 文化产业集聚通过以下几个方面促进文化产业安全：一是文化产业集聚有助于形成文化产业的综合竞争力与核心竞争力，实现对各种文化资源的优化配置与有效利用；二是文化产业集聚有利于利用市场信息，形成对于各种文化资源的吸纳能力和辐射能力，提高创意能力，节约文化资源的流通成本；三是文化产业集聚有利于文化能力向社会能力的转化，在消化吸收现代高新技术的同时，也以产业集群实现的方式改造社会扩大再生产的方式和途径，进而达到为社会发展提供智力支持和文化生态环境的目的。[②] 从文化能力来看，所谓的历史文化名城都是文化生产能力、文化扩散能力和社会建构能力最强的空间存在；所谓的国际大都市大多是文化产业最为集中的地方和文化影响力最为强劲的地方。

文化产业的特点显示出文化产业是一个关联度很强的产业，具有很强的前向和后向产业关联。如电影产业，其后向关联是从事技术设备生产和物质资料生产

[①][②] 胡惠林.文化产业学：现代文化产业理论与政策 [M].上海：上海文艺出版社，2006：299-300，278.

的制造产业、信息产业、教育培训产业，从事精神生产的文艺创作业、理论研究业等。如果没有技术、信息、人才、文化及艺术行业发展的支持，电影产业的发展就如同无源之水，无法产生和发展，这些相关产业的发展会极大促进电影产业的发展。而电影产业的前向关联表现为电影能成为许多其他产业的投入基础，其他产业可以根据电影产业的内容开发出许多的衍生产品和后电影产品。如好莱坞的科幻大片《星球大战》，在全球取得影院高票房收入后，又开发出了相关的图书、玩具、游戏、音乐、旅游纪念品等一系列衍生产品，成为出版业、玩具业、唱片业和旅游业的投入要素，并为这些产业带来可观的附加值。

与传统的产业布局相比，集群布局更多地注重企业之间以及企业与外部环境之间的协同联系。集群布局的目的就是利用产业集群的空间集聚优势从整体上提高集群内企业的核心竞争力。基于集群化的产业政策要求政府将政策的重心放在促进企业之间，企业与大学、研究机构、社会中介机构之间的合作之上，并且为这些合作创造良好的环境和必要的条件。为此，政府应从完善区域经济发展所必需的硬环境和软环境入手，制定一套切实可行的集群政策。

上海、杭州等城市文化创意产业园区的出现与发展，以及政府对文化创意产业园区的政策性推动，都是对文化产业集群理论的实践性运用。随着文化创意产业的发展，文化产业集群将成为我国文化产业发展的一种全新发展模式，并且与梯度推移和增长极理论一起，成为我国区域文化产业发展的主要理论。产业集群理论可以说是一种微观区域发展理论和发展战略。这种理论与政策更适合于在一定的地区内实现文化产业的跨越式发展，克服了梯度发展理论和增长极发展理论对一个特定地区产业发展要求的局限性。杭州、上海等地发展文化产业创意园区的经验，都已经说明文化产业集群发展相较于梯度发展和增长极发展而言是更具有价值的区域文化产业发展战略和发展模式。

二、当前中国文化产业集聚的发展态势对文化产业安全的影响

（一）目前我国文化产业集聚的态势促进了文化企业的规模和影响力

中国的文化产业在获得空前发展的同时，文化产业集聚的趋势也越发明显。到目前为止，已经初步形成六大区域性文化创意产业集聚区，包括以北京为核心的首都文化创意产业集群，以上海为龙头涵盖苏州和杭州的长三角文化创意产业集群，以广州、深圳为核心的珠三角文化创意产业集群，以昆明、丽江、三亚为代表的滇海文化创意产业集群，以重庆、成都、西安为核心的川陕文化创意产业集群，以长沙为代表的中部文化创意产业集群。

据中国经济网记者统计，自 2007 年国家级文化产业示范园区的认定工作开始以来，前四批共有八家园区入选。加上 2014 年 11 月第五批公布的两家，即安徽省蚌埠大禹文化产业示范园区和甘肃省敦煌文化产业园，我国国家级文化产业示范园区升至十家。文化产业试验园区共认定两批，共八家，2014 年 11 月第五批又增加四家，即江苏省南京秦淮特色文化产业园、浙江省衢州儒学文化产业园、湖北省武昌长江文化创意设计产业园、西藏自治区西藏文化旅游创意园，我国国家级文化产业实验园区升至 12 家。国家示范基地共认定五批，273 家，但 2012 年文化部撤销了北京中录同方文化传播有限公司、湖北省民间艺术团等四家单位的"国家文化产业示范基地"命名，所以截至 2014 年我国共有 269 家国家示范基地。如果第六批名单中的 71 家单位顺利通过公示，我国国家示范基地将增加至 340 家。涌现了像北京 798 文化艺术区、上海张江文化产业园区、深圳华侨城集团、西安曲江新区、浙江横店影视产业实验区等一批集聚效应明显的文化产业园区。根据文化部的统计，2010 年，国家级示范园区（基地）总收入为 2500 亿元，总利润逾 365 亿元，获得 16626 项自主知识产权，文化产业集聚效应初步显现。

根据 2010 年发布的《国家级文化产业示范园区管理办法（试行）》和《国家文化产业示范基地管理办法》的有关规定，国家设立国家级文化产业园区是为了促进我国文化产业的健康持续发展，所称的园区是指进行文化产业资源开发、文化企业和行业集聚及相关产业链汇聚，对区域文化及相关产业发展起示范、带动作用，发挥园区的经济、社会效益的特定区域。由此可见，国家级文化产业示范园区是文化产业集聚的前沿和示范，是我国文化产业集聚的培育基地。

近年来，国家级文化产业园区、基地获得了快速发展，市场主体不断壮大，文化产业的规模化、集约化、专业化水平不断提高，明显提升了我国文化产业集聚的程度，提升了我国文化产业安全度。国家级文化产业园区、示范基地已发展成为文化产业的重要载体，催生出一批有较强实力、竞争力、影响力和自主创新能力的大型文化企业和企业集团，国家级文化产业园区和示范基地真正成为全国文化产业发展的标杆和示范。以 2011 年度十大最具影响力国家文化产业示范基地为代表的龙头企业，已经成为我国文化产业的领航者、先行者和探索者。目前，我国国家级文化产业园区和基地已经呈现出文化产业聚集的趋势，园区内文化产业规模不断扩大、聚集效应凸显。国家级文化产业园区经过几年的发展，已经聚集和培育形成了具有一定规模的产业群，截至 2011 年底，15 家国家级园区聚集各类文化企业近 8000 家，文化产业从业人员总和超过 40 万人。2011 年，园区内文化企业实现总收入超过 1200 亿元，实现总利润 168 亿元，实现总税收 90 亿元，逐步成为地区经济的重要支撑和我国文化产业的重要力量。园区内的文化企业发展壮大迅速，以深圳华强文化科技集团股份有限公司、北京保利文化艺术有限公司、深圳华侨城集团公司、拓维信息系统股份有限公司、深圳市腾讯计算机系统有限公司等为代表的文化产业各领域龙头企业，已经成为我国文化企业的领航者。以中国对外文化集团公司、天创国际演艺制作交流有限公司、俏佳人传媒股份有限公司等为代表的外向型文化企业，已经成为参与国际文化竞争的排头兵。2010 年示范园区、集聚类基地已经拥有上市公司 100 家左右，在资本市场崭露头角。

文化部经过实地考察、数据统计撰写的《国家级文化产业示范（试验）园区、国家文化产业示范基地 2013 年度总结报告》也显示出我国文化产业园区发展规模的扩大。从整体上看，国家文化产业示范基地和国家级文化产业示范（试验）园区在 2013 年取得了又好又快的发展。发展规模方面，基地和园区的企业文化产业从业人数和公司注册资本大幅增加，年收入和利润均呈现出较快增长。

从《总结报告》统计的 14 家示范（试验）园区来看，2013 年这些园区内企业利润总额为 561.6 亿元，平均利润 40.11 亿元，比 2011 年增加了 138.9%。值得一提的是，2013 年上报的 216 家单体类基地（对于由多个企业集聚而成的基地称为集聚类基地，对于由单个企业组成的基地称为单体类基地）年利润总额高达 148.82 亿元，平均利润为 0.69 亿元，经估算，所有单体类基地内企业年利润总额约为 153.7 亿元。与 2011 年的情况相比，单体类基地平均利润增长非常迅速，两年间平均利润实现了翻两番，其中福建网龙计算机网络信息技术有限公司、上海新天地、中筝集团长春光明艺术学校分别以 74.27 亿元、13.75 亿元、13.19 亿元位列前三。园区和基地快速增长的年收入和年利润为行业和区域经济的发展发挥了积极的带动作用。成立于 2006 年的北京丑小鸭卡通艺术团是 2014 年被命名的唯一一家儿童院团，在全国各大城市建立儿童剧演出院线"丑小鸭院线"，为小朋友演出具有教育意义、寓教于乐的儿童剧，推动了儿童剧演出向规模化、集约化、专业化发展。据统计，公司成立七年来演出量已超过 8000 场，每年观众达 50 多万人次。仅 2013 年演出场次就达 2000 场，实现收入 1227 万元。丑小鸭卡通艺术团副总经理侯立林表示，儿童剧对少儿教育具有潜移默化的影响力，儿童剧的发展不仅是一个经济效益的问题。"丑小鸭"希望通过院线的建立改变我国儿童剧市场不规范、不完善的局面，将专业化的表演以低票价的形式展现给儿童观众，并希望以此带动整个行业的发展。

在解决就业方面，文化产业示范基地和园区的示范作用同样显著。以张家界天门狐仙文化旅游产业有限公司为例，其打造的高山峡谷实景音乐剧《天山狐仙·新刘海砍樵》在 2009 年对外演出以来，截至 2013 年底，实现产值 30940 万元，上交各种税费 1177 万元，安排农村劳动力和下岗待业人员就业 400 余人，解决了不少当地应届毕业生、待业青年及下岗职工的求职问题。国家对文化产业示范基地和园区的设立和命名对文化企业意味着更大的社会责任，被命名的文化企业今后将不只考虑自身的发展问题，还要立足本行业，发挥示范引领作用。

2014 年是中国互联网文化产业市场价值超越传统文化产业市场价值的转折之年。文化产业如何在"互联网+"的风口当中找到自己的位置重新出发，是最为关键的。互联网因子的注入，为文化产业市场价值的创造提供了无限可能，为文化产业的转型升级提供了重要的契机。国务院发布的《国务院关于落实〈政府工作报告〉重点工作部门分工的意见》第六条指出要"加快培育消费增长点",提出要"壮大信息消费,提升旅游休闲消费,推动绿色消费,稳定住房消费,扩大教育文化体育消费"。正所谓"消费反作用于生产",创造有利条件,引导居民增加文化消费,不仅对于提升居民生活质量、提高居民文化素质至关重要,而且对文化产业转型升级以及整个经济的发展都意义重大。文化产业公司规模的增长和集团化,是20世纪80年代因应大衰退而加速了的各类产业兼并和收购这一长期趋势的一部分。经济的繁荣和文化产业并购,导致了20世纪90年代末一小撮大公司迅速成为全球文化市场的获利者和领导者。随着进一步的合并、收购、股票下跌,或者由于监管机构的接管,这些公司时不时地"城头变幻大王旗",公司结构也不断变化。

文化产业示范基地和园区在提升了文化产业集聚程度的同时,也为城市的发展锦上添花。中国建筑设计研究院院长文兵指出,城市文化创意产业聚集区往往具备多元化、轻资产、共生性等几个突出特点,不同领域的混搭与交流将为文化产业的发展提供多重养分,支撑其发展的广度与深度,文化产业发展不能是孤岛状态,要与城市发展充分融合,成为城市的一部分。城市的发展为文化产业提供源泉,同时文化产业也要服务于城市中的各个行业,实现多个行业与领域的融通,形成城区、社区、园区三区合一的新格局。中国对外文化集团总监王洪波也表示,文化因其开放和交流而更加精彩,在北京建设世界城市的过程中,与文化产业的混搭和交流将为城市赢得更大的发展空间。

(二) 文化产业集聚效应的显现提升了文化产业的综合竞争力和核心竞争力

文化产业竞争力是指"一国文化产业在盈利状态下,在国内和(或)国外市场获取并保持市场份额的可持续的能力"。[①] 从实证衡量的角度,将竞争力评估区分为竞争力绩效、竞争力潜力和竞争力过程三个层次。竞争力绩效、竞争力潜力的评估是定量评估,竞争力过程评估则是定性分析。盈利性、市场份额是文化产业国际竞争力绩效衡量的两大主导标准。成本、质量是竞争力潜力的主导评估指

---

① 蔡翔,王巧林.版权与文化产业国际竞争力研究 [M].北京:中国传媒大学出版社,2011:36-37,38.

标，其中成本指标包括生产成本、国内营销和运输成本、国际运输成本，而质量指标则因版权产品类别差异较大，无法给出统一的评估指标。产品质量指标也可从另一角度衡量文化产品的国际竞争潜力。产品质量的高低会影响未来消费者对产品的需求量，高质量的产品意味着更持久的盈利时间，也意味着市场份额的维持和扩大。① 竞争力绩效、竞争力潜力的评估是定量评估，竞争力过程评估则是定性分析，市场份额和盈利性是主导评估指标，效率指标是盈利性指标的参照。

目前，随着我国国家文化产业园区的蓬勃发展和国家政策的支持，文化产业示范园区和示范实验区的文化产业品牌效应突出、核心竞争力日益增强。国家级文化产业园区在发展的过程中，根据各自的地理位置、文化资源等要素，合理规划、科学布局，逐步形成了较为成熟的运营模式，产业政策不断完善。园区管理机构通过开展各类文化活动、举办专业展览、制作宣传网站及手册等方式，加强园区品牌建设，使园区品牌价值不断提升。如华侨城创意文化产业园、西安曲江新区、上海张江文化产业园、长沙天心文化产业园、河北曲阳雕塑文化产业园等，均已成为知名度较高的文化品牌，在招商引资、聚集人才、壮大产业等方面的竞争力大幅提高。国家级文化产业园区内文化企业生产的文化精品不断涌现。近年来，示范基地创作的文化精品不断。如桂林广维文华旅游文化产业有限公司创作的《印象·刘三姐》，累计接待游客近600万人次，累计门票收入超过6亿元；中国对外文化集团公司联合有关企业引进的世界著名音乐剧《妈妈咪呀》中文版，市场反响强烈，首季总票房近8000万元，创造国内音乐剧票房纪录。作为生产精神文化产品的重要渠道，园区基地为丰富人们的精神文化生活做出了积极贡献，发挥出显著的社会效应。

正如曲阜国家文化产业示范园区随着近年的经营和发展，园区内文化产业着力打造儒家文化特色产业核心区、儒家文化社区和传统文化旅游等，突出了文化产业的集聚性和地域性，打造了国家级文化产业园区的特色性和核心竞争力。

曲阜国家文化产业示范园区是文化部于2008年5月命名的第三家"国字号"园区。为加快示范园区建设，2008年8月，济宁市批复成立了曲阜文化产业园管理委员会，具体负责曲阜国家级文化产业示范园区和全市文化产业发展工作，

---

① 蔡翔，王巧林. 版权与文化产业国际竞争力研究 [M]. 北京：中国传媒大学出版社，2011：36-37，38.

主要职能是：贯彻落实国家、山东省、济宁市关于文化产业发展的政策和市委市政府的决策部署，研究制定文化产业发展的中长期规划、年度计划并组织实施；研究制定曲阜促进文化产业发展的政策措施并组织实施；指导和协调全市文化产业的发展；负责重大文化产业项目的规划、建设、协调和管理；负责重大文化产业项目的招商引资，研究制定优惠政策，吸引国内外大集团、大公司参与曲阜文化资源开发、文化基础设施和产业项目建设；积极争取上级对文化产业发展的政策、项目和资金支持；培植大型文化产业集团和产业集群；以资本和项目为纽带，多渠道融通资金，推进大遗址保护、重点景区开发、重大文化项目建设；作为政府出资人管理和运营国有文化旅游资产。

公司着力打造儒家文化特色产业核心区，即"一区"的规划10平方千米，既是整个园区的重点也是亮点。一是不惜重金聘请专业规划设计高端人才，完善、调整、修改原有的规划，提升档次，扩大内涵，丰富内容，彰显特色，突出重点。二是对现有核心区资源进行整合，对已经停滞的资源进行盘活，实行营销上的捆绑与合作。通过交通、服务设施等配套建设的支持和行政手段的介入，实现真正意义上的联合运作和资本积累。三是突出打造儒家文化创意产品，从孔府菜品牌到主题宾馆，从文化艺术到表演艺术包装，从传媒产业到平面媒体和影视媒体，形成拥有自主知识产权以及自主品牌竞争力的特色产业园区。四是围绕儒家文化内涵，打造文化旅游业、文艺演出业、工艺美术业、饮食文化业、休闲娱乐业、传媒出版业、会议展览业、收藏文化业、文化培训业、新兴文化业，形成儒家文化教育产业、孔府文物复制产业、孔子文化会展和创意产业和生态旅游业等重点聚集文化产业。

着力打造"多园"文化特色。"多园"，主要包括以明故城为中心的儒家文化体验园，以孔子诞生地为中心的尼山圣境省级度假休闲园，以寿丘少昊陵为中心的始祖文化园等十个园区。与"一区"相比，"多园"更富有差异性特点，是"一区"的延伸和补充。"多园"建设区域更广，难度更大。需要树立大文化产业新观念，敢于突破乡镇之间，甚至各县市区之间的行政界限，积极探索，统筹协调，因地制宜，资源共享，统筹关联文化，做大做强"多园"。一要分期实施，重点突破，特别是明故城、孔子博物馆和尼山圣境等一系列大项目建设，要与大集团合作，采取市场化、商业化模式运作，逐步形成以曲阜城区为主，辐射周边的"多园"文化产业大格局。二要扩大合作"为我所用"，将济宁高新区动漫文化产业园、邹城、兖州、泗水等文化旅游资源纳入"多园"行列，一同捆绑宣传，一起推介旅游，打造济宁区域文化产业旅游新高地。三要运用高新技术推动文化产业发展，文化与科技融合，积极利用高新技术改造传统文化产业，创新传统文化形式，创新文化产业营销机制，开发新的文化资源，把文化产业推向市场。着力打造儒家文化社区和传统文化旅游。以实施"儒韵民风"文化建设行动计划为抓手，以提高市民文明素质为根本，以普及《论语》名言警句为特色，广泛开展"弘扬儒家文化，打造美德曲阜，争做文明市民"教育实践活动，使曲阜成为具有鲜明"儒韵民风"特点的首善区。实施文化产业富民工程，围绕吃、住、行、游、购、娱六大产业链，推出一批能够带动群众致富的文化产业项目和文化产品，使文化产业成为展现地方文化特色和风采、促进就业、增加收入的重要行业，建设一批特色文化村。

以文化产业的集聚为目的的国家级文化产业园区的发展，在实现人才聚集和培育能力不断增强的同时科技创新能力也获得显著提升。国家级文化产业园区对于专业人才的会聚作用日益突出。到2011年，16个园区会聚各类文化产业从业人员40余万人，吸引了创意策划、经营管理以及非遗传承人、工艺美术大师等一大批高端人才逐步向园区聚集；同时，园区通过建设培训学校、引入专业培训机构等方式加强后备人才和专业人员的培训，为文化产业园区进一步发展夯实了基础。如张江文化园区通过实施以人才公寓、产业孵化器专项补贴等为内容的"张江聚才计划"引进了大批优秀创新人才，成为园区企业持续创新的重要保障。2010年，示范（试验）园区及集聚类、单体类基地研发总投入143.55亿元，其中动漫业和文化娱乐业基地研发投入均超过10亿元。2010年，示范（试验）园区及集聚类、单体类基地合计获得自主知识产权数16626项。"十一五"期间，园区基地研发总投入增长了2.52倍，获得自主知识产权数增长了2.33倍。文化的科技创新能力不断提升，推动了新兴产业的快速发展，涌现出一批优秀企业，例如动漫业中的浙江中南卡通股份有限公司和湖南宏梦卡通传播有限公司，游戏业中的上海盛大网络发展有限公司和深圳市腾讯计算机系统有限公司等。文化部经过实地考察、数据统计撰写的《国家级文化产业示范（试验）园区、国家文化产业示范基地2013年度总结报告》显示，从统计的11家获得自主知识产权数的示范（试验）园区来看，2013年这些园区内的企业共获得自主知识产权数5932项，平均每家园区获得539项，这比2011年平均每家园区获得的自主知识产权数增加了53.1%。示范基地内的企业获得的知识产权数比往年也有大幅增长。去年刚被命名为示范基地的郑州枫华实业有限公司，是一家注重技术创新、文化与科技融合的企业，针对博物馆、图书馆、档案馆的文物保护和修复研发了3项发明和25项实用新型专利，包括无线组网文物展柜恒湿机、超声乳化清洗仪、古籍修复浸染机等。据郑州枫华实业总经理马维理介绍，这些专利产品已经被中国国家博物馆、故宫博物院、首都博物馆等300多家博物馆、档案馆等使用，为国内文物保护做出了较大贡献。

（三）文化产业集聚加速了文化产业的并购和重组，增强了文化产业的国际控制力

为推动我国文化产业向规模化、集聚化和专业化方向发展，加快文化产业集聚区建设，文化部自2007年以来，本着少而精的原则，共命名了八家国家级文化产业示范园区和七家国家级文化产业试验园区，旨在通过规划引导、政策扶持、典型示范，带动引领全国文化产业快速发展。通过强化管理，引导地方政府完善政策服务，国家级文化产业园区获得了快速发展，产业规模化、集聚化水平大幅提升，已经成为我国文化产业发展的重要载体。

文化部"十二五"时期文化产业倍增计划提出，要鼓励集聚发展，建设10家左右高起点、规模化、代表国家水准和未来发展方向的国家级文化产业示范园区和一批集聚效应明显的文化产业示范基地。开展特色文化产业示范区创建工作，在特色文化资源富集地区，培育100个左右特色鲜明、主导产业突出的特色文化产业集群和一大批特色文化产业乡镇。文化产业政策的提出，大力推动了文化产业结构调整，提升了文化生产的品质和效益，促进了文化产业转型升级，提高了文化产业规模化、集约化、专业化水平，加快了由注重数量扩张的规模增长转变到更加注重质量效益的内涵提高。以结果调整为主线，实施重大项目带动战略，谋划和启动一批具有示范性、基础性、战略性、带动性的重大工程和重大项目，提升产业规模和整体素质，加快产业结构调整和转型升级。

随着国家级文化产业园区的推广和设立，国家级文化产业园区的企业孵化能力逐步增强、产业链不断完善。国家级文化产业园区积极争取各方面资源，努力搭建文化产业公共服务平台体系，不断完善园区孵化功能，成为聚集和培育文化企业特别是中小初创型文化企业的重要载体。2011年，前三批命名的10家园区

累计投入各类孵化资金17亿元,孵化各类文化企业1800余家,成为活跃文化市场、壮大文化产业的重要力量。河北曲阳雕塑产业园,通过专业指导和政策鼓励,已培育销售上亿元企业八家,其中宏州石业集团正积极筹备上市,可能成为全国第一家上市的雕塑企业。同时,园区通过引进创意策划、人才培训、行业中介、投融资机构、传统制造业等相关机构,逐步完善文化产业链和配套服务体系,充分发挥文化产业对传统产业的引领带动和相互促进作用,推动文化产业成为区域经济的支柱性产业。

"文化企业30强"评比活动的开展,大力促进了文化企业的实力和竞争力。第七届文化企业30强的评比中,诸多"30强企业"在"文化+"的引领下,以文化为基因,以创意为翅膀,实现从传统的单一文化产品到多元、现代的文化产业转型升级,既拓宽了文化产业的覆盖面与内涵深度,又增加了产业附加值与竞争力。深圳华侨城股份有限公司以"文化"为核心,不断创新,打造出集聚文化旅游、文化节庆、文化演艺、文化艺术、文化科技、文化相关产品制造等业务板块的文化产业集群,延伸产业链,形成文化产业多维布局集群。通过"文化+科技""文化+创意""文化+贸易""文化+金融""文化+旅游"的多元融合,丰富文化产业业态,激活了产业生命力。

中国文化产业实力的增强促进了文化产业的跨国并购和重组。文化产业的集聚在大力促进了文化产业规模扩大的同时,文化企业的实力增强,文化企业间的并购重组日趋活跃,有力促进了文化资源的优化配置。企业在做强做大的过程中,并购重组是最有效率的途径。2014年,我国文化企业在破除地区封锁、行业壁垒和所有制界限方面做出了探索,努力壮大企业规模,提高集约化经营水平。据不完全统计,2014年全年,国内文化产业领域共发生逾170起并购重组与战略性入股事件,涉及金额超1600亿元。百视通通过吸收合并东方明珠,实现两家上市公司合并,通过平台整合,实现了超过千亿元的市值,跻身全球传媒娱乐行业上市公司前15强,实现了从传统媒体向新媒体的成功转型。宋城演艺出资约3亿元,入股北京演艺集团旗下的两家控股子公司中国杂技团和北京歌舞剧院,这是我国国有剧团混合所有制改革的"第一大单"。并购重组有力促进了文化资源的优化配置,有效提升了国有文化资本的竞争力、控制力、影响力。我国文化产业在实现文化产业国内并购的同时,得到了国家政策的大力支持。如2014年3月,国务院印发了《关于加快发展对外文化贸易的意见》,明确提出了鼓励各类企业通过新设、收购、合作等方式，在境外开展文化领域投资合作，建设国际营销网络，扩大境外优质文化资产规模；2014年3月，文化部、中国人民银行、财政部发布《关于深入推进文化金融合作的意见》，鼓励文化企业并购重组，为文化企业海外并购提供金融支持，保证跨国并购的顺利进行；2014年4月，国务院办公厅发布《关于印发文化体制改革中经营性文化事业单位转制为企业和进一步支持文化企业发展两个规定的通知》，大力推动文化企业的跨地区、跨行业、跨所有制兼并重组，切实维护国家文化安全。清科数据显示，2014年第二季度，文化娱乐产业海外并购金额总数已经超过10亿美元，而且还在不断地加速，比如2014年江苏凤凰教育出版社收购美国出版国际公司和广西师范大学出版社收购澳大利亚视觉出版集团；2014年上半年文化产业海外并购项目以影视为主，如华人文化产业投资基金和方源资本斥资8000万美元收购IMAX中国20%的股份；目前进行海外并购的文化企业主要有腾讯、阿里巴巴、百度、完美世界、奇虎360、盛大游戏、粤飞动漫、蓝色光标等。我国文化产业的跨国并购和重组增强了文化产业的国际控制力，增强了我国文化产业的安全度。

第七届"文化企业30强"评比显示，文化产业的优势资源逐步向东、中部地区集聚，骨干文化企业区域集中度进一步加强。本届"文化企业30强"分布在12个省份，其中北京、江苏、浙江、安徽、上海、广东、湖南七省市分布较为集中，特别是北京作为首都的总部效应优势明显。在这里除6家中央文化企业入围本届名单，还有4家地方文化企业入围，领先于并列第二的江苏（3家）、浙江（3家）和安徽（3家）。从东、中、西部区域分布来看，本届东部入围企业23家，约占总数的77%，中部地区7家，约占总数的23%。在文化与科技融合的背景下，中、西部地区正在集中区域优势科技资源和创新能力，运用不对称战略，发挥比较优势，实现文化产业快速发展。从东、中、西部区域分布来看，入围文化企业比例从第一届的19∶6∶5，到第四届的23∶6∶1，再发展到第七届的23∶7∶0，反映出文化企业优势资源逐步向东、中部地区集聚，骨干文化企业区域集中度进一步加强。

（四）当前文化产业集聚过程中显现的"空心化"问题对中国文化产业安全的威胁

在这样一批有责任感的文化企业的带动下，示范基地和园区取得了骄人的成绩。但是，与此同时也要看到它们在发展过程中遇到的一些困难，如扶持或优惠政策的可操作性较弱、文化产业投融资渠道较窄、知识产权保护力度较弱等问题，以及税收减免需求，同行业务交流、信息沟通和互动学习需求等。其中，文化产业示范基地和文化产业园区在操作过程中所呈现出的"空心化"问题严重，主要表现在以下几个方面：一是文化产业的内涵出现"空心化"现象。如一些地产商打着文化创意产业的旗号圈地，开发房地产，文化产业似乎已成为地产商收获的下一个"金矿"。文化产业目前暴露的各种问题，从某种程度上说也源于文化产业定位和划分标准的不清晰，以及评估体系的不健全。二是文化产业园区的概念被滥用，出现内容和核心价值的"空心化"现象。文化产业园本质上是指从事演艺、动漫、文化娱乐、游戏、文化会展、文化旅游、艺术品和工艺美术、艺术创意和设计、网络文化、文化产品数字制作与相关配套服务等文化产业门类集聚和业态融合的场所。在我国众多文化产业园区中，真正能称得上是"文化产业集聚区"的只有不到5%。量大质不高是我国文化产业园区的总体特征。现在多数文化产业集聚区基本没有产业集聚，也没有形成规模，主要还是靠租金的收入过活，甚至有的是靠政府补贴。一些园区占地面积很大，入驻的文化企业却寥寥无几，规模较大的、较为知名的企业更是屈指可数，产业"空心化"严重。三是文化产业结构或者集聚的"空心化"现象。一些文化产业园区建好后，通过招商引资引入一些文化企业，但这些企业并无明显的上下游关系，也没有形成文化产业的链条，文化产业园区如果没有相对集聚的产业，没有文化资源的整合，那么这个文化产业园就仅是一个空壳。文化产业发展中存在的空心化问题对文化产业的健康发展影响重大，严重影响着文化产业的健康发展，因此对文化产业的"空心化"问题进行全面而具体的分析和研究具有非常重要的理论和现实意义。

三、文化产业集聚的对策和建议

（一）加强文化产业集聚的引导和管理

文化产业集聚是文化产业空间布局趋向集中性的规律的反映，这种空间集聚既便于政府加强管理，也便于集中有限的资源做大做强。另外，市场取向的文化产业空间集聚也可以产生更大的经济效率和效益的提高，同时也可以与其他产业形成关联以获得最大的边际效应。为了实现文化产业集聚的文化和经济效益，必须从政府政策的角度加强文化产业集聚的引导和管理。第一，政府在选择文化产业集聚的主体时，必须选择历史文化条件优越和经济发达地区作为文化产业布局的集聚区，形成新的文化产业增长能级，因此原有的历史文化条件具有特别重要的意义；第二，政府在命名文化产业园区和示范基地时，应该根据不同集聚点、不同核心文化产业的产业性质，确定并培育不同文化产业集聚区的产业经济功能区之间的分工和协作，从而形成各种文化资源合理配置的最佳产业结构；第三，政府在规划文化产业集聚区的布局时，应该构建大中小规模不等的产业集中体系，实现不同规模文化产业和企业之间的优势互补，形成良性的文化产业发展的生态群落。① 文化产业集聚在充分考虑文化产业经济效益的同时，还要考虑文化产业在全国范围内的平衡布局和战略思维。针对这一系列问题，《总结报告》中提出要健全基地和园区文化产业政策法规体系，推动现有文化产业发展政策切实落地执行，建立基地和园区的多元化投融资机制，加大文化产业领域知识产权保护力度等。

（二）促进具有集聚效应的文化企业联盟和文化产业园区的建设

针对我国文化企业规模较小、实力较弱的问题，要大力鼓励各种形式的联盟组织形成，比如国有文化企业和民营文化企业的联盟、大中小文化企业联盟、不同区域之间的企业联盟、行业协会等。国有文化企业和民营文化企业联盟可以充分利用不同所有制的优势，扬长避短；大中小文化企业联盟和区域联盟有利于产业承接，形成完整产业链。而且，联盟组织形式还有利于获得银行贷款，银行等金融机构可以通过合作联盟的联保机制向其成员提供贷款。此外，不同省市还可以加强文化产业园区的建设，形成集聚效应。

---

① 胡惠林.文化产业学：现代文化产业理论与政策 [M].上海：上海文艺出版社，2006：278.

（三）借鉴国外文化产业园区的发展，探索文化产业园区产业集聚的途径

Hans. Mommaas 在分析荷兰五个文化产业园区时提出，文化产业园区类型的区分有七个核心尺度可以参考：园区内活动的横向组合及其协作和一体化水平；园区内文化功能的垂直组合——设计、生产、交换和消费活动具体的混合，以及与此相关的园区内融合水平；涉及园区管理的不同参与者的园区组织框架；金融制度和相关的公私部门的参与种类；空间和文化节目开放或封闭的程度；园区具体的发展途径；园区的位置。Walter Santagata 根据功能将文化产业园区分为四种类型：产业型、机构型、博物馆型、都市型。产业型的文化园区主要是以积极的外形、地方文化、艺术和工艺传统为基础而建立的。此类园区的独特之处在于其工作室效应和创意产品的差异。机构型的文化园区主要是以产权转让和象征价值为基础而建立，其基本特征是：有正规机构，并将产权和商标分配给受限制的生产地区。博物馆型的文化园区主要是以网络外形和最佳尺寸搜寻为基础而建立。园区通常是围绕博物馆网络而建，位于具有悠久历史的城市市区。其本身的密度能造成系统性效应，吸引旅游观光者。都市型的文化园区主要是以信息技术、表演艺术、休闲产业和电子商务为基础而建立，通过使用艺术和文化服务，赋予社区新生命以吸引市民，抵抗工业经济的衰落，并为城市塑造新的形象。

（韩丽雯，本文原载于《中国文化产业安全报告》2015年版）

关于北京市昌平区文化创意产业园区发展状况调研报告

北京市昌平区在文化创意产业园区建设方面具有得天独厚的优势，既具有传统文化的遗迹和遗址，如明十三陵历史文化创意产业聚集区、汤泉古镇旅游文化产业功能区，又具有丰富的文化景观资源，如郑各庄主题村庄、上苑艺术家村等文化创意产业园区的规划建设。昌平区文化创意产业园区具有非常独特的中国传统文化的意蕴和重要的人文景观价值，近年来昌平区着力打造新兴文化创意产业集群，大力发展文化创意产业园区建设。但是，昌平区文化创意产业园区的发展整体仍然处于低位运行趋势，不仅没能形成独具特色的文化产业园区，而且明显出现了文化产业的同质化现象，不仅在2006年北京评选的首批文化创意产业集聚区中榜上无名，而且区级的文化创意产业集聚区也未能形成自身的特色和影响力。昌平区文化创意产业园区的发展状况如何，区政府为文化创意产业园区的发展提供了怎样的政策支持，文化创意产业园区的发展存在怎样的发展瓶颈，如何促进昌平区文化创意产业园区的发展和繁荣，带着这些疑问和困惑我们对昌平区文化创意产业园区进行了实地的调研和考察。

一、昌平区文化创意产业园区概况

2009年，昌平区对首批区级文化创意产业集聚区进行了认定，经过专家的评审，最终有八大文化创意产业集聚区入选，昌平区政府将对这些集聚区给予重点资金支持。昌平区区级八大文化创意产业集聚区包括：十三陵明文化创意产业集聚区、小汤山温泉旅游会展文化创意产业集聚区、十三陵户外体育休闲产业园、瓦窑作家村文化创意产业集聚区、沙河天图博文建筑装饰艺术产业化基地、上苑艺术家村、郑各庄村主题村庄文化创意产业集聚区、百善影视艺术工场。昌平区八大文化创意产业集聚区成为昌平区推动文化创意产业发展的重要载体，并在昌平区政府专项资金的资助下得到了不同程度的发展，在昌平区文化经济发展中发挥着无可替代的重要作用，其概况见表1。

表1 北京市昌平区八大文化创意产业园区概况

集聚区名称	地理位置及核心产业	面积	成立时间
十三陵明文化创意产业集聚区	昌平区十三陵特区办事处，涵盖明十三陵、居庸关长城、银山塔林三大文化遗产以及周边邻近景区和村庄	120平方千米	2010年
小汤山温泉旅游会展文化创意产业集聚区	昌平区小汤山镇，形成以九华山庄为龙头，包括龙脉温泉度假村、红栌山庄、富来宫温泉山庄、英达生态园、中国航空博物馆、小汤山现代农业科技示范园等温泉会展资源集群	429万平方米	2013年
十三陵户外体育休闲产业园	昌平区十三陵水库、莽山国家森林公园及其周边地区，建成军都山滑雪场、飞人动力伞基地、华彬、顺峰、奥林狩猎场等体育休闲场所	65.19平方千米	2010年
瓦窑作家村文化创意产业集聚区	昌平区流村镇瓦窑村，以瓦窑自然村为界，确定以作家等创意群体作为主体，发展文化旅游，培育创意作品等产业	890万平方米	2010年
上苑艺术家村	昌平区兴寿镇，涵盖上苑、下苑、东新城、西新城、秦家屯五个行政村落，形成文化艺术创作、文化制作与传播、艺术品展示交易和文化休闲观光四大产业	7.3平方千米	2009年
沙河天图博文建筑装饰艺术产业化基地	昌平区沙河镇，以对传统工艺美术的保护、传承、发展与创新应用为目标，推动传统工艺美术、现代科学技术在建筑装饰行业、文博行业的创新应用	不详	2013年
郑各庄村主题村庄文化创意产业集聚区	昌平区北七家镇郑各庄村，拥有以选秀基地而驰名的红楼岛商务区，以龙门馆著称的四合院组群，8000平方米的活动中心和近万平方米的多功能演艺中心，成为影、视、歌新星比拼的舞台	289万平方米	2012年

续表

集聚区名称	地理位置及核心产业	面积	成立时间
百善影视艺术工场	昌平区百善镇半壁街村，原百善镇造纸厂旧址，建成集影视创意为主，拍摄制作、影视体验、文化交流、材料成品制作和展示、旅游等多功能为一体的综合性文化产业集聚地	5.8万平方米	2013年

资料来源：根据相关资料整理而成。

二、昌平区文化创意产业园区的管理模式和相关政策

（一）昌平区文化创意产业园区管理部门架构

昌平区委区政府非常重视文化创意产业园区的发展，专门成立了由区委书记、区长牵头的文化创意产业领导小组及其办公室，并下设文化创意产业促进中心负责具体事务的开展实施。昌平区文化创意产业领导小组的组成单位包括区政府办公室、区委宣传部、区文化委员会、区科学技术委员会、区旅游委、区财政委、区地税局和区知识产权局等众多单位，这为文化创意产业的发展获得各个区级政府的支持提供了组织保障。

昌平区文化创意产业促进中心是经过区文化创意产业领导小组第一次全体会议讨论通过、由区编办批准设立的政府机构。文化创意产业促进中心是区文化创意产业领导小组及办公室下设的推动全区文化创意产业发展的常设办事机构。文化创意产业促进中心由四个部门组成——项目发展部、产业发展部、创意策划部、综合管理部，各自负责区内文化创意产业的发展和规划。其中，产业发展部具体负责文化创意产业相关政策的落实，承担昌平区内文化创意产业集聚区的认定、建设、申报、管理，及其相关考核、统计和日常工作。

昌平区文化创意产业协会成立于2010年12月，是从事文化创意产业的企事业单位以及个人按照自愿、平等原则组成的非营利性社会团体组织，是实现行业服务和自律管理的跨部门、跨所有制的非营利性的社会团体法人。文化创意产业

协会的宗旨是：遵守国家宪法、法律、法规；遵守社会道德风尚；竭诚为会员服务，维护会员合法权益；在政府、社会和企事业单位之间发挥桥梁、纽带作用；在推进昌平区文化创意产业发展中发挥规范管理和协调服务作用。昌平区文化创意产业协会由北京市昌平区文化创意产业领导小组办公室主管。文化创意产业协会自成立以来，紧密结合昌平区文化创意产业的实际情况，通过举办文化产业"高峰论坛"、组织文创企业参加"专题展会"等方式，促进了区内外文化创意产业间的交流；协会还发挥中介机构职能，深化校企合作，将人才培养和文化创业企业人才实际需求有效对接，完善了产业服务；同时，借助隔年举办"中国北京国际魔术大会"和"亚洲大学生魔术交流大会"，打造以魔术演艺中心、道具生产基地、体验中心、魔术博物馆等于一体的魔术产业，使昌平文化创意产业发展焕发出新的生机与活力。

（二）昌平区文化创意产业园区相关政策

昌平区政府为了促进文化创意产业和文化创意产业集聚区的发展，先后出台了相关的政策，2009年先后出台《昌平区文化创意产业贷款贴息管理办法（试行）》《昌平区文化创意产业集聚区基础设施资金管理办法（试行）》《昌平区文化创意产业优惠政策文件汇编》《昌平区文化创意产业发展专项资金管理办法》《昌平区文化创意产业集聚区认定和管理办法（试行）》《昌平区文化创意产业担保资金管理办法（试行）》。根据昌平区政府的文件，对于文化创意产业园区主要实施以下促进政策：

（1）设立昌平区促进文化创意产业发展专项资金。自2009年开始，区政府每年安排3000万元财政专项资金，通过基础设施建设、贷款贴息、项目补贴、政府重点采购、奖励、专项资助等方式，扶持区域内文化创意产业发展。

（2）加快建设和认定一批区级文化创意产业集聚区、特色街区和特色村镇，对认定的集聚区基础设施建设和公共服务设施建设给予资金支持。

（3）对于在区级集聚区范围内为文化创意产业经营者提供不少于5000平方米独立商用房作为经营场所的，给予不超过30万元的一次性补助进行外部形象改造，以及50元/平方米的一次性补助进行内部结构改造。

（4）积极支持区级集聚区申报市级集聚区，对获得北京市集聚区建设专项资金支持的，区政府按照20%的比例配套建设资金。

（5）昌平区政府大力支持文化创意产业集聚区的发展，对于文化创意产业集聚区管理机构实施的基础设施建设、公共服务平台的搭建等项目，区政府将按照项目固定资产投资的30%给予补贴，最高不超过500万元。

（6）对文化创意企业运营所需流动资金贷款实际支付的利息给予贷款本金20%的贴息，贴息年限原则上不超过两年，贴息金额最高不超过60万元。贷款贴息的利率均以银行放款日的人民银行基准贷款利率为测算依据。文化创意企业贷款获得具有资质的担保公司担保的，对其实际支付担保费用给予50%的补贴，中小企业最高不超过25万元，规模以上企业最高不超过50万元。

（7）对昌平区内文化创意企业举办的具有国际国内重大影响、参会人员规模在500人（含）以上、总投资额在80万元（含）以上的文化创意产业宣传推广活动，按总投资额的30%给予补贴，补贴金额最高不超过100万元。昌平区内文化创意企业参加国家、市、区人民政府统一组织的国际、国内文创博览会（展览会等）以及其他对外宣传推广等活动的，按展位费的30%给予补贴，补贴金额最高不超过20万元。

三、昌平区文化创意产业园区调研目的和主要选取对象

（一）调研目的

此次对昌平区文化创意产业园区进行实地调研的主要目的在于：通过对昌平区文化创意产业园区的调研，明确昌平区文化创意产业园区的政策和管理方式，明确昌平区区级文化创意产业园区的核心产业和核心竞争力，分析昌平区文化创意产业园区发展面临的问题和管理中存在的缺陷，提出更加切合昌平区文化创意产业园区发展的政策和对策，为文化创意产业园区的发展提出建议，为园区内的文化企业提供更加实际的公共服务平台，从而提升昌平区文化创意产业园区的文化价值和经济利益，实现文化创意产业对区域经济的引领和提升。

（二）主要选取对象

本次关于昌平区文化创意产业园区的调研在对昌平区文化创意产业园区的概况和管理政策进行了解之后，根据昌平区文化创意产业园区的特点和类型，本次调研对象主要选取十三陵明文化创意产业集聚区和上苑艺术家村文化创意产业集聚区。选取的理由在于这两大文化创意产业集聚区代表了集聚区的两大类型，十三陵明文化创意产业集聚区属于政府主导管理下的具有历史文化遗产依托的文化创意产业集聚区，而上苑艺术家村属于文化创意人才自发集聚的具有鲜明特色的文化创意作品依托的松散型文化创意产业集聚区。

1. 十三陵明文化创意产业集聚区的发展状况

十三陵明文化创意产业集聚区先由十三陵特区办事处管理，办事处是昌平区人民政府的派出机构，后改由昌平区主管领导、相关委办局、特区办事处、所在乡镇组成的十三陵明文化创意产业集聚区领导小组直接管理，管理委员会主要行使遗产维护平台、基础开发平台、公共服务平台三大职能，加强集聚区的资源整合与管理引导。集聚区形成了"一区、两心、一轴、多点"的空间布局："一区"为遗产保护暨文化娱乐核心区；"两心"分别为明文化旅游综合服务中心和"明城"主题旅游与文化交流中心；"一轴"为商务服务功能轴；"多点"共同构成明文化主题艺术产品产业群。集聚区依托文化遗产资源，以文化旅游为基础和主导，着力加强产业化运营，目前已集聚各类文化创意产业机构40余家。2015年，十三陵明文化创意产业集聚区的游客人均综合消费水平达到昌平区平均水平（198元），实现旅游综合收入10亿元；带动影视服务、版权交易、会议培训等活动，实现经营收入2亿元；提供直接就业岗位6000个。

十三陵明文化创意产业集聚区成立以来，在政府的引导下非常重视引进各种外来资源加强对集聚区的建设和宣传活动。2009年7月，区委宣传部与十三陵特区举办了明文化集聚区建设发展系列论坛，即"十三陵明文化创意产业集聚区建设暨旅游产业发展研讨会"。研讨会就明文化创意产业集聚区规划建设和旅游产业发展进行专题研讨，参会的领导和专家对昌平发展明文化创意产业的方向给予了肯定并提出了很好的意见和建议。2010年6月19日在居庸关长城古客栈举行"第二期明文化集聚区建设发展论坛"，参会专家就如何在保护好文化遗址的同时拓展明文化创意产业集聚区发展空间，保护、传承和弘扬明文化，实现明文化创意产业的集聚发展等议题进行了研讨,并提出了宝贵的意见和建议。会议期间同期举行了"十三陵明文化周",文化周以"明文化贴近你和我"为主题,以"政府主导、行业主办、专家指导、群众参与"为原则,开展了百名小学生过文化儿童节、定陵发掘人重访定陵故地、明史专家进高校传讲明文化、文物爱好者体验茂陵修缮、梨园新曲再现居庸雄威、百家讲坛《永乐大帝》进社区、玉器鉴赏专家现场传授收藏知识等系列活动。"明文化周"系列活动的举办,对于推进十三陵历史文化的传播和发展以及十三陵明文化创意产业集聚区的建设具有重要意义。

十三陵明文化创意产业集聚区发展过程中主要存在产业化的经营与文化遗产的保护的协调问题和产业化经营中市场的监管难度较大的问题。比如在产业化经营过程中的诚信和执法问题,需要区政府花很多的精力,并且效果并不是太好。

2. 上苑艺术家村文化创意产业集聚区的发展状况

上苑艺术家村位于昌平区兴寿镇,是由上苑村、下苑村、东新城村、西新城村、秦家屯村和辛庄村六个村庄构成的艺术家聚集地,居住着包括钱绍武、王华祥、田世信、李向明等200余位知名艺术家,其中以画家居多,还有雕塑家、书法家和诗人等。上苑画家工作室开放展、上苑艺术家精品展等活动引起了社会的广泛关注,2011年成立的上苑艺术家联合会也让艺术家们有了真正意义上的组织。艺术家们的到来,为村里打开了新世界的大门,在提升村镇文化底蕴的同时,也为村民带来了可观的收入。200多位艺术家中,大约有2/3是租住在农户家里,为村民们增加了不少房租收入,慕名而来的游客也带动了村里餐饮业和销售业的发展。

兴寿镇上苑艺术家村是闻名京郊的艺术家聚集群落。艺术家村形成的历史可以追溯到1995年,当时,形成于1990年前后的圆明园画家村被解散,促成了以圆明园艺术家为主力成员的集体大迁移。中国摄影家协会艺术家汪建中最先发现了上苑这个幽静的小村,并定居于此。此后,大批艺术家来到上苑,或置地造屋,或翻造旧宅,渐成气象。今天的上苑艺术家村,在地理范围上已经形成了涵盖上苑、下苑、东新城、西新城、秦家屯和辛庄六个行政村落的文化创意产业集聚区,区域总面积约7.3平方千米,总人口3100人。艺术家村共有100余位从事绘画、美术评论、展览策划、书法、雕塑、美术设计、诗歌、陶艺、出版、泥塑、音乐及公共艺术的艺术家,仅国家级艺术大师就有40余位。上苑艺术家村从形成之初就体现出四个特点：一是入住的艺术家具有较高的知名度；二是出品的艺术作品皆为原创作品；三是艺术门类众多，其中以绘画为主；四是中青年艺术家构成了艺术创作的主体。

上苑艺术家村文化创意产业的发展壮大，为兴寿镇发展文化创意产业提供了坚实的人力资源和文化资源。为了确保兴寿镇文化创意产业实现良性和快速发展，2008~2009年，兴寿镇政府先后编制了《上苑文化创意产业集聚区构想》和《上苑文化创意产业集聚区发展规划》，从而为上苑艺术家村文化创意产业集聚区的建设提供了组织保障。2009年在昌平区首批认定的区级文化创意产业集聚区的名单中，上苑艺术家村榜上有名，集聚区的优惠政策给上苑艺术家村的发展注入了资金的支持和动力。上苑艺术家村以文化艺术创作业为主体和基础，逐步延伸到相关的产业链条，形成文化艺术创作、文化制作与传播、艺术品展示交易和文化休闲观光四大产业，并将最终把上苑艺术家村文化创意产业集聚区打造成中国书画艺术创作交流中心、中国现代艺术设计中心和中国高端艺术品鉴定与拍卖中心。在政府的支持下，上苑艺术家会馆、上苑文化艺术培训基地、美术文化街区、上苑运河文化观光带等一批重点项目开始实施。上苑艺术家村为了提升知名度和影响力定期召开公益活动，比如美术馆等，并定时、定点地举办艺术活动、陈列艺术作品，吸引更多高质量的艺术人才入驻，上苑艺术家村也将拥有更多的优秀作品，成为更加优质的创意村落。

上苑艺术家村给当地的农民带来了实实在在的好处。比如下苑村全年租房的收入近40万元，极大地提高了村民们的生活水平。在艺术家们的影响下，村民王宝珠夫妇成为了农民画家的典型代表。丈夫本来开着出租车，妻子经营着一家小卖部，后来在与上苑艺术家联合会主席李向明的接触中，夫妻俩也逐渐喜欢上了画画。他们是农民代表，知名度极高，经常被邀请参加798等艺术区的活动。村里的农民雕塑家陈德明也是"半路出家"，因为在雕塑家田世信家做工而爱上雕塑，经过专业指点后，现在主要靠做雕塑谋生。村民们的艺术文化素养得到了提高，孩子们也接触到了更多新奇的艺术知识。在兴寿镇政府的大力支持下，联合艺术家协会挑选了10位优秀的画家作为专职教师，进入当地三所中小学为孩子们上美术课。其他艺术家也主动提出免费为大家开办讲座，培养孩子们的兴趣爱好，并为他们提供艺术方面的指导。

四、昌平区文化创意产业园区发展中存在的问题分析

昌平区文化创意产业园区具有得天独厚的条件，其在运营中主要的管理方式包含两种类型：一是政府主导管理的集聚区管理模式，如十三陵明文化创意产业集聚区；二是基于自发集聚的集聚区管理模式，如上苑艺术家村文化创意产业集聚区。

（一）以政府为主导的集聚区存在开发深度不够的问题

以政府为主导的集聚区由于政府在管理上的局限，对集聚区的开发深度还存在很大的空间，而政府由于受投入资金数额的限制，限制了集聚区内项目的开发和扩展。如十三陵明文化创意产业园区在开发具有特色的"明城"方面进展缓慢，再如集聚区内与明文化相关的产业相对较少，没有形成围绕十三陵明文化的紧密的产业链，因此也缺乏相应的明文化规模效应。其他文化创意产业园区也存在类似的问题，依托一定的历史文化资源发展文化产业园区，由于没有相应的深度挖掘，没能形成规模效应和具有紧密联系的产业链，造成文化创意产业园区的产业出现了同质化现象。

（二）自发集聚而成的集聚区存在公共服务平台缺失的问题

自发形成的艺术型集聚区是在艺术家个人行为的基础上，逐渐形成一定规模和影响力之后所形成的。这种类型的集聚区缺乏政策性的规划和公共服务平台的支持，如上苑艺术家村文化创意产业集聚区发展中存在的问题主要是村里的土地基本上都是归集体所有，国有土地少，艺术家的工作室建在集体所有的土地上，艺术家的利益很难得到保障，但是如果把集体所有的土地征成国有土地再规划成建筑用地，程序过于烦琐，也存在政策性的障碍。

(三) 昌平区文化创意产业园区没有形成自身的特色

昌平区文化创意产业园区的形成建立在历史文化遗产和大型国际比赛或者会议的基础上，后期文化产业园区的发展中也非常依赖国际比赛项目或者大型国家会议等项目的宣传和带动，而自身的深度链接还非常欠缺，致使昌平区文化创意产业园区的自身特色没有凸显出来，往往流于一时的繁荣，随着时间的推移没有维持住国际比赛的带动作用。

五、对策建议

针对昌平区文化创意产业园区调研中发现的问题，现提出以下对策建议：

(一) 探索建立政府的适应性管理模式

针对政府在文化创意产业园区管理中存在的问题，建议昌平区政府能够在实践中探索建立适应性的管理模式，即对集聚区的管理和思维方式一定要建立在与市场经济实践相适应的层面上，根据在市场经济发展过程中文化创意产业园区存在的具体问题进行工作的调整和改进，从为文化创意产业园区解决实际问题出发，帮助园区解决现实困难，在管理模式上做好园区企业的扶持工作。政府既不能放任集聚区不管，又不能过度管制。在管与不管之间掌握好度，不仅需要政府的智慧和艺术，也需要政府在市场经济的实践中探索一条政府适应型的管理模式，在这一过程中政府在法治的范围内，在自身的权限内积极支持文化创意产业园区的健康发展。

(二) 积极建立文化创意产业园区建设的公共服务平台

昌平区优越的人文景观资源吸引了著名的艺术家、雕塑家和作家入驻昌平，不仅造福于昌平的民众，而且促使昌平形成了自身独特的文化创意产业园区，如上苑艺术家村和瓦窑作家村等文化创意产业集聚区，成为昌平区发展文化创意产业的重要基点。昌平区政府应该支持这些自发形成的文化创意产业集聚区的发展，建立稳定的公共服务平台，从各个文化创意产业园区的具体需要出发，建立它们真正需要的交流平台和发展扩展平台，扶持艺术型园区的繁荣发展。

（三）紧密结合昌平区民众的文化需求，形成昌平区文化创意产业园区的自身特色

昌平区文化创意产业园区的发展要与昌平区民众的文化需求紧密结合，形成昌平区自身的特色和稳固的民意基础。文化创意产业园区的发展、繁荣既要靠吸引外来民众的参与，又要靠昌平民众自身的文化需求得以支撑。因此，昌平区的文化创意产业园区的发展不能忽视当地民众的文化需求，无论是昌平区政府还是园区的实际管理者都必须关注当地民众的文化需求和参与，在园区的建设中把满足当地民众的文化需求和园区的文化价值紧密结合，探索一条适合每个文化创意产业园区长远发展的路径。

（韩丽雯）

中国出版传媒产业政策安全

摘　要：出版传媒产业政策安全是指出版传媒政策能够及时、灵活地指导产业的健康发展，正确地推动出版传媒产业的发展方向，使出版传媒产业既能实现经济效益，又能维护国家的文化安全。我国出版传媒产业政策有力促进了产业的市场化程度，加强了市场主体的健康发展，维护了出版产业的市场规范，调整了出版传媒产业的产业结构和产业升级，促进了出版产业的"走出去"步伐。我国出版传媒产业政策还存在着不足，表现为可操作性差、协调性差、系统性和公平性有待提高等。

关键词：出版传媒产业；产业政策安全

一、出版传媒产业政策安全概述

（一）出版传媒产业政策安全的内涵与外延

出版是指将有关作品经过编辑加工后，再通过印刷复制等环节后向公众发行。出版活动简单地说是由编辑、印刷或复制、发行三个阶段组成的有序过程，将一种无形的内容经过编辑、印刷或复制、发行各环节的运作，最后以出版物的形式到达消费者的手里，上述三个环节缺一不可。所谓出版物，是指出版活动的最终成果和作品，也就是承载着特定的信息和知识，能够进行复制并以向公众传播信息和知识为活动目的的产品。出版物按照制作方法的不同,可以分为印刷出版物、音像出版物、电子出版物和互联网出版物。①出版传媒产业是指由出版活动中的各个部门组合而成的整体系统,它主要包括编辑、复制、发行、科研、行政管理五大部门。2004年的全国出版局长会议,进一步深化新闻出版传媒业的体制改革,将出版传媒业区分为公益性出版事业和经营性出版产业,确定建立出版传媒业市场机制,增强出版传媒产业竞争力,这是对图书的商品属性的更加深入和清醒的认识,是对我国出版传媒产业特点新的认定。在国内,出版集团的形成及其规模的不断扩大,在国外,出版传媒产业之间的兼并和相互间的收购的不断发展,以及跨行业传媒产业的出现,这些现象充分说明了出版传媒产业实际上已经成为备受关注的重要产业。

出版传媒产业政策是产业政策的重要组成部分。产业政策是在市场经济条件下,政府为了实现优化资源配置、克服市场缺陷或不完善、增强国民经济竞争力等目标而制定的一系列有关产业未来发展的一切政策和法令的总和,其内容主要包括产业结构政策和产业组织政策两方面。产业结构政策主要指影响产业结构不断演变的相关政策,主要包括产业发展的优先顺序选择和保证实现重点产业优先发展的政策措施;产业组织政策主要指影响产业组织不断变化的相关政策,其内容主要包括反对产业垄断、促进市场自由竞争的政策,推动建立和实现大规模生产过程的政策和促进中小企业发展的政策。产业政策的目标存在多重性,一方面,它要保证克服资源配置的市场缺陷,加快资源配置的优化过程,尽可能获得较高的经济增长速度,增强产业的整体素质和核心竞争力;另一方面,它也要保证社会稳定、环境保护、充分就业和经济公平,从而促进整个社会经济持续、稳定和健康发展。②我国出版传媒产业是在计划经济的基础上,逐渐由计划经济的出版事业转变为出版产业的过程,因此我国出版传媒产业政策是一个逐渐开展出版体制改革的政策过程,是在出版体制改革的基础上,优化资源配置,增强出版传媒产业的质量和规模,满足国民对出版物的需求,提升出版传媒产业国际竞争力,提高我国文化软实力的相关政策法规。概括来说,所谓出版传媒产业政策,主要是指国家权威部门制定并组织实施的旨在鼓励、规范、扶持出版传媒产业发

---

① 黄虚峰.文化产业政策与法律法规[M].北京:北京大学出版社,2013:178.
② 李孟刚.产业经济学[M].北京:高等教育出版社,2008:229-230.

展的一系列政策的总和。

出版传媒产业政策安全的内涵和外延是不断丰富和发展的，其借鉴产业政策安全的概念。产业政策安全是指一国政府能够维持对本国相关产业的发展的决策的独立性、及时性和正确性。也就是说，主权国家能够根据国际经济形势的变化和本国产业发展的实际情况，独立、及时、正确地做出促进产业发展的相关决策，从而保证本国产业能够健康、稳定、持续地发展。产业政策安全主要包括三个方面的内容：一是本国政府拥有产业决策权的完整性，即一个主权国家对本国产业发展的目标、计划、战略以及具体的宏观经济政策等拥有自主决策的权利，不受其他国家和国际组织的影响。二是本国政府做出的产业决策要及时和灵活，能够充分根据本国经济及世界经济的发展状况及时做出相应的产业对策，特别是在进行宏观经济调控时，能够把握适当的时机和力度做出相应的政策。三是要保证做出的产业决策的正确性，即本国政府在制定产业政策的过程中，能够克服信息不对称等诸多因素的干扰，避免失误。[1] 作为产业政策重要组成部分的出版传媒产业政策，其政策的安全性也具体表现为国家在制定出版传媒产业政策时的独立性、及时性和正确性，即国家政府在制定相关的出版传媒产业政策时是否受到外国政策的影响和干扰；国家政府制定的出版传媒相关政策是否及时和灵活，能否很好地把握时机和力度；国家政府在制定出版传媒相关政策时所依赖的信息是否完整，由此制定的政策是否正确。

（二）出版传媒产业政策安全的影响因素

影响出版传媒政策安全的因素错综复杂，正如产业政策的安全取决于产业政策目标的正确性和实施产业政策手段的有效性一样，出版传媒产业政策安全也取决于政策目标的正确性和实施产业政策手段的有效性。出版传媒产业政策的目标在于出版传媒产业组织的合理化和产业国际竞争力的提升，产业组织合理化的主要目标在于促进形成市场的有效竞争，实现不同产业内部及企业之间的资源合理配置，形成既有竞争活力又有规模经济效益的市场结构。而产业国际竞争力是指中国出版传媒产业能够做到比其他国家的出版传媒产业更加有效地提供市场所需要的产品和服务，以及在全球市场上竞争时，中国出版传媒的产品或服务为市场

---

[1] 李孟刚.产业经济学 [M].北京：高等教育出版社，2008：298.

所接受的优势程度。正如影响产业政策安全的因素一样,影响出版传媒产业政策安全的因素主要表现在五个方面:一是本国政府对出版传媒产业发展的决策能力,主要指本国政府在面对和处理有关出版传媒产业发展的各种问题时,先前的经验是否丰富,所设定的目标是否明确,所采取的措施是否得力,所制定的计划是否周详。只有本国政府具有较强的决策能力,才能保障产业政策的安全。二是制定产业政策所需信息的及时性和充分性。在经济逐渐全球化和信息经济的时代,只有各种信息能够及时传递到决策层,才能保证出版传媒产业政策的正确性。信息的及时性需要通信技术的支持,而通信技术的落后会加剧信息的不对称,从而造成决策滞后或者失误。三是本国政府出版传媒产业政策决策机制的有序性。决策机制的有效性主要包括以下内容:首先是决策的过程是否体现民主或者是否合理,主要指政府决策层在出版传媒决策时选择的参数是否恰当或考虑的因素是否全面,是否是在不受利益集团的干扰下做出的决策,即保持独立决策或者保持决策的"中性"。其次是政府决策的传输渠道是否通畅,这关系到政策得到贯彻执行的程度和决策的效果,金融中介机构、企业、居民对决策层政策会有一个认识和接受的过程,并可能产生反作用,因此,政策的制定和实施必须考虑到政策的传导渠道和各种微观行为基础。四是出版传媒产业预警体系的完善性。由于产业政策的效力具有时滞性,如果产业预警体系不完善,决策者便不能及时洞察产业中的潜在危机,从而延误决策时机。五是国内法律、法规的健全程度和国外政治、经济形势的变化等因素。[①] 由此可见,出版传媒产业政策的安全度取决于我国政府对出版传媒业的决策能力、政府所获得信息的及时性和充分性、政府在制定出版传媒业的政策决策过程中的独立性和传输渠道的通畅性、我国出版传媒产业预警体系的完善性等方面,也可以由这几个方面的程度推测出版传媒产业政策的安全程度。

出版传媒产业是文化产业的重要组成部分。如同文化产业一样,出版传媒产业具有双重属性,既具有意识形态属性,又具有商业属性。其双重属性的衡量标准有很大的差异,因此,在出版传媒产业政策制定中要权衡两种属性的维护,也由此导致出版传媒产业政策安全维护的两难境地——出版传媒产业政策既要维护市场竞争秩序和实现有效竞争,同时又要为了维护意识形态的安全相

---

① 李孟刚.产业经济学 [M].北京:高等教育出版社,2008:299.

应地限制某些出版物的出版和发行,这对出版传媒产业政策的制定提出了更高的要求。

二、出版传媒产业政策安全的态势分析

正如前文所阐述,出版传媒产业政策安全取决于政策目标的正确性和利用政策手段的有效性,而出版传媒产业政策的目标和功能在于以下几个方面:一是通过深化出版产业体制改革,逐步实现出版传媒产业的市场化和产业化运营,促进有效的竞争机制和规范的市场秩序;二是通过产业保护政策和产业扶持政策,实现出版传媒产业的超常规发展,成功充当贯彻国家经济发展战略的工具,维护我国的文化主权和意识形态的安全;三是通过产业结构政策,促进产业结构合理化与高度化,实现产业资源的优化配置;四是通过产业技术政策,提升出版传媒产业的国际竞争力,实现出版传媒产业的"走出去"战略。

从我国出版传媒产业发展演变过程来看,出版传媒产业政策一直对出版传媒业起着主导的作用。出版传媒产业在深化体制改革中艰难前行的同时,还不断遭遇新媒体技术的挑战,其中互联网和数字技术带给出版传媒产业的影响是颠覆性的。因此,在出版传媒产业的动态发展过程中,不断根据外部环境和内在需求调整产业政策,维护出版传媒产业政策的安全就显得尤其重要。下面将对当前出版传媒产业政策安全的态势进行分析。

(一) 出版传媒产业政策促进了产业的市场化程度

改革开放之前,我国的出版传媒业是作为党的宣传部门和喉舌,发挥的是党的方针政策和社会舆论的导向功能,其经济效能是被严重忽视的;改革开放以来,随着我国市场体制的转型和经济的发展,国民文化需求的增长,使得人们对出版传媒的认识更加符合出版传媒自身发展的客观规律,在出版传媒产业政策的推动下,出版传媒产业逐步进入市场化和产业化的轨道。

1988年,新闻出版署和国家工商行政管理局出台了《关于报社、期刊社、出版社开展有偿服务和经营活动的暂行办法》,对报社、期刊社、出版社可以开展

的有偿服务和经营活动进行了规定；中共中央宣传部和新闻出版署联合发出《关于当前图书发行体制改革的若干意见》，进一步放开了图书发行市场。1993年6月，中央《关于加速发展第三产业的决定》的政策规定中，明确将报刊的经营列入第三产业，中国的报刊业率先进入了产业化的发展阶段。2005年12月，中共中央、国务院下发《关于深化文化体制改革的若干意见》（以下简称《意见》），该《意见》中对中国的文化体制改革做出整体安排，并对报刊进行了分类管理和分类发展，其中党报、党刊、电台、电视台、通讯社、重点新闻网站和时政类报刊等承担政治性、公益性出版任务的单位仍然实行事业体制，其运营由国家财政重点扶持。除此之外的其他出版社和报刊社都要逐步实现体制改革，通过改革转变为自负盈亏的现代企业。2006年12月，新闻出版总署刊发了《新闻出版业"十一五"发展规划》（以下简称《规划》），该《规划》首先对"十五"期间出版传媒产业的发展状况进行了总结，指出出版传媒产业的规模进一步扩大，"基本形成了以图书、报纸、期刊、音像、电子、网络等媒体的出版、印刷、复制、发行等为主体产业，包括出版教育、出版科研、版权代理、出版物资供应、出版物进出口等产业类别完整的结构体系。到2005年，我国已有图书出版单位573家，报刊社11399家，音像出版单位328家，电子出版物出版单位170家，网络出版机构50家，印刷单位18万余家，复制单位313家，出版物经营单位15.9万家，产业结构已经初具规模"。该文件还对"十一五"时期出版传媒产业的目标提出了具体的规划，确定了需要改制的报刊社、出版社，规定必须完成由事业向企业的体制转换，真正成为具有现代企业制度特点和活力的市场竞争主体。"十一五"结束时，国有独资类别的出版传媒企业实现规范的现代公司制改造。形成以出版传媒集团建设为主体，培育几家思想导向正确、经济实力雄厚、国际竞争力和市场控制力强大的出版传媒产业集团，把它们打造成为国内外市场的引领者和出版传媒产业发展的重要投资者。加强培养部分内容丰富、影响力强大的品牌出版社，使之成为出版传媒产业市场的中坚力量。对于中小报刊社和出版单位则引导它们走"小而专"的道路，以它们有特色的专业化服务取得传媒市场的应有地位。2009年9月，中共中央对外宣传办公室下发《关于重点新闻网站转企改制试点工作方案》，从此，曾经被媒体称为"官网"的国家重点新闻网站的改制也拉开了序幕，国家重点新闻网站的改制大大推动了出版传媒产业的市场化程度。2010年4月，中共中央宣传部、中国人民银行、财政部、文化部、广电总局、新闻出版署、银监会、证监会、保监会九个部委联合下发了《关于支持金融文化产业振兴和繁荣的指导意见》。2010年，新闻出版总署出台《关于进一步推动新闻出版业发展的指导意见》，提出新闻出版产业发展的五大目标，明确产业发展有五大重点任务，同时提出了新闻出版产业发展的四项主要措施，包括：在国家政策允许条件下，充分利用发行企业债券、引进境内外战略投资、上市融资等多种渠道为企业融资；扩大投融资渠道，引导和规范各种非公有资本有序进入新闻出版产业。

2011年4月，国务院新闻办公室下发《关于积极推进新闻网站转企改制和上市融资的意见》。2011年5月，在合肥召开了全国文化体制改革工作会议。2011年5月，中办、国办印发《关于深化非时政类报刊出版单位体制改革的意见》。这些系列性的出版传媒政策性文件对指导出版传媒产业发展改革和执行符合经济发展规律的措施起到重要的促进作用，这些举措也标志着国家和政府对于出版传媒产业发展的认识更加深入，已经进入到依据科学发展观念进行的新的历史时期。2011年10月，中国共产党十七届六中全会下发《中共中央关于深化文化体制改革、推动社会主义文化大发展大繁荣若干重大问题的决定》（以下简称《决定》），该《决定》既总结了过去十年文化领域体制改革的经验，也对未来文化产业领域的改革和繁荣发展提出了总体的目标和战略部署。纵观我国十几年的出版传媒政策，可以看出，其总体走势是从过去主要将出版传媒产业作为意识形态工具、宣传教育平台、精神生活领域对待，走向现在开始承认和重视文化出版市场，尊重出版传媒产业属性。出版传媒产业政策对于培育产业市场、推进产业发展的追求非常明显，其形成的效果也非常好，对于出版传媒产业形成统一的市场体系，形成有效的市场竞争，具有重要的推动作用。随着出版市场体制的逐渐确立，出版传媒产业的市场竞争范围更加扩大，出版物的市场主体呈现多元化的特点，市场秩序更加规范，更加重视出版传媒产业的市场化和法治化的发展和建设。

（二）出版传媒产业政策加强了产业的法治化和市场规范

随着出版传媒业市场体制的改革，国家也逐步推进出版业的法治化建设，规范出版传媒产业的市场秩序，加强出版传媒产业的市场规范。2001年制定和颁布的《出版管理条例》《音像制品管理条例》《印刷管理条例》直接而有效地规范了出版业的管理，为出版传媒产业的良性、有序发展提供了法治环境和保障基础，其中《出版管理条例》取消了非国有资本进入出版业的部分限制，地方出社、中央出版社和民营书业可以同台竞争。2006年《新闻出版业"十一五"发展规划》总结了"十五"期间法治法规的建设情况，"新闻出版立法工作取得显著成果，共修订行政法规3件，制定、修改部门规章15件，配合《行政许可法》的实施，废止规章、规范性文件173件。其中，修订了《出版管理条例》《印刷业管理条例》和《音像制品管理条例》；制定并修改了《出版物市场管理规定》《新闻出版行业标准化管理办法》《印刷业经营者资格条件暂行规定》《设立外商投资印刷企业暂行规定》《互联网出版管理暂行规定》《外商投资图书、报纸、期刊分销企业管理办法》《印刷品承印管理规定》《音像制品出版管理规定》《图书质量管理规定》《订户订购进口出版物管理办法》《新闻记者证管理办法》《报社记者站管理办法》《新闻出版统计管理办法》《期刊出版管理规定》《报纸出版管理规定》；以《著作权法》的全面修订为核心，出台了《著作权法实施条例》《计算机软件保护条例》《著作权集体管理条例》等行政法规，制定了《著作权行政处罚实施办法》《计算机软件著作权登记办法》《互联网著作权行政保护办法》等配套规章，中国特色的现代版权法律体系基本成形"。[①] 日益健全的出版传媒法律法规，充分发挥了对新闻出版业发展、改革、监管的规范、保障和支持作用，由此，围绕"一法七条例"颁布实施的相关配套法规、规章达到32件，使中国出版业做到了有法可依。

随着出版传媒产业法律法规的改善，出版传媒产业的市场秩序和市场规范更加有法可依、有章可循，法治化程度更加推进，为出版传媒产业的健康发展提供了坚实的保障。

（三）出版传媒产业政策保护和扶持市场主体健康发展

2006年根据《中共中央、国务院关于深化文化体制改革的若干意见》和全国文化体制改革工作会议的要求，新闻出版总署出台了《关于深化出版发行体制改革工作实施方案》（以下简称《方案》），该《方案》中指出，"2003年以来开展的出版发行体制改革试点工作，……通过试点单位的积极探索，取得了重要进展。21个试点的新闻出版和发行单位，创新体制、转换机制，增强了活力，在许多

---

① 柳斌杰. 高举旗帜 改革创新——推动中国特色社会主义新闻出版业大发展 [M]. 北京：人民出版社，2009.

方面有了突破性进展，取得了良好的社会效益和经济效益，为深化出版发行体制改革积累了经验"。《方案》还对仍然实行事业体制的公益性出版单位提出了根本要求，对实行改革转化为企业的经营性出版单位的改革目标提出了要求。《方案》指出，承担政治性、公益性出版任务的出版单位要为人民群众提供基本的公益性出版服务，传播健康向上的先进文化，提供正能量的精神食粮，体现关注民生的人文关怀，努力满足广大人民群众和国家经济社会发展最基本的文化出版传媒需求。经营性出版单位的根本任务是：以市场为主导，以健康向上、丰富多彩的出版物满足人民群众多方面、多层次、多样性的精神文化需求。转企改制工作要以体制机制创新为重点，增强活力，提高竞争力。由此，出版传媒产业政策由体制改革释放市场活力，从而促进市场主体的健康发展。新闻出版总署数据显示，截至 2009 年 7 月，182 家中央各部门各单位出版社中，除前期已完成转企改制的28 家以及保留事业体制的出版社外，2009 年有 101 家出版社完成转企改制，其余 47 家出版社将于 2010 年底前完成转企改制工作，9 家改制到位的出版、报业、发行集团公司在境内外上市。根据对全国 24 家出版传媒产业集团所做的调查，其中 17 家已经顺利完成向企业体制转化的改革过程，完成转企改制的出版集团公司的平均总资产增长 66.2%，利润总额增长 25.3%，增长最多的出版集团公司总资产翻了三番；相反，没有进行改革的 7 家出版集团的总资产出现了负增长，平均负增长达到 43%。^① 可见，出版传媒产业的转企改制对于出版传媒产业的发展起到了重要的促进作用，这从中国传媒产业核心产业总值和传媒产业增长率的数值可以显示出来（见图 1）。同时，出版传媒产业的转企改制，对于出版企业建立现代企业制度，形成规范的市场主体，具有重要的指导作用。

2008 年 6 月，新闻出版总署明确提出经营性报刊转企改制"三年三步走"的计划，计划指出，在新闻领域，报刊的改革要分三步走：第一步是国有企事业单位主办的非时政类报刊的改革，也称为第一阶段的转企改制方面的改革；第二步是行业协会等社会团体主办的非时政类报刊的改革，实现现代企业制度的转变；第三步是部委所办的报刊的改革，主要是实现管理方式的改进，其基本体制依然是事业体制：通过以上"三步走"的改革举措实现新体制的基本框架，重新建设市场主体和培育出版传媒产业战略投资者，通过进一步的改革创新和企业重

---

① 王关义. 中国出版业发展：现状趋势与变革 [J]. 科技与出版, 2010 (1): 55.

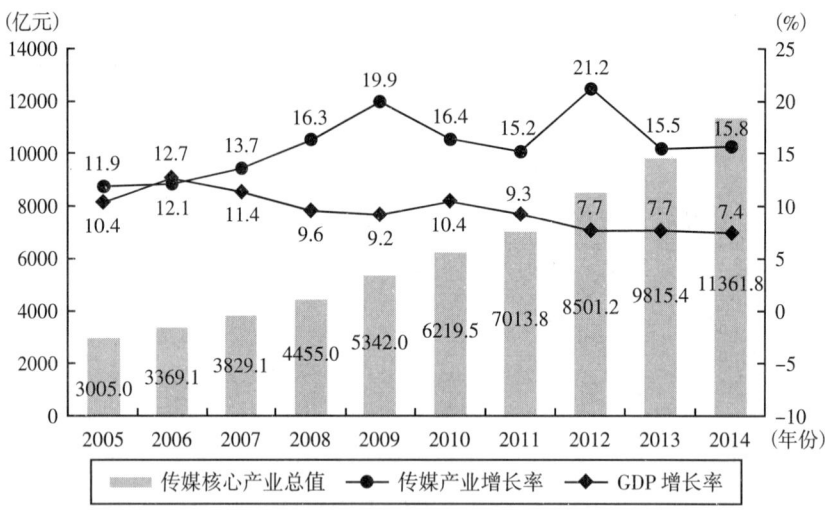

图 1 2005~2014 年中国传媒产业总值与增长率及 GDP 增长率

组,培育属于中国自己的大型出版传媒集团公司,在国内外文化产业市场上真正发挥主导作用。

2009 年 2 月,中共中央政治局常委会印发了《关于深化中央各部门各单位出版社体制改革的意见》,成立中央各部门各单位出版社体制改革工作领导小组。2009 年 4 月,国家新闻出版总署下发了《关于进一步推进新闻出版体制改革的指导意见》(以下简称《意见》),该《意见》明确指出,政府要大力推动经营性新闻出版单位的体制改革,建立现代企业制度,重新塑造出版传媒产业的市场主体。除了明确为公益性的图书、音像制品和电子出版物出版单位外,所有地方和高等院校的经营性图书、音像制品和电子出版物出版单位 2009 年底前必须完成体制改革,而所有的中央各部门各单位经营性图书、音像制品和电子出版物出版单位在 2010 年底前必须完成体制改革。制定经营性报刊转制方案,推动经营性报刊出版单位逐步实行现代企业的管理体制。按照中央政府的有关政策要求,党政机关所属新闻出版单位改革体制转变为企业后,必须逐步与原来的主办主管的党政机关脱离关系。将来完成体制改革的新闻出版单位要按照《公司法》的相关条款进行管理,实现产权制度的改革和完善,建立公司法人治理结构,形成现代企业制度,迅速成长为出版传媒产业真正的市场主体。

出版传媒产业市场主体的重塑和培育是一个不断完善的过程,除了从出版产业体制改革上进行重塑外,出版产业还从政策上大力扶持和培育市场主体的健康发展。2005年,财政部、海关总署、国家税务总局联合发布《关于文化体制改革中经营性文化事业单位转制为企业的若干税收政策问题的通知》以及《关于文化体制改革试点中支持文化产业发展若干税收政策问题的通知》(以下简称《通知》),该《通知》要求,从2004年1月1日至2008年12月31日,经营性文化事业单位完成体制改革成为企业后,可以暂时免于征收企业所得税,以减轻刚刚完成转企改制的出版传媒企业的资金压力。对于享受宣传文化发展专项资金优惠政策的体制改革单位和出版传媒企业,2005年按照规章制度征收企业所得税,从2006年起免于征收企业所得税,上述单位和企业的名单由当地财政部门向税务机关提供。根据财政部、国家税务总局《关于文化体制改革中经营性文化事业单位转制为企业的若干税收优惠政策的通知》(财税〔2009〕第34号)和《关于转制文化企业名单及认定问题的通知》(财税〔2009〕第105号),上述免征企业所得税的优惠政策延长5年,至2013年12月31日。财政部和国家税务总局发布《关于继续实行宣传文化增值税和营业税优惠政策的通知》(财税〔2009〕147号),自2009年1月1日起至2010年12月31日,专为少年儿童出版发行的报纸和期刊,中小学的学生课本,少数民族文字出版物等企业实行增值税100%先征后退的政策。对新华书店组建的发行集团或原新华书店改制而成的连锁经营企业,其县及县以下网点在本地销售的出版物,免征增值税。出版传媒产业财政和税收方面的政策扶持有力地辅助了出版企业的发展壮大,有利于培育合格的市场主体。

中共十七届六中全会决定继续执行文化体制改革配套政策,延长转企改制单位扶持政策执行期限。2014年《关于印发文化体制改革中经营性文化事业单位转制为企业和进一步支持文化企业发展两个规定的通知》,对2008年国办发114号文件进行修订完善,推动了出版产业市场主体的改革深化。出版传媒产业政策的实施促使转企改制的单位成为合格的文化市场主体,奠定了产业发展的微观基础。

(四) 出版传媒产业政策鼓励和扶持产业结构升级和技术进步

2001年,中共中央办公厅、国务院办公厅也联合下发了《关于转发中央宣传部、国家广电总局、国家新闻出版总署〈关于深化新闻出版广播影视业改革的若干意见〉的通知》(以下简称《通知》),该《通知》明确了健全出版行业市场体系的政策,建议"运用现代市场的组织形式和营销方式,加快对出版物市场的整合，形成全国统一、开放、竞争、有序的出版物市场体系。发行集团之间要按照现代企业制度的要求，以资本为纽带，在发行业务方面互联互通，构建全国性、多层次的出版物批销网络"，建议"引导和规范非国有资本进入出版物市场，依法经营，参与竞争。探索建立区域性或全国性的版权市场、广告市场、信息市场、科技市场和人才市场等。完善市场规则，规范市场行为，加强市场监管"等，从而有效地加快了出版传媒产业的产业整合和产业结构升级。2007年中共十七大提出文化大发展大繁荣和大力发展文化产业等宏观文化政策，更加明确了出版市场化和产业化的发展方向，明确了出版传媒产业组建出版集团、整合产业结构的改革方向。其后，政府开始着手推动机构转企改制、组建出版集团、推进产权制度改革，出版业产业链内部的出版、印刷、发行企业重组频繁，出版业跨地区、跨媒体、跨所有制、跨行业发展亦成燎原之势。[①]

2009年7月，国务院出台了《文化产业振兴规划》（以下简称《规划》），《规划》明确指出要把数字出版作为重点产业，出版传媒产业要大力推动产业结构的调整和升级，加快企业的转型升级，实现从主要依赖传统纸介质出版物向多种介质形态出版物的数字出版产业转型。出版物发行产业要积极寻找机会，大力开展跨地区、跨行业、跨所有制经营管理，建立若干大型的发行产业集团，提高出版传媒产业的整体实力和竞争力。新闻出版总署特设了科技与数字出版司，设计了多项重大数字出版的课题研究，数字出版的发展受到各方面的关注，进入到一个新的历史时期。

2010年，新闻出版总署出台《关于加快我国数字出版产业发展的若干意见》（以下简称《意见》），《意见》中指出，要将数字出版产业发展成出版传媒产业的支柱产业。计划到"十二五"结束时，我国数字出版总产值将要达到新闻出版产业总产值的25%，数字出版产业的整体规模跃居国际领先水平。在全国预计建设8~10家具有自身特色、年总产值超过百亿的国家级数字出版基地或国家级数字出版产业园区，建设大约20家每年主营业务收入超过10亿元的具有国际竞争力的数字出版骨干企业。到2020年，实现传统出版单位顺利完成数字化转型，其数字化产品和服务的运营份额在总份额中占有明显优势。

2012年，新闻出版总署发布《关于加快出版传媒集团改革发展的指导意见》

---

① 陈金川.改革开放以来中国出版政策基本特征与趋势分析[J].出版广角，2010（6）：60-61.

（以下简称《意见》），提出加快出版传媒集团改革发展。该《意见》强调要重点推进文化科技创新，实现出版传媒产业结构的转型和升级；重点加强出版传媒产业管理，激发出版传媒集团的发展活力和动力；重点推动产业之间的联合重组，破除地区间的封锁和行业壁垒，推动出版传媒集团实现跨媒体、跨地区、跨行业、跨所有制、跨国界的大力发展；重点推动出版传媒集团走出国门、走向世界，参与国际之间的竞争，提升中华文化的国际竞争力和影响力。2014年，国家新闻出版广电总局出台了《深化新闻出版体制改革实施方案》（以下简称《方案》），该《方案》明确指出，国家政策将大力推动出版企业之间的兼并重组，鼓励和支持国有骨干出版传媒企业实现资本的流动，打破地区之间的政策限制和行业壁垒，实施跨地区、跨行业、跨所有制企业之间的兼并重组，大力支持国有出版企业兼并重组非公有制文化企业。

（五）出版传媒产业政策加快了产业的"走出去"步伐

2003年我国成功加入世界贸易组织（WTO），经济体制改革和市场经济开始向纵深发展。随后召开的中国共产党第十六次全国人民代表大会提出了全面提高对外开放水平的策略，指出"适应经济全球化和加入世贸组织的新形势，充分利用国际、国内两个市场，优化资源配置，拓宽发展空间，以开放促改革促发展"的方针政策。具体到文化产业方面，报告指出"发展文化产业是市场经济条件下繁荣社会主义文化、满足人民群众精神文化需求的重要途径。进一步制定更加有效的文化产业政策，鼓励文化产业的发展，增强我国文化产业发展的整体实力和竞争力"，并指出"规范出版传媒市场体系，完善文化市场管理机制，为繁荣我国文化创造更加良好的社会环境"，由此开启了文化产业合法化发展的新时期，确立了文化产业独特而不可替代的战略地位。出版传媒产业的发展也进入到关键时期，实现了由"相对封闭"向"逐渐开放"阶段的转化，并在国家文化软实力建设和国际化竞争中扮演越来越重要的角色。

2006年《新闻出版业"十一五"发展规划》总结了我国"十五"期间的成果，指出我国出版传媒产业现阶段实行走出国门的方针政策，并针对"走出去"战略举行了一系列活动，比如开展了北京国际出版论坛、北京国际图书博览会、中国国际数码互动娱乐产品及技术应用展览会、法国图书沙龙中国主宾国等大型国际之间的出版传媒文化交流活动，相关部门积极组织并参加了法兰克福国际图书博览会，进一步增进国际间的交流，扩大对外开放和中国出版传媒的影响力，从而为中国出版传媒走向世界创造了有利的条件。政府部门对"十一五"期间的"走出去"战略做出了详尽的举措，其目标主要是以国际汉文化圈和西方主流文化市场为突破口，通过出版物"走出去"、版权"走出去"、新闻出版业务"走出去"和资本"走出去"的方式方法，提升中国出版传媒产业的国际竞争力和中国文化的国际影响力。实施"出版物对外推广工程"，广泛组织专家学者创作、翻译、出版有关中国历史文化和突出当代中国社会各个领域变化和成就的出版物，增加我国出版物的出口数量，2010年我国出版物出口量比2000年翻了一番。大力支持我国出版物版权的输出，运用国家之间外交手段扩大我国版权的输出数量，缩小我国版权引进与输出之间的差距，"十一五"结束时版权输出计划达到3000种。制定相关的政策鼓励新闻出版单位和个人运用各种方式，比如合资、合作、参股、控股、收购等方式在国外建立出版、印刷复制和发行等机构，开展新闻出版传媒的相关活动，提升我国出版传媒产业在国际市场的占有份额。建立与中国台湾之间的出版传媒产业间的合作，增强中华民族的文化认同感和凝聚力，双方合作共同开发国际市场，共同发展民族出版产业。

2011年《新闻出版业"十二五"发展规划》提出，出版传媒产业应该积极运用国际和国内两个市场、两种资源的力量，促进出版传媒产业走向国际市场，成为国际文化市场的重要主体。2012年出台了《关于加快我国新闻出版业走出去的若干意见》（以下简称《意见》），该《意见》对党中央、国务院和各相关部委已经制定实施的相关"走出去"的扶持政策进行了总结，建立了系统的"走出去"战略的政策体系。2011年中共十七届六中全会确定建设我国文化强国，提高中国文化的对外开放程度，提高中华文化的国际影响力。中共十八大以后，中华民族的民族复兴、中国经济发展道路成为我国经济社会发展的最终追求，中国出版传媒产业贸易的定位更加全面综合，国家政府进一步认识到出版传媒产业的发展既是占领国际市场、参与国际化竞争的途径，更是增强国家文化软实力、服务国家外交路线的综合战略。比如2014年开展的"丝路书香"工程，已经成为带动国家"一带一路"经济战略项目的重要标识。作为扶持出版传媒产业的重要措施，十几年来国家政府推出了一系列保障项目，比如"中国图书对外推广计划""经典中国国际出版工程""中国文化著作翻译出版工程""中外图书互译计划""中国出版物国际营销渠道拓展工程""重点新闻出版企业海外发展扶持计划""边疆地区新闻出版走出去扶持计划""图书版权输出奖励计划""中华图书特殊贡献奖"等国家级重点项目,形成了以政府扶持为主体的坚固保障体系。从出版传媒产业政策可以看出,产业的"走出去"导向非常明显,具体策略的引导作用效果非常好,出版传媒产业出版物的数量在逐渐增加,出版物的质量也有明显提升,中国出版物的国际影响力逐渐提升。

三、出版传媒产业政策安全存在的问题

从以上对出版传媒产业政策的态势分析可以看出,出版传媒产业政策对产业的发展起到了重要的推进作用,成绩是主要的,这也是我国出版传媒产业在改革开放以来获得快速发展的重要原因。但是我国出版传媒产业政策在实践中也表现出一些不足和需要改进的地方,政策的科学性和合理性还有待提高,政策的执行力和效能还需要大力提升,出版传媒产业的发展还存在一些政策的障碍等。

(一) 出版传媒产业政策过于原则,可操作性较差

出版传媒产业政策概况性、指导性强,过于原则,执行力度偏弱。比如,出版传媒产业政策从关于深化出版传媒产业的体制改革方面的政策,到出版传媒产业"十一五"规划和"十二五"规划,政策关注的重点基本包括出版体制改革、产业结构升级、新闻出版"走出去"等几大项,对出版传媒产业发展方向的指导性很强,但是政策的规定不具体,落实过程中许多需要解决的问题政策中没有具体的规定,这给政策的执行带来了难度,甚至流于形式无法落实。可见,出版传媒产业政策对产业的保护和扶持力度指导性的意见和建议较多,具体执行的政策措施偏弱,并且对出版传媒产业的保护和扶持力度不够,致使产业的发展受到限制和制约。

(二) 出版传媒产业政策缺乏一定的稳定性和连续性,政策多变

政策是在国家特定的经济、政治、文化等历史条件下制定的,因此政策也必将随着历史条件的变化而变化,这是政策必要的演变过程。正如大卫·赫斯蒙德

夫所指出的："政策既是对社会文化、经济和技术状况的回应，也是结果。"[①] 改革开放以来，我国出版传媒产业随着经济的发展和文化体制的改革获得了较快的发展，出版传媒产业政策也随着国家重心的变化和产业的发展而不断丰富。有些出版传媒方面的政策比较好地保持了政策的延续性和稳定性，但是还存在部分政策的措施和内容变化过快的问题，甚至给民众一种朝令夕改、无所适从的感觉。部分出版传媒产业政策是为了解决某一时期的特殊问题而临时制定的，政策出台前的基础调研工作不足，政策目标的设定不明确，没有考虑到政策的长远影响，致使政策改变频繁，影响政策的执行和功能的发挥。

（三）出版传媒产业政策之间的分散性强，系统性差

从现有的出版传媒产业政策法律法规管理框架来看，各分行业的管理体制比较分散，这虽然有利于专业化的分工管理，但却不利于推动各分行业之间的跨行业整合。出版传媒产业中纵向管理的立式结构带有明显的行政区隔特征，也不利于出版资源的整合管理，不同地区的出版传媒产业有不同的政策，也不利于形成全国统一的出版传媒产业市场。出版传媒产业的发展不是孤立和分散的，其产业之间以及与其他产业之间都必须协同发展。

出版传媒产业政策的制定紧跟中央关于文化产业的发展方向，政策之间的协调性和系统性较差，分散性强，不利于出版传媒产业的整体发展和协调统一。部分出版传媒产业政策制定的专业性过强、运作的程序过于复杂，让出版传媒企业使用时所花费的成本太高，甚至不敢问津，其政策的使用水平和使用效用有待提升；出版传媒产业政策发布的部门过于分散，政策之间的协调性不够，造成政策之间的矛盾，减弱了政策的有效程度。

（四）出版传媒产业政策制定和执行的公平性有待提高

部分出版传媒产业政策内容制定上存在重视国有出版企业、轻视民营出版企业的现象，部分出版传媒产业扶持政策明显针对大型的出版集团，小型的民营企业被排除在政策扶持之外。例如，在实施中国出版物"走出去"战略工程中，有倾向性地建设和打造一批拥有自主知识产权和核心竞争力的外向型的重要出版基

[①]（英）大卫·赫斯蒙德夫. 文化产业 [M]. 北京：中国人民大学出版社，2007：133.

地、重大出版工程和知名出版品牌，致使出版企业在市场竞争中地位不平等的现象出现。

（五）出版传媒产业政策调整出版产业的市场化程度还有待完善

计划经济体制下的出版业出版资源是按照部门、行业和行政的条块化格局进行配置的。虽然随着改革开放出版传媒产业体制改革的力度逐渐加强，但是出版传媒产业的资源配置依然存在诸多问题，比如出版传媒资源的地区之间的封锁现象、出版传媒行业之间的壁垒现象，以及出版传媒产业中同业之间存在的无序恶性竞争现象等，这些现象的存在或者蔓延都对我国的出版传媒产业市场的秩序造成严重的伤害。其后果是直接造成了出版传媒企业规模相对较小，出版传媒产业的资源比较分散，难以形成较大规模的资源整合，更加难以产生具有强大影响力的出版传媒企业。

四、对策和建议

（一）坚持培育出版市场体系，加快出版产业体制改革的政策创新

出版传媒产业的市场体系是出版传媒产业发展的重要阵地，因此建立健全现代出版传媒产业市场体系是出版传媒产业健康快速发展的基础。出版传媒产业政策体系在产业价值取向上要以市场为导向，以建立健全现代出版传媒产业市场体系为核心。我国出版传媒产业体制改革自从2003年启动以来，出版传媒产业领域在转企改制方面实现了顺利转变，在跨媒体、跨地域、跨所有制兼并重组方面实现了资本的顺利融合。但是在此基础上，如何进一步深化完善出版传媒产业管理体制，如何更好地培育出合理的出版传媒产业市场体系，是继续扶持出版传媒产业健康发展的关键问题。其中，如何通过转企改制实现出版传媒产业的繁荣和发展，以及转企改制后的出版企业如何实现良性的发展，是出版传媒产业政策必须思考和大力扶持的。出版传媒产业要逐步与市场、资本、产业接轨，要解决市场主体缺位的问题，通过政策创新扶持和鼓励改制后的出版企业健康发展，尽快

成长为合格的市场主体,为出版传媒产业建立统一、开放、竞争、有序的现代出版传媒产业的市场体系打下稳固的基础。

深化出版传媒产业体制改革,需要以下产业政策的创新:一是加强出版企业与金融和资本的融合,减少政策的限制,通过政策创新允许民间资本的进入;二是加快出版传媒产业的结构调整和优化升级,建立健全统一、开放、竞争、有序的现代出版传媒产业的市场体系,促进出版传媒产业内部各种生产要素的合理流动;三是积极运用互联网等高新科技的改造,提高数字化出版产业的发展水平,大力开发新兴的出版传媒产业业态。

(二)促进出版传媒产业政策制定的开放透明,加强政策的公平性

促进出版传媒产业政策制定过程的公开透明,提升政策决策的民主化水平,是转变政府职能,增强国家治理能力现代化的必然要求,也是完善出版传媒产业政策体系的客观需要。当前,我国出版传媒产业政策的决策制定过程依然局限在政府内部,没有形成利益相关者参与的开放型的民主决策机制;出版传媒产业政策体系以宣传文化系统为主;政策制定主要依靠官员、专家等少数人通过文件起草、会议研讨等途径进行;政策执行和监督主要通过下发文件、资金申报划拨、上级督查督办、财政审计等政府内部行为实现,针对政策自身的评估和监督仍处于空白,政策退出机制尚未形成。[①] 今后应该从以下几个方面改进和规范出版传媒产业政策过程:一是在政策制定过程中,引入利益相关者和非利益相关者参与政策讨论,提出政策的意见稿供各方讨论;二是邀请各方人士参加政策听证会,听证会上充分听取民众的建议,允许民众对政策提出质疑,进行详细的记录,作为政策修改的重要依据;三是加强政策的宣传推广,寻求有效途径加强民众对政策的知晓和正确的理解与领会。通过政策制定的公开透明,保障政策的公平和各方利益的均衡。

(三)促进出版传媒产业政策的操作性,加强政策的执行和监督力度

强化出版传媒产业政策的程序化保障,促进产业的可操作性。一个优良、有效的产业政策,不仅要政策目标清晰明确,内容简洁合理,而且还必须保持政策

---

① 祁述裕,孙博等. 2000~2014 年我国文化产业政策体系研究 [J]. 东岳论丛,2015 (5):64.

适当的执行力。现行的许多出版传媒产业政策的效力不大,核心问题在于政策缺乏程序性保障机制,致使政策的可操作性差,建议未来的出版传媒产业政策加强政策制定前的调研和数据收集分析工作,发挥专项人才作用;加强政策之间的协调性,增强政策的执行力。在政策的执行过程中,要注意以下三个方面:一是在政策的执行过程中,要转变传统的"重制定、轻执行"的观念,建立健全公正高效的政策执行效率跟踪体系,制定完善的政策执行调查研究体系,并针对政策的执行状况,及时调整政策的操作力度和方向,在法律法规允许的前提下,扩大政策执行主体的范围,强化社会舆论的监督力度;二是在政策监督过程中,引入第三方机构的参与,健全指标体系,加强政策绩效评估工作;三是强调政策的考核结果导向,根据对政策的评估考核结果,推动政策的修改和废除,形成政策调整的退出机制,促进政策体系的新陈代谢。

(四) 加强出版传媒产业政策之间的协调性,增强政策的效能

出版传媒产业本身具有一定的产业发展规律,因此出版传媒产业政策的制定要以产业的发展规律为依据,制定连续性的产业政策,推进产业的可持续发展。同时,出版传媒产业政策的制定、执行和监督具有一定的复杂性,往往会牵涉到多个部门和行业,因此,出版传媒产业政策的制定需要各部门之间的综合协调。一方面,需要国家中央机关的有关部门真正起到统筹协调的作用,进行出版传媒资源的整合,在提高政策的实施效力上多出新举措;另一方面,从我国现实的情况看,出版传媒产业政策更重要的是按照中共十八大提出的建立政府现代治理体系和治理能力的要求,政府在出版传媒产业的健康发展过程中找准自身的位置,有所为也有所不为,培育出版传媒产业的持续发展模式。

出版传媒产业政策的制定需要综合协调,在综合协调方面注意以下几点:首先,在确定政策目标时就应该严格考察其可行性,论证执行主体是否有能力、有意愿、有动力执行政策;其次,在政策起草过程中,要尽量纳入所有可能涉及的执行部门,事先做好充分的沟通和协调工作,避免政策出现偏好,偏向某一方利益诉求或者在政策执行中出现责任不明的现象,影响政策的公平性;再次,在政策制定完成后,要在行业内部征求好相关部门意见,在政府内部形成共识,减少政策在执行过程中出现的阻力;最后,在政策发布后,对于存在多个执行主体的综合性的政策,在发布时尽量以政府的名义或者多个部门联合发文,从而提升政

策的权威性和约束执行主体的行为。

出版传媒产业政策的制定需要注意形式的灵活多样,以增强政策的执行效力。在灵活多样方面需要注意以下几点:首先,在政策制定之初要综合考量,要形成政策体系观念,全方位、多角度、宽领域、深层次地进行全面调节,形成宏观政策规划导向与具体部署落实,出版传媒产业整体发展与单独产业门类、环节、主体扶持,整体普惠与单独特惠紧密结合的综合政策体系。其次,在政策之间的调节手段上要开展综合方法,开拓思路。在政府扶持类的相关政策上,要综合使用财政、土地、税收、金融等多种手段进行;在管理类的相关政策上,要采用司法与行政相互结合与配合的方法,建立社会综合治理体系。再次,在政策发布的形式上,要体现实用性。对于具体的政策,要全面考虑到政策对象、执行主体和时效性等各种因素,可以采取部门规章制度的形式;而对于综合性、长期性和宏观性较强的政策,则考虑用更高层次的政府文件形式,提升权威性并获得更多部门支持。[①]

(韩丽雯,本文原载于《中国出版传媒产业安全报告》2016年版)

---

① 祁述裕,孙博等. 2000~2014 年我国文化产业政策体系研究 [J]. 东岳论丛,2015 (5):64.

创客运动对文化创意产业全方位的变革

摘　要：创客运动是数字技术和个人制造的融合，它以其创造、分享、给予、学习、工具升级、乐学、参与、支持、变革的创客宣言实现大众的开放式创新，实现开放式资源和获得制造能力的廉价，帮助文化创意公司重塑新产品的开发模式；创客运动以其宣言和免费的工具提供和使用降低了文化创意企业的创业门槛，从而为那些有创造力、大胆而敢于冒险的人们提供了参与文化创意产业的机会，进而对文化创意产业的产业组织产生了深远的影响；创客运动为技术的发展、知识的传播和获得提供了更加便捷的快车道，使文化创意的传播和分享变得更加容易，从而将文化创意公司紧密联系在一起，对文化创意产业的产业集聚具有推动作用。创客运动必将对文化创意产业产生全面而深远的变革。

关键词：创客运动；文化创意产业；产业组织；产业布局

一、引　言

大众创业、万众创新的时代要求需要创客运动。2015 年 3 月，国务院办公厅印发了《关于发展众创空间，推进大众创新创业的指导意见》（以下简称《意见》），该《意见》中明确指出，为了"顺应网络时代大众创业、万众创新的新趋势，加快发展众创空间等新型创业服务平台，营造良好的创新创业生态环境"。《意见》中还把"营造创新创业文化氛围，积极倡导敢为人先、宽容失败的创新文化，树立崇尚创新、创业致富的价值导向，大力培育企业家精神和创客文化"列为重点任务之一。李克强总理在2015年10月14日国务院常务会议上指出，"当前经济下行压力加大，特别是工业增长严重乏力时，各部门和地方必须要高度重视，同时要积极转变发展思路，拓展技术改造和产品创新途径。在工业和制造业领域，要将'中国制造2025'与'互联网+'和'双创'紧密结合起来，催生一场'新工业革命'"。由此可见，无论从时代要求还是我国经济状况来看，体现"众创"和"新工业革命"特质的创客运动都具有时代的紧迫性和重要性。我国文化创意产业起步较晚，文化产业功能的开发和重视还是近十年的事情，这致使我国的文化创意产业滞后和孱弱，严重影响了文化产业对我国文化软实力的支撑。因此，大力开发我国深厚的传统文化和民族文化，将创客运动应用到文化创意产业之中，是我国走向文化强国的必由之路。

  我国经济在经历快速发展之后，无论是相伴而生的城市化和工业化的公平问题，还是以资源和人口为代价的经济增长问题，都让我国经济和社会发展步伐沉重。如何打破经济和社会发展中的凝滞和沉寂，找到新的发展动力，关乎国家民族发展的方向和未来。面对我国当前经济和社会发展问题，鼓励"大众创业，万众创新"是经济发展的新引擎，互联网的大力发展为众创的实现提供了技术条件，创客运动的蓬勃发展催生了创客文化和创客理念的形成，"真正的创新并非源于少数精英和自上而下的推动，而是一个基于大众的、草根的、自下而上的全民创造进程"这一理念逐渐被大众所接受。所谓的万众创新即是"生活在基层的人们在工作和生活中寻找产生变革发展的要素，激发出最活跃的思考力"；而大众创业则是繁荣市场，激发普通人创业激情的重要途径。如何在适应和引领我国经济发展新常态的时代背景下，运用创客运动推动我国文化创意产业的变革，实现我国文化创意产业的繁荣发展是我们当前面临的主要问题。

二、创客运动宣言与载体

(一) 创客运动的内涵

"创客"一词来源于英文"maker",是指出于兴趣与爱好,努力把各种创意变为现实的人。创客最早形成于欧美广泛普及的 DIY (Do It Yourself,自己动手做)文化。这一文化表现为不依赖于专业技工,个人可以利用适当的工具和材料进行简单的工具制造和修缮工作,并逐渐演化为充分发挥个人创意的文化风潮。美国《连线》杂志的前主编克里斯·安德森关注到,"创客运动"是让数字世界真正颠覆实体世界的助推器,其正在掀起一场"新工业革命"。创客运动实质上代表了公众参与创新的新趋势,是实现我国大众创业、万众创新的重要途径。创客运动目前在全球受到关注,特别在美国非常火热。2012 年,美国政府宣布将在美国学校里引入 1000 个创客空间。2009 年创客运动传入中国,国内形成了以北京、上海、深圳为中心的三大创客文化圈。深入了解创客运动的时代背景、宣言和载体是推行创客运动的前提和基础。

(二) 创客运动兴起的时代背景

创客运动的兴起和互联网有关,当前的互联网已经超越了 Web,进入到产业互联网时代。得益于智能设备、移动互联的兴起,互联网变得无时无处不在。它已经深入到研发、生产、制造、物流仓储、客户服务等商业全环节,渗入到原子世界的各个角落。

互联网金融在中国的崛起给创客运动的发展提供了有力的支持,因为创客运动的很多主体是从个人、小团队、小微企业起步,互联网金融为他们提供了个性、灵活的支持,这为两三个人起步的小团队成长为世界级的企业提供了金融支持。

创客运动是人类历史上的又一场革命,当前物品制作的本质正在发生变革,这一现象促成了创客运动的兴起。有几股潮流凝聚在一起,正在推动创客运动的深入发展：第一，便宜、功能强大且便于使用的工具推动创客运动的实现；第二，知识、资本和市场的更易获得，也助推了创客运动的发生；第三，对社区和本地资源的再度聚焦，对更可靠、更有质感事物的渴望，以及对如何创造事物的重新关注，也推动了创客运动的实现。自 2005 年创客运动的发起人戴尔·杜尔迪等创立了被称为创客运动圣经的《创造杂志》，并在全国三个主要城市举办了创客嘉年华大会以来，全球的创客空间逐渐成立，许多公司开始陆续加入技术工坊中，它们创立供人学习和分享制造物品的免费在线教学网站；帮助推动创客运动的信息传递、平台建设和影响等；创造所需工具的途径出现了民主化的局面，创客们通过使用技术工坊来制作初始产品，在技术工坊里还设有教学设施和教学课程，课程向所有人开放，任何对制作不了解的人，都能学会制作可能的物品来使自己成为一名充满自信的创客。创客运动的真正力量在于它的民主化效应，如果每一个人都能创新，每一个人都能创造，那么借助于创客空间所提供的免费工具，每一个人都能够改变世界。

（三）创客运动宣言

创客运动的宣言包括创造、分享、给予、学习、工具升级、乐学、参与、支持、变革九大理念。创造对于人类的意义至关重要，只有通过创造、生产和表达才能让人类感觉完整，也可以说，创造性行为是人之为人的根本所在，真实发生的制作过程能够给人带来更多个性化的满足感；创造的满足感和喜悦感需要通过分享体现价值和获得完整体验，一间运行良好的创客空间最好的象征就是创客之间知识、技术和方法的相互分享，其分享的形式主要是"当一个人在建造或者设计某样东西时，另一个经验比他多一点的人向他伸出了援助之手，在此过程中项目本身得到提升"，创客空间因为分享而对创客充满了无比的魔力；将自己亲手制作的物品送给别人将使人获得巨大的满足感，给予他人就好比奉献出一小部分的自己，是自己非常珍视的东西，同时给予在创客空间还通过另一种形式实现，即将自己的创造力和知识产权奉献给别人，创客们聚集在一起开展互动，相互免费贡献各自的创意、技术和方法等，从而使创意更加丰满，知识更加丰富；学习是基础，对于创造来说，学习尤其重要，创造能让人对学习产生浓厚的兴趣，自觉激励自己学习更多的新技术、材料和工艺流程，从而铺就一条终生学习之路，能够保证拥有一个丰富、有益的人生；创客空间需要不断进行工具升级，如果一个创客空间能提供一套数量多、类型全的工具，一个同样数量多、类型全的创客集体就会获得生机；创客需要拥有乐学的心态，带着玩的心态去创造，将会获得惊喜、刺激和所创造之物带来的自豪感；创客们需要参与到创客运动中来，与其他创客一起为彼此举办研讨班、派对、集会、创客日、市集、展览、课程和聚餐等活动；创客运动需要来自情感上、智力上、财务上、政治上和机构上的支持；创客运动会带来全方位的变革，加入创客运动并参与到本地的活动中，不仅能够开阔视野，而且能够结识最具有创新力的人，创客本身也会发生巨大变化。创客运动的九大宣言成为创客们行动的指南，成为他们的共同理念，他们推动着创客运动的健康发展。

(四) 创客运动的载体——创客空间

创客是创客运动的实践主体，而创客空间是创客运动的载体和存在基础。创客通过创客空间实现创意，创客空间被看作是"人们之间能够聚在一起通过分享知识、共同工作来创造新事物的实验室"。创客运动通过建立众多的创客空间得以实现。创客空间不同于一般的孵化器，它通常是创新与创业相结合、线上线下相结合、孵化与投资相结合的产物，创客空间不仅为创业者提供工作空间、网络空间，而且提供社交空间和资源共享空间的场所。创客空间由于其活动人群创客的属性不同，其不同创客空间的类型也各不相同。根据创客空间运营主体属性的不同，创客空间形成了图书馆、学校等文化教育机构和企业、私人运营并存的格局。我国目前已经建立的创客空间有中关村创业大街上的"3W 咖啡馆""车库咖啡"和京东的"JD+智能奶茶馆"，深圳的大学生创业园，F518 等文化创意园区等，从而为创客们交流创意想法、谈论创业规划等提供了空间，为创客走向创业提供了支持。

一个典型的创客空间一般配备有 3D 打印机、激光切割、数控机床等新型的生产设备和各种生产工具，而且还配备能够处理信息的网络众创平台，这一平台通过互联网实现了电脑和人脑的融合，并通过"创客+众筹"和"创客+智能化制造"等模式吸引产业的融合，形成创新驱动发展的新格局，从而实现线上线下相结合的创业网络的资源整合。

创客空间在实现创客们创意的基础上，实现积木式创新。所谓积木式创新，是指"创新过程中，不同要素之间的组合，通过创新活动中各个发展阶段的决策最终实现'发明创造—专利确权—资本筛选—生产制造—全球营销'的完整产业链新型格局"。积木式创新主要通过合作实现产品的创新,其具体包括三个层面:一是产品制作前期要充分了解市场,经营好用户。正如凯文·凯利在《失控》一书中所指出的,消费者与生产者之间的合伙关系将最终取代简单的产品售卖型的交易关系,形成了企业与用户息息相关的利益共同体,自组织也将成为一种十分重要的组织模式。二是产品制作中期要实现新木桶理论,即企业在制作产品时,通过与外部公司的设计、生产、渠道、合作营销等长板合作,从而提高自身的高科技产品能力。新木桶理论揭示了企业创新的关键不是修补自己的最短板,而是能够找到相应的长板并加到自己的短板上,使自己的短板通过嫁接成为长板,而企业只有通过发挥自身的长处,使自身的长板加到最长,才能获取和别的长板合作的机会和资格。三是产品制作的后期要实现产品的营销和迭代升级,创客空间通过创客的广泛参与实现用户利益的最大化,产品的迭代升级需要让用户参与到产品的研发和设计中去,从而实现一种社会化营销。

三、创客运动对文化创意产业的影响

创客和创客运动都与创造和创新息息相关,创客运动的宣言进一步宣示了创客运动的本质和理念,创客空间为创造和创新提供了实现的条件和空间,由此可以看出,创客运动与文化创意产业具有本质的关联和理念的相通。文化创意产业是指,"要将抽象的文化直接转化为具有高度经济价值的产业,换言之,这就是要将知识的原创性与变化性融入具有丰富内涵的文化之中,使它与经济结合起来,发挥出产业的功能"。从文化创意产业的定义可以看出,这是一种使用知识与智能创造产值的过程,其本质上是以创意和知识为核心的产业。文化创意产业与创意产业在内涵和外延上非常相近,国际上比较通行的是创意产业的提法。创意产业具有三大特色:第一,创意产业活动会在生产过程中运用某种形式的创意;第二,创意产业活动被视为与象征意义的产生和沟通有关;第三,创意产业的产品至少有可能是某种形式的知识产权。由此可见,文化创意产业是知识文化创新转化的过程,是将抽象的精神产品通过创新转化成可以用价值衡量的物品、服务或娱乐的过程，在此转化过程中创意不可或缺，特别是个人创意尤其重要。个体创意就是从个人的感受出发，让个人的情感、直觉、想象、智慧等在作品中自由宣泄。它强调的是个人的内心感受，以个人的自我满足为评价依据，并不太在意外界的评价。而文化创意产业也主要是为了满足消费者的个性化需求，因此创客运动必将对文化创意产业产生全方位的变革。

（一）创客运动重塑文化创意产品的开发模式

创客运动是数字技术和个人制造的融合，而文化创意产品在新媒体时代也是数字媒体与个体创意的结合，创客运动重新塑造了文化创意产品的形成过程，为文化创意产业产品的开发提供了新的模式。创客运动以其创造、分享、给予、学习、工具升级、乐学、参与、支持、变革的创客宣言实现大众的参与式创新，在此理念指导下文化创意产业实现了文化创意的分享和学习，实现了创造文化创意产品的开放式资源利用和获得制造能力的廉价，从而帮助文化创意企业重塑新产品的开发模式。

我国文化部对文化创意产业进行了界定，认为文化及相关产业的范围包括提供文化产品（如图书、音像制品等）、文化传播服务（如广播电视、文艺表演、博物馆等）和文化休闲娱乐（如游览景区服务、室内娱乐活动、休闲健身娱乐活动等）的活动，这一系列活动构成了文化创意产业的主体。文化创意产业的产品还包括与文化产品、文化传播服务、文化休闲娱乐活动有直接关联的用品和设备。

文化创意产业的产品以文化的创意为核心，而以创意为核心的产品在生产上依赖于知识、技术与文化的融合度，在管理中依赖于创意人员的精神愉悦度，而在流通中则主要依赖于产品需求的人性化程度和产权制度的维护。

创客运动促使文化创意产业形成众多的创客空间，具有文化创意的人会聚到创客空间，将自己的创意和想法通过尝试以某种形式表现出来，并在与创客们的分享和交流中改进产品，于是在创客空间实现了文化创意产业的产品创造和创新，文化创意企业可以购买创客们的知识产权，从而节约企业内部设计部门的创新费用，为文化创意企业提供产品创新开发的新模式。

(二) 创客运动对文化创意产业组织的影响

创客运动以创客空间为载体向创客们提供了廉价或免费的工具使用，廉价或免费的工具提供和使用降低了文化创意企业的创业门槛，使具有创意的人可以在创客空间制作出自己的创意产品，并在与其他创客的分享中逐渐完善，从而为那些有创造力、大胆而敢于冒险的人提供了参与文化创意产业的机会。文化创意能够廉价、快速地实现从创意到产品的转变必将对文化创意产业的产业组织产生深远的影响。

文化创意产业组织主要是指文化产业内部各企业之间的相互关系以及发生、发展和演变的过程。文化创意产业具有自身的特点，其产业内部通常由大量的小规模企业组成，每个企业在市场上都具有一定的市场力量，并掌握着一定数量的特殊消费群体。经典的产业组织理论包括市场结构、市场行为和市场绩效。所谓市场结构从本质上看就是一个反映市场竞争和垄断关系的概念。市场结构的状况或类型主要受市场集中度、产品差别化、进入和退出壁垒、市场需求的增长率、纵向一体化、多元化程度、政府介入的强度和企业制度、市场需求的价格弹性、短期成本结构等因素的影响。这些因素相互影响，进而影响整个产业市场结构的特征。对于文化创意产业来说，文化创意产品的差别化对市场结构的影响尤其重要。产品差别化是指产业内相互竞争的企业所生产的产品之间可替代的不完全性，也指企业向市场提供的产品或销售产品过程中的条件，与同产业内的其他企业相比，具有可以区别的特点。文化创意产品的差别化主要通过创意来体现，创意产品的个性化增强了其产品的不可替代性。创客运动通过向具有创意的创客提供廉价的工具，使创客们可以廉价地将创意进行试验和尝试，如果其创意产品能够被一定的消费者所接受和喜爱，创客们将能够大胆地建立相应的企业进行一定规模的生产，从而降低文化创意企业建立的成本，也在一定程度上鼓励具有创意的人参与到文化创意产业中去，这不仅将降低文化创意产业的进入壁垒，增进文化创意产业内部的竞争，而且将推动文化创意产业市场结构更加均衡和完善，从而直接对文化创意产业的产业组织产生重大变革。

(三) 创客运动对文化创意产业布局的变革

创客运动为技术的共享、知识的传播和获得提供了更加便捷的快车道，将文化创意的传播和分享变得更加容易,从而将文化创意企业紧密联系在一起,对文化创意产业的产业集聚产生巨大的推动作用。文化创意产业集聚是指在文化创意产业领域,由众多独立且相互关联的文化创意企业以及相关支撑机构,依据专业化分工和协作关系建立起来的,并在一定区域集聚的产业布局状况。文化创意产业的特点需要产业集聚,文化创意产业是知识密集型产业,具有高度集聚性、高附加值和高成长性等特点,文化创意产业高度依赖出口导向和依赖个人与购买者之间的紧密联系,因此文化创意产业对集群网络的依赖程度比一般的制造业更甚。文化创意产业集聚有利于提高整体产业的竞争力,帮助文化创意企业优化知识共享机制,扩大产业发展的生态空间,从而把握市场发展趋势,实现文化创意产业在国民经济发展中的历史使命。

文化创意产业集聚形成、发展的根本动力和生成机制在于创意情境的形成,而创意情境的形成得益于创意城市和创意阶层的共同作用。Landry在《创意城市》一书中专门阐述了创意情境的定义,他认为,创意情境就是"一个地方"或"几栋建筑物",或者是城市的某一个区域由一些可能的条件组合而激发了思想和发明的创造和流动,在此"企业家、知识社会活动家、艺术家、管理家、经纪人或者学生能够在这样一个思维开放、具有世界主义的脉络下运作而共同组成关键大众(即创意人群),由此产生了关键大众间的面对面互动而创造了新思想、事物、产品、服务和制度等,并带来了经济巨大的成功"。从本质上看,Landry所描述的创意情境就是一个创客空间,创客运动以创客空间为载体将众多具有创意的人们会聚在一起,通过相互交流和分享将创意转化为产品,从而为文化创意企业提供充分的创意情境,为文化创意产业集聚提供强大的动力。简单地说,创客空间就是一个中心,或者说是一个大型工作间,在那里具有创意的志同道合的人聚集在一起,交流创意想法,制造各自的物品,创新各自的产品。创客空间的成员中有的是设计师,有的是作家,有的是建筑师,还有的是医学界和法律界的专业从业人员,他们因为喜欢创新,喜欢自己动手制作东西而会聚在一起。创客空间的繁荣和创意的增多将导致文化创意产业的集聚,创客运动也必将对文化创意产业的产业布局产生重大变革。

四、小　结

大众创业、万众创新的时代背景呼唤创客运动的发展，文化创意产业以创意和知识为核心的特征与创客运动理念相吻合，创客运动以其独特的宣言和开放的创客空间为文化创意产业提供了廉价的创意和创新，创客空间必将对文化创意产业的产品开发模式、产业组织和产业布局产生全方位的变革，并不断促进文化创意产业的快速、健康发展，为文化创意产业实现文化和经济使命做出重要贡献。

（韩丽雯）

内容创新对中国文化产业安全的影响

摘　要：文化产业的核心产业是文化内容产业，文化产业的内容创新是文化产业安全的前提和基础。当前文化产业的内容创新通过对传统文化的弘扬和传播增强了中华传统文化的影响力和国际竞争力，通过文化内容创新增强了中国文化产业的核心竞争力。同时，当前文化产业的内容创新方面还存在着非法复制和侵犯知识产权的行为，存在着文化内容的媚俗化和意识形态化的趋向，从而对中国文化产业安全造成一定的威胁。基于以上的阐述，文章对文化产业的内容创新提出了对策和建议，即文化产业的内容实现民族性和时代性的结合，科技助力和版权的保护以及创新理念的培养等，从而实现文化产业的内容持续创新以维护中国文化产业的安全。

关键词：文化产业；内容创新；文化产业安全；核心竞争力

中国文化产业安全既包括文化产业的生存安全又包括文化产业的发展安全。其中，文化内容创新是文化内容产业的主要目标，而文化内容产业是文化产业的核心层。中国文化产业的生存、发展与文化内容产业的发展息息相关，而目前中国文化产业中涉及处于核心层的文化内容产业的发展相对较弱，创造的产值较低，这对中国文化产业安全具有深刻的影响。由此可见，中国文化产业的发展繁荣需要内容的创新和支撑，而文化品牌是内容创新的主要目标。文化品牌体现了一种文化的精神影响力和一个文化企业的核心竞争力，中国的文化产业需要走品牌化建设的道路。特别是在全球化和经济一体化的历史背景下，培育和发展更多的民族文化品牌和内容创新，已经成为我们发展文化产业、增强文化产业安全的重要途径和策略。

一、全球化时代文化的内容创新是文化产业安全的基础

全球化时代的来临不仅改变了人们的经济生活而且改变着人们的文化生活。20 世纪中后期以来,西方发达国家借助于先进的科技手段和制度安排,在积极推动全球经济一体化的基础上,开始悄然推行并企图达到文化的全球化。在新一轮的文化全球化中,西方国家的广播电视等文化产品及服务成为全球化的急先锋,这些"急先锋"借助一些表面上看不具备什么意识形态色彩的"游戏规则"制度化、合法化地到对象国"攻城略地"时,其威力之大远远超过了人们的想象。西方发达国家借助经济实力大力发展文化产业,由其所主导的文化优势对发展中国家的文化安全和文化产业的安全形成巨大的威胁。中国是有着五千年文明历史的文明古国,文化遗产和文化资源非常丰富,如何在全球化时代维护文化产业的安全是摆在我们面前的时代主题,而文化和文化产业的内容创新将是文化产业生存和发展的前提和基础。

(一) 全球化时代的文化产业安全

全球化时代的文化产业安全更加复杂,也面临更加艰难的选择。文化产业安全既包括文化安全又包括产业的安全。其中,文化安全主要指人们认为自己所属国家或民族的基本价值和文化特性不会在全球化大势下逐渐消失或退化的安全感,具体指政治文化和社会管理制度上的安全感、传统文化和独特价值体系上的安全感、民族语言和信息传播上的安全感、国民教育体系和国民素质上的安全感等。在当今全球化的趋势下,对国家或民族的基本价值的威胁,不仅来自国外文化对本国民众生活方式和传统文化的威胁,而且也来自本国社会内部,如对政府合法性权威的公开挑战、社会冲突、内战和其他威胁社会的事态和问题。而文化产业安全主要是指文化产业生存安全和文化产业发展安全,文化产业生存安全是指文化产业的市场或市场份额、利润率水平以及产业资本的三个循环中的任何一个循环都不受威胁的状态。文化产业发展安全是指文化产业的发展不受

威胁的状态：从数量上看，必须是文化产业价值的增加或市场份额的提高；从质量上看，必须是文化产业原有产品技术含量的提高及新产品的开发。而开放条件下的文化产业发展安全意味着，它必须能够紧跟国外同类产业的发展步伐，且在必要时可以实现产业超越。因此，可以将文化产业发展安全具体地定义为文化产业价值或市场份额的提高、产业技术创新以及产业的赶超不受威胁的状态。

全球化时代促成了频繁的国际交往，出现了一系列的现象，如跨国公司的迅猛发展，经济一体化的发展，使人们的生活不再仅依赖本国的生产和销售。又如文化产业地位的提升和迅猛发展，人们消费文化产品的规模不断扩展，人们对世界上发生的许多重大突发事件和细微变化都几乎是同时知晓，互联网的普及和广泛应用使人们的交流超越了地域和空间的阻隔，人们的见闻和思想更加趋于同化，这些对发达国家和不发达国家的文化安全都造成了直接或间接的影响，而且是相互联动的影响。文化安全主要指国家民族的基本价值和文化特性不受威胁。所谓文化特性，就是指被本国家本民族的人们认为是特别深入人心而又难以简单说明的价值观或价值体系，也可以称之为文化自性。全球化时代文化安全问题日益凸显，导致了各种各样的强烈反应，正如美国学者彼得·伯杰所说："我们现在见到了一场文化'地震'。文化全球化几乎涉及地球的所有地方。这场'地震'袭来时，不同的人作出不同的反应。有些人是安然接受，有些人是力图抗拒，这两种姿态都需付出高昂代价，如完全孤立于全球文化之外，就必然会完全孤立于全球经济之外。但是，还有些人不是全盘拒绝，其典型是有些国家的政府企图既参与全球经济又抵制全球文化，在两者之间求平衡。这方面最重要的例子是中国。"由此可见，全球化时代中国政府既选择了经济的一体化，又要维护中华民族文化的基本价值和文化特性，因此文化安全和文化产业安全受到了政府的高度重视。

（二）文化产业的内容创新是文化产业安全的前提和基础

21世纪以来，随着中国经济的迅猛发展，中国政府非常重视文化产业的发展和繁荣。2014年是中国互联网文化产业市场价值超越传统文化产业市场价值的转折之年。文化产业如何在"互联网+"的风口当中找到自己的位置重新出发是最为关键的。互联网因子的注入，为文化产业市场价值的创造提供了无限可能，为文化产业的转型升级提供了重要的契机。中国政府对文化产业的内容创新高度重视，并做出了一系列具体的部署。2015年国务院发布了《国务院关于落实〈政府工作报告〉重点工作部门分工的意见》（以下简称《意见》）。《意见》对我国文化产业的发展方向和文化内容的创新提出了明确的要求，指出文化产业的内容创新是满足人民群众文化需要的前提，是文化产业发展繁荣的基础。《意见》第四十七条明确指出，要"促进文化繁荣发展，让人民群众享有更多更好文化发展成果"，再度强化了2015年我国文化建设的根基与标尺。在文化建设的过程中，要牢固树立人民观。文化产业与公共文化分别承担着不同的任务。文化产业的发展致力于满足人民群众多元化、个性化的文化需求，而公共文化则致力于保障人民群众的基本文化需求。无论是文化产业的发展，还是公共文化的建设，说到底是为了解决人民日益增长的精神文化生活需求与落后的文化生产力之间的矛盾。因此，我们要全盘考虑，一切从人民群众的文化需求出发，统筹好文化产业与公共文化之间的关系，向人民群众提供更多、更好的文化成果。《意见》第五条指出，要加大结构性改革力度，加快实施创新驱动发展战略，改造传统引擎，打造新引擎。《意见》第三十七条指出，要推动产业结构迈向中高端，坚持创新驱动、智能转型、强化基础、绿色发展。文化产业在我国经济转型升级的过程中扮演了重要角色。文化产业是溢出效应非常显著的产业门类，通过与其他产业门类的融合，从而推动整个国民经济的转型升级。通过融合发展推动文化产业转型升级必然是文化产业下一个发展阶段的主旋律。《意见》第三十八条指出，要"培育新兴产业和新兴业态"，明确其中包括"制定'互联网+'行动计划，推动移动互联网、云计算、大数据、物联网等与现代制造业结合，促进电子商务、工业互联网和互联网金融健康发展，引导互联网企业拓展国际市场"。

  文化产业的内容创新具有自己独特的个性：第一，文化产业的内容创新必须设法使创新文化与原生文化融合，以推动文化产品、文化项目的完善与发展。第二，文化产业不仅具有商业属性，更具有意识形态属性，因此文化产业的内容创新管理难度更大。意识形态的发展往往有一定的滞后性和限定性，当社会发展时，文化完全可能还在按照它既有的惯性运作一段时间，如何协调二者之间的步伐，最大可能地满足消费者的文化需求，是文化产业内容创新运营管理过程中的最大难题。第三，文化产业的内容创新是先有了一个文化概念，然后再将之品牌化、产业化、市场化。这个文化概念的内核，有可能来自艺术创作、学术研究、对外交流等为主线的文化活动，衍生出文化内容的创新；或者来自文化名人、名校、名社、名院，乃至历史文化名胜的影响力，或者是民族文化、地域文化、特色文化等文化资源的历史传承等。文化产业的内容创新更多地缘起于一种丰厚的文化底蕴，是一种文化的张扬与发展。第四，文化产业的内容创新更加注重创意，是创造与梦想的产物。它比普通商品更加注重性格与个性色彩，强调感情的投入，同时激发出更多的联想与想象，借助于人们的想象力，创造出一个与现实世界截然不同的、如梦如幻的世界。正如同迪士尼、梦工厂、《哈利·波特》一样，通过内容的创新，创造一个让人们如醉如痴、入迷如幻的梦想世界，是它们最终获得成功的保障。内容创新，是文化产业创新的根本。文化产业界一直就有内容为王的说法，而英特尔公司前总裁葛鲁夫也说过这样一句话："整个世界将会展开争夺眼球的战役，谁能吸引更多的注意力，谁就能成为21世纪的主宰。"

通过文化产业内容的创新实现中国的文化品牌是文化产业安全的保障，文化品牌是文化产业品牌化的结果，是文化的经济价值与精神价值的双重凝聚，有着无形资产的丰富含金量。而所有的文化品牌都有一个原生文化背景支撑着，一个文化品牌的创立与发掘，实质是文化内蕴的创意与赋形，其核心则在于文化的定位。文化内容的创新和文化品牌的创立，可以经由两条路径：其一，是对原有文化的发掘，从历史的、民族的、民间的、现有的各种人文奇观中发掘出具有深厚文化和内涵与底蕴的文化品牌。在对原有的文化进行发掘的过程中，不能背离文化背景的精神内涵，不能忽视文化内容的地域特征，同时要认真区分所发掘的文化对象，把握对象的文化个性，并根据原有文化的内涵给予创造性发挥。其二，通过创意，创立一个前所未有的、全新的和富有现代气息的文化内容，创意是梦想，是基于现实的梦想，比如"大红陶瓷"《云南映象》就是创意得以成功的典型范例。

通过文化产业内容的创新实现对中国丰富文化资源的有效开发是文化产业安全的前提。中国文化产业的发展面临着许多挑战，其中缺乏能够吸引人的、能够占领国际市场的文化产品是一个关键的问题，它直接影响了我国文化产业的国际竞争力，制约了我国文化产业的健康、快速发展，甚至影响到我国文化资源的安全问题。比如，我国家喻户晓的文化资源——花木兰的故事被美国的迪士尼搬上了银幕，更有甚者，众多中国的文化资源如《孙子兵法》《西游记》《天仙配》《成吉思汗》《杨家将》《三国演义》等都相继被外国文化公司盯上，并将其很快演绎成它们的品牌标签。中国传统文化资源被外国开发利用的同时，我国广大消费者每年对文化的消费需求却远远大于其生产能力，我国每年都得进口大量的电影、电视剧、动画片、网络游戏等文化产品及其衍生产品。中国的文化产业存在严重的贸易逆差，中国文化产业还是一个不成熟的产业，中国文化产业的内容创新尚需要培育和发展。培育和发展文化产业的内容创新的任务非常艰巨并十分紧迫。中华炎黄文化研究会会长许嘉璐认为，中国文化产业的发展繁荣需要与中国传统的文化资源紧密相连。中国文化产业一定要兴旺，这需要学者、企业家和受众一起研究。中华文化产业的兴旺，关键不在于操作，而在于文化的内涵根植于本土；也不在于产品，而在于中国的事、中国的人、中国的土地所包含的精神内涵是中华民族固有的；同时广泛吸收异质文化中的精华。文化产业要根植于本土，需要对中国传统文化进行深刻的把握和体验。

北京大学文化产业研究院院长叶朗认为，中国文化产业的内容创新是增强文化吸引力和影响力的基础。中国的崛起将在精神的层面上影响世界。文化强国就是要求整个社会有更高的文明素质和精神追求，就是要改造我们的国民性，也就是要重铸我们的民族精神；文化强国就是要通过学校教育、新闻媒体、文化艺术活动，营造一种健康的社会文化环境，使人们越来越有教养，越来越高雅，而远离低俗；文化的吸引力就是文化的软实力，要通过各种渠道向国际社会传播中国的文化、中国的哲学、中国的艺术，使国际社会了解到尊重自然、热爱生命、祈求和平、盼望富足、优雅大度、开放包容、生生不息、美善相乐才是真正的中国；文化强国，应该产生一批有世界影响力的文化大家、艺术大家和文化经典、艺术经典。大力发展文化产业，要将文化产业的内容建设提到战略高度，追求艺术和高科技的融合，要把发展文化产业和解决民生问题结合起来。

二、文化内容创新对中国文化产业安全影响的态势分析

(一) 文化内容创新增强了文化产业安全的影响力

自 2003 年文化单位转企改制以来,由中宣部主办的精神文明建设"五个一工程"共评选了四次,一大批弘扬时代主旋律和具有内容创新的具有鲜明时代特色的文化精品脱颖而出。2014 年 9 月评选出的第十三届精神文明建设"五个一工程"的优秀作品是近两年首次播映、上演、出版的文艺作品。共有 27 部电影、30 部电视剧、6 部动画片、9 部电视纪录片、33 部戏剧、31 首歌曲、22 部广播剧、28 种图书获此殊荣。186 部获奖文艺作品可谓优中选优,囊括了各文艺门类中的优秀之作,作品代表了近两年我国文艺创作最高成就,凝聚了各级宣传、文化部门和广大文艺工作者的心血,是文艺工作者奉献给人民群众的美好精神食粮。如表 1 所示。

表 1 第十三届精神文明建设"五个一工程"(2012~2014 年)获奖作品情况

类别	数量	作品名称
电影	27 部	《中国合伙人》《周恩来的四个昼夜》《一号目标》《永远的焦裕禄》《真爱》《天上的菊美》《兰辉》《百鸟朝凤》《索道医生》《警察日记》《一代宗师》《西藏天空》《毛泽东与齐白石》《雷锋在 1959》《甘南情歌》《目标战》《走过雪山草地》《全民目击》《张丽莉老师的故事》《听风者》《衍香》《世界屋脊的歌声》《洋妞到我家》《一八九四·甲午大海战》《青春派》《近距离击杀》《英雄之战》
电视剧	30 部	《毛泽东》《历史转折中的邓小平》《焦裕禄》《温州一家人》《老有所依》《原乡》《寻路》《推拿》《有你才幸福》《先遣连》《大路上》《聂荣臻》《青果巷》《杨善洲》《父母爱情》《木府风云》《大河儿女》《营盘镇警事》《刘伯承元帅》《闯关东前传》《国家命运》《陈云》《阿娜尔罕》《我的土地我的家》《幸福生活万年长》《火蓝刀锋》《茶颂》《领袖》《我的故乡晋察冀》《西藏秘密》

续表

类别	数量	作品名称
戏剧	33部	豫剧《焦裕禄》、京剧《将军道》、越剧《我的娘姨我的娘》、河北梆子《六世班禅》、汉剧《宇宙锋》、龙江剧《鲜儿》、秦腔《花儿声声》、黄梅戏《小乔初嫁》、沪剧《挑山女人》、桂剧《七步吟》、莆剧《保婴记》、湘剧《谭嗣同》、滇剧《水莽草》、吉剧《站醒台》、陇剧《西狭长歌》、评剧《赵锦棠》、话剧《红旗渠》、话剧《兵者·国之大事》、话剧《国家的孩子》、话剧《活在阳光下》、话剧《徽商传奇》、儿童剧《想飞的孩子》、话剧《幸存者》、舞剧《粉墨春秋》、舞剧《红高粱》、舞剧《丹顶鹤》、歌舞剧《情暖天山》、歌剧《红帮裁缝》、歌剧《大汉苏武》、歌剧《回家》、音乐剧《妈妈再爱我一次》、歌舞诗《仰欧桑》、音乐剧《西关小姐》
动画片	6部	《新大头儿子和小头爸爸》《熊出没之夺宝熊兵》《青蛙王国》《大角牛梦工场》《冲锋号》《终极大冒险》
电视纪录片	9部	《习仲勋》《舌尖上的中国1》《伟大的抗美援朝》《楚国八百年》《船政学堂》《走进和田》《大黄山》《海之南》《东北抗联》
广播剧	22部	《重整河山待后生》《让我陪你看夕阳》《我有一片阳光》《大庆人在非洲》《野鸭岛》《一个县委书记的担当》《本色》《爸爸的脊梁》《格桑花开》《中国船长》《疍家小渔村》《照片中的回忆》《你的飞翔我的梦》《雪域彩虹》《宗旨》《默默流淌的爱》《跨越海峡的追寻》《海螺心》《打工局长》《父亲》《种树人》《马兰谣》
歌曲	31首	《我们的中国梦》《天下百姓》《时间都去哪儿了》《乘梦飞翔》《春暖花开》《湘江飞出一首歌》《放飞梦想》《老阿姨》《江河恋》《儿女情长》《光荣与梦想》《天耀中华》《把爱捧给你》《为什么跟你走》《春雨江南》《土豆花儿开》《同志们》《海峡月光曲》《强军战歌》《旗帜》《老百姓的爱》《丝路放歌》《老井》《净土》《云贵高原》《天地人心》《爱的眼神》《屯垦爹娘》《百年一梦》《小村人的婚礼》《北京时间》
图书	28部	《兴国之魂——社会主义核心价值体系释讲》《梦焰》《国家记忆——一本〈共产党宣言〉的中国传奇》《念书的孩子》《玉米人》《少年的荣耀》《梦想照亮生活——盲人穆孟杰和他的特教学校》《凤凰的山谷》《中国为什么还需要马克思主义——答关于马克思主义的十大疑问》《回家》《繁花》《编外雷锋团》《上庄记》《美德照亮人生》丛书《瓷上中国——China与两个china》《百年钟声——香港沉思录》《今天,我们怎样走群众路线》《援疆干部》《这边风景》《让兰辉告诉世界》《少年与海》《马兰花开》《国家的儿子》《理想信念的理论支撑》《小水的除夕》《女子中队》《大美昆曲》《淬火青春——大学生从军报告》
合计	186部	—

资料来源:根据新华网相关资料整理。

从表1所列获奖作品中可以获得重要的启示:第一,健康的内容、高远的立意、深刻的内涵,是一部好作品的关键,比如电视剧《毛泽东》展现了毛泽东同志求学立志、探索救国救民道路以及领导中国共产党建立新中国的奋斗历程,展现了史实与艺术有机结合的风采,是一部有温度的伟人传记经典之作。电视剧《历史转折中的邓小平》再现了1976~1984年邓小平同志带领党和人民探索中国发展之路,开创了中国特色社会主义的生动实践和光辉历程,播出后在社会上反响巨大、好评如潮，显示了强大的影响力，被誉为中国电视剧发展史上的史诗性作品。电影《兰辉》和《天上的菊美》分别以北川原副县长兰辉、甘孜州道孚县瓦日乡原乡长菊美多吉为原型，讴歌他们一心为民、舍小家顾大家的公仆精神，收到良好的收视效果。第二，创新是文艺创作的永恒主题。电视纪录片《舌尖上的中国1》传递出蕴藏在东方美食之中的文化传统，受到海内外海量"粉丝"追捧，不仅产生了巨大的影响力，而且进一步展示了中华传统文化的魅力。电影《一代宗师》以古典美学视角和"诗意的情绪"，成功阐释了中华武侠之韵致。电影《听风者》把革命历史题材和谍战风格融合起来，塑造了热爱祖国、才干超群、舍生忘死的特工人员群像，令人耳目一新。评剧《赵锦棠》根据传统花派代表剧目整理改编而成，京剧《将军道》则在传统京剧基础上进行了大胆创新，以更适合现代人的审美视角诠释国粹魅力。电影《西藏天空》《衍香》、电视剧《青果巷》《大路上》、电视纪录片《船政学堂》《大黄山》等作品，无论是主题的宏大、历史进程的叙事，还是百姓情感的表达、现实生活的描绘，都努力在艺术内容上创新，其作品的表现力和感染力都超越以往。通过文化的内容创新，将中华传统文化与现代风格相结合，弘扬了中华民族的文化特性和文化内涵，进一步提升了中国文化产业安全度。第三，作品在内容上贴近实际、贴近生活、贴近群众，受到广大民众的喜爱成为作品入选的前提，可称得上作品要"既叫好又叫座"。如电视剧《老有所依》从当下青年人的视角关注"养老"话题，作品受到十多家电视台争相热播，节目版权输出非洲、欧美等国家，扩展了中国文化产业的国际影响力。又如电影《青春派》取材高考家庭的故事，其作品网上点击播放量超6000万次。动画电影《熊出没之夺宝熊兵》展现友情、正义等正能量元素，以2.48亿元刷新国产动画电影票房新纪录。第四，获奖作品需要经过群众检验，得到社会的广泛认可。本届获奖作品除了票房收入外，演出场次、发行数量、传唱程度等都是入选"五个一工程"精品佳作的重要条件。本届获奖作品中，戏剧演出场次在100场以上的有13台，最多达300场；图书发行量在5万册以上的有6部，《援疆干部》《这边风景》超过10万册，《繁花》达20万册。

从以上的启示可以看出，通过对中国历史文化丰富的内涵的挖掘和对文化内容的创新来彰显民族精神和时代精神是当前文化产业的主要态势。特别是近年来，"关注现实""打造精品""还戏于民"成为戏曲创作发展的关键词，广大文艺工作者逐渐认识到中华文化源远流长、博大精深，其思想精华和道德精髓是涵养社会主义核心价值观的重要源泉；相反，如果文艺工作者在创作中漠视传统文化，势必会使其文化作品失去生命力和影响力。

由党中央倡导、中宣部组织实施的精神文明建设"五个一工程"评选活动不断推动文化繁荣发展，成为文化产业健康发展的有效途径，同时"五个一工程"也反映了国家重视铸就国家文化品牌的策略和方法，"十余年来，许多文艺作品伴随着社会变迁和发展，温暖着亿万观众的内心。'五个一工程'不断地将这些优秀作品囊括在视野中"。"'五个一工程'彰显了国家对主流价值观、审美取向、文化态势的一种推动、一种支持"。"获奖作品在艺术水平、社会效益和经济效益上取得了可喜业绩，主旋律产品在精神文化市场上唱主角完全可以办得到！""'五个一工程'鼓励艺术家的首创精神，艺术创新也使'五个一工程'变得异彩纷呈。'五个一工程'给文艺工作者提供了展现自己理想并付诸实践的平台"。这些铿锵的话语是文艺界和社会各界对"五个一工程"的热烈反响。翻开第十三届获奖名单，《索道医生》《父母爱情》《先遣连》《有你才幸福》《想飞的孩子》《新大头儿子和小头爸爸》《大角牛梦工厂》《冲锋号》《重整河山待后生》《一个县委书记的担当》《光荣与梦想》等一大批优秀文艺作品不负众望；回顾以往十二届的获奖作品，一大批票房创出新高、荧屏持续热映、舞台盛演不衰、图书市场畅销的文艺作品，均在获奖作品之列，其中电影有216部、电视剧449部、戏剧365台、动画片12部、广播剧161部、歌曲217首、图书418种。"五个一工程"的实施，其影响力已远超出了推优、评奖本身。"五个一工程"已成为我国精神文化产品创作生产的精品工程和示范工程，成为中国文化产业的重要内容产业，成为推动文艺队伍建设的人才培养工程，更成为有着巨大影响力的国家文化品牌。

（二）文化内容创新增强了中华传统文化的国际竞争力

中华传统文化具有强大的生命力，每当草原游牧民族以武力在政治、军事上征服中国之后，最终却在文化上被主体民族征服。中国传统文化就好比一个吸纳器，它能将历史中各种异质文化吸纳、包容在一起，并最终铸就成一个文化统一体。与世界上其他古老文明解体后再也不能重建的结局不同，令人惊讶的是，每次中国的统一政权解体之后，经过或长或短的分裂、对峙，最终都能形成一个规模更大的政权统一体。在这个新的统一体中，无论是主体民族还是其生存空间，都大大地得以拓展。中华民族及其所栖居的地理空间就是通过这一独特方式不断发展起来的。中华传统文化是中华民族的精神家园，弘扬传统文化不仅是文化产业发展的基础和根基，而且是中华民族在全球化时代保持民族特性的需要。

2014年，中国文化产业的内容创新以中华传统文化为载体，以传统文化的资源开发和产业化转化为途径，将中华传统文化资源的存量转化为文化产业发展的增量，不仅进一步增强了文化产业的总产值，而且进一步增强了中国文化产业在国际市场上的国际竞争力。随着纪录片《舌尖上的中国》的热播，如何用电视艺术的手法进行包装，将传统文化内核与时尚流行元素相融合成为电视媒介创新的重要思路。特别是在网络时代，当人们热衷于利用各种新媒体进行交流时，传统的书写文化正消失在人们的记忆中。在这种文化背景下，《汉字英雄》能够主动承担起文化自觉的使命，利用一己之力帮助观众重拾汉字文化的影响力和辐射力，成功地实现了优秀传统文化与当代电视内容的对接，的确值得肯定。《汉字英雄》让电视观众在网络媒体盛行的时代再次回味中华文化的魅力，让传统文化的内容表达找到了新的呈现方式。这些创新的节目价值取向积极向上，本身就是推动国家和社会进步的正能量。

2015广东传统文化传承与产业发展峰会在文博会举行。这次峰会由广东省文化厅和中山市政府指导，由广东省文化产业促进会、中山市文广新局、红博城等单位主办。中山市文广新局局长罗建华介绍了中山文化产业发展情况。他说，作为国家历史文化名城，中山市高度重视传统文化的传承与发展，在推动特色文化产业发展方面，先后培育出大涌红木文化产业、游戏游艺产业和灯饰文化产业等特色文化产业品牌。文化产业与传统文化的结合使中山市文化产业获得巨大的发展，2014年中山特色文化产业增加值超过130亿元。在经济增长进入新常态的形势下，中山市会更加注重以文化引领经济社会发展，全面推动传统文化与制造业、信息服务业、旅游业等各行业的融合，已投资70多亿元建设"两城一园"特色文化产业园区，将传统文化资源存量转化为文化产业发展增量。其中，总投资达48亿元的大涌红木文化博览城是中山以传统红木文化为载体，通过"文化+工艺"来推动新型专业镇产业集群创新发展的重要举措。本届深圳文博会，中山正是以大涌红木文化博览城为组团核心，集中展示中山红木文化传承与发展的新成果、新动态和新规划。未来，中山将进一步实施文化引领战略，把本土的红木文化、灯饰文化和菊花文化等传统文化发扬光大。

(三) 文化内容产业的比重加大增强了文化产业的核心竞争力

文化产业的核心层主要是指文化内容产业，文化产业的外围层和相关层主要是指文化旅游业、文化制造业、文化复制业、视听设备生产等。长期以来，由于我国缺乏具有创新意识并能与国际接轨的高端文化人才，以及文化科技自主研发能力落后，致使我国文化产业的发展一直停留在容易开发的外围层和相关层，"在一些地区，外围层和相关层文化产业甚至占到当地文化产业增加值的80%以上，而涉及文化产业核心层的文化内容产业则相对较弱，创造的产值较低"。文化内容产业属于文化产业的核心产业，随着文化产业的内容创新，文化内容产业的总产值所占文化产业的总产值的比重逐渐加大，文化产品走出国门的比重加大，在国际市场上所占的份额提升。比如作为文化内容产业的网络文学和电影，其产值有了明显的提升。从市场体量上看，2013年中国网络文学市场收入规模达46.3亿元，预计到2014年底，中国网络文学市场整体规模将突破70亿元。而2014年，中国的电影市场总票房达到了296亿元，已经成为世界第二大电影市场；中国游戏市场用户数量约5.17亿人，实际销售收入达到1144.8亿元。在如此繁荣的市场形势下，网络巨头纷纷涉足网络文学领域，向版权掘金，借力于文化产业的内容创新致力于打造广泛融合的娱乐产业。在此过程中，由一部作品作为起点而形成的发散型商业形态逐步呈现，各路资本也纷纷介入，借此纷纷开启了全版权运营模式。

2015年5月，第七届"中国文化企业30强"名单正式揭晓。本届文化企业30强企业涵盖了文化艺术类、广播影视类、出版发行类、文化科技类、其他类五大类别，其中，文化艺术类4家、广播影视类9家、出版发行类10家、文化科技类4家、其他类3家。本届文化企业30强以文化内容产业为主，文化产业通过聚焦内容主业、运用科技等要素发展新兴业态等途径，正在实现提质增效升级。文化产业对经济增长的外溢、辐射和带动作用已经凸显。近十年来，我国文化产业呈成倍增长态势，文化产业占GDP比重从2004年的2.15%增加到2014年的3.77%，文化产业在国民经济发展中的地位已日趋重要。作为第三产业的重要组成部分，文化产业在经济转型过程中担当重任，文化创意产业正以自己的溢出效应与其他产业门类实现多元融合，成为经济转型的新动力。如图1所示。

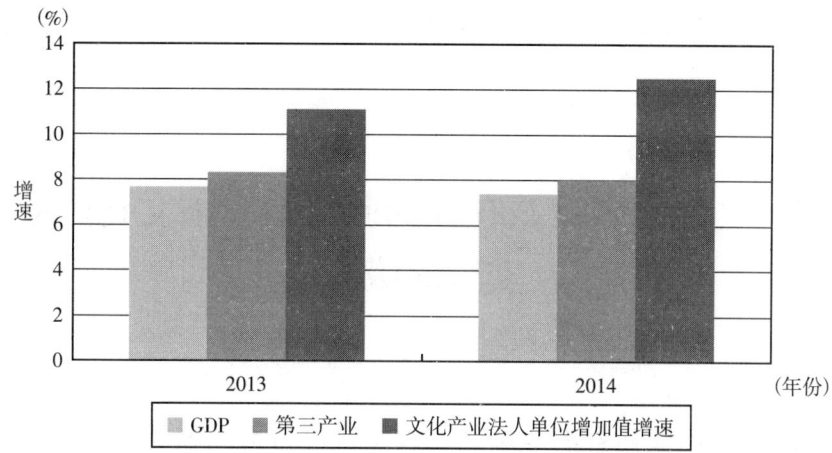

图1 2013~2014年GDP、第三产业、文化产业法人单位增加值增速
资料来源：根据新华网相关资料整理。

第七届"中国文化企业30强"的出口总额为上届新增加指标，也是本届增速最快的指标，本届30强企业共有23家企业开展了出口业务，比上届增加3家，实现出口总额52亿元，比上届增长33%。2014年7月，中国出版业最大跨国并购案——凤凰传媒以8000万美元收购美国出版国际公司童书业务圆满收官，实现了对电子有声童书全球市场的崭新布局。中国对外文化集团公司每年在境外举办各类演出、展览和综合文化活动5000多场，把中国的精彩文化推向了世界各地。随着"走出去"步伐不断加速，骨干文化企业在服务国家国际交往战略、提高中华文化的国际影响力中发挥的作用越来越大。由此可见，文化内容产业走出国门的比重加大，国际的影响力和竞争力提升。2014年，在第六届"中国文化企业30强"名单的评选中，认定标准再一次发生了变化，除保留主营收入、税前利润、净资产、纳税总额等指标外，突出强调了企业获奖和出口评价指标，体现了对文化企业要确保把社会效益放在首位、实现社会效益和经济效益相统一的导向要求，也体现了对推动文化企业"走出去"的鼓励支持。在当年的名单中，完美世界自2011年入选"中国文化企业30强"名单后，2014年第四次当选。在2015年的第七届"中国文化企业30强"名单中我们发现，骨干文化企业的总体规模实力和发展水平进一步提升，市场竞争力和盈利能力不断增强，文化产业继续保持了良好的发展势头。与此同时，民营文化企业入选数量有所增加，反映了民营文化企业正逐步成为推动文化产业发展的重要力量。不仅如此，完

美世界第五次当选,已成为"中国文化企业 30 强"中民营企业一道亮丽的风景线。

三、文化内容创新存在的问题对中国文化产业安全的威胁

(一) 文化产业内容的非法复制和侵权行为对文化产业安全的威胁

文化产业是内容为王的产业,对内容产权的保护是文化产业安全的保障。长期以来,文化产业存在着知识产权保护不力,侵犯知识产权犯罪形势严峻的趋势。为了更加有利于文化产业的内容创新,规范知识产权的保护和管理、保护数字版权、规范网络转载、支持依法维权、严惩侵权盗版、及时发现并收缴各类非法报刊、坚决打击各种形式的非法网络媒体、打击新闻敲诈受到国家的高度重视。全国"扫黄打非"工作小组办公室、国家互联网信息办公室、工业和信息化部、公安部决定,自2014年4月中旬至11月,在全国范围内统一开展打击网上淫秽色情信息"扫黄打非·净网2014"专项行动。该行动全面清查网上淫秽色情信息,依法严惩制作传播淫秽色情信息的企业和人员,严格落实互联网企业主体责任,严肃追究失职、渎职责任;全国"扫黄打非"办公室和国家新闻出版广电总局联合发出通知,2014年3月中旬至9月在全国组织开展打击假媒体、假记者站、假记者的"扫黄打非·秋风2014"专项行动。表2列出了2013~2014年全国"扫黄打非"十大数据。

表 2　2013~2014 年全国"扫黄打非"九大数据

序号	2013 年数据	2014 年数据
1	全国共收缴各类非法出版物2053万件	全国共收缴各类非法出版物1579万件
2	全国共查处各类案件1万余起	全国共查处各类案件8千余起
3	全国"扫黄打非"办公室联合举报中心共受理网上淫秽色情信息的举报线索6万余个	全国"扫黄打非"办公室联合举报中心共受理网上淫秽色情信息的举报线索8万余个
4	全国共查处各类"扫黄打非"案件1万余起	全国共查处各类"扫黄打非"案件8344起

续表

序号	2013 年数据	2014 年数据
5	查处涉案金额达千元以上的侵权盗版案件 7 起	全国"扫黄打非"办公室单独或与其他部门联合督办各类"扫黄打非"案件共 96 起
6	全国共收缴淫秽色情出版物 67 万件	世界知识产权日当天,全国集中销毁侵权盗版及非法出版物 2041 万件
7	山西运城"9·20"假记者案涉案人被判处有期徒刑 10 年	江苏徐州"8·19"系列网络敲诈勒索案中,以敲诈勒索罪判处主犯有期徒刑 14 年
8	湖北荆州"5·24"非法外挂案被处罚金 600 万元	河南洛阳"8·23"假冒记者敲诈案中,以敲诈勒索罪判处 17 人有期徒刑
9	对未经批准擅自从事动漫音像制品的北京漫动天地文化传媒公司处以罚款 23 万元	北京新浪互联信息服务有限公司传播淫秽色情信息案中,依法停止其从事互联网出版和网络传播视听业务,并处罚款 508 万元

资料来源:全国"扫黄打非"办公室。

从以上数据可以看出,我国内容不健康的出版物及其他文化产品总量依然很多,非法经营文化产品的犯罪案件依然居高不下,侵犯知识产权的形势严峻,这种低成本、高收益的网络侵权行为严重侵害了文化内容创新的积极性,严重威胁到文化产业的影响力和竞争力,严重威胁到文化产业的安全问题。以国内知名文学网站盛大文学为例,数据显示,其开发的版权追踪系统,已追踪到近 1.4 万个盗版网站,盗版链接数量高达 1236 万条。盛大文学所有的签约、独家版权作品都已经被盗版。海关总署发布《2014 年中国海关知识产权保护状况》报告,报告显示,2014 年中国海关共采取知识产权保护措施 2.7 万余次,查扣进出口侵权嫌疑货物近 2.4 万批,涉及商品近 9200 万件,较 2013 年同比分别增长 14.03%、16.59%和 21.09%。为贯彻落实国家关于鼓励创新和扩大出口的方针,各地海关加大查缉侵犯国内自主知识产权进出口货物的工作力度。2014 年我国海关共查获涉嫌侵犯自主知识产权的进出口货物 514 批,扣留侵权嫌疑商品近 1200 万件,价值 7400 余万元。我国企业在 2014 年受海关保护的知识产权权利人来源中居于前列。[①] 国家知识产权局发布的《2014 年中国知识产权综合发展状况评价》报告显示,全国知识产权综合发展水平不断提高,国际排名进步显著。2008~2013 年,

---

① 韩霁.我国知识产权综合排名跃至世界第九 产权环境成为短板[J].中国经济网—经济日报,2015-06-05.

综合排名从世界第十九名升至第九名，能力和绩效处于第三位。但知识产权环境成为短板，排名仅列第三十名。报告显示，去年全国知识产权综合发展水平进一步提高。国家知识产权局知识产权发展研究中心主任韩秀成分析说，2014年全国知识产权综合发展指数达63.74，较2013年增长0.98，知识产权创造、运用、保护和环境水平稳步改善，各项指数呈现平稳增长。从知识产权能力、绩效、环境三个一级指标来看，我国知识产权能力和绩效排名第三位，而知识产权环境排名仅为第三十位，环境成为我国知识产权最突出短板。韩秀成认为，违法成本低、有法不依、执法不力是造成这一现状的主要原因。

（二）文化内容的媚俗化和意识形态化对文化产业国际竞争力的威胁

全球化时代文化产业的发展繁荣与一国文化产业的国际竞争力息息相关，而我国现阶段文化产业内容的创新性不足，以及由单纯追求利润所造成的文化内容的媚俗化和意识形态化的特征对我国文化产业的国际竞争力产生一定的威胁。关于产业的国际竞争力，有的学者认为，产业竞争力实质上就是一国产业与外国产业在国际与国内市场上对市场份额的争夺能力；也有的学者认为，产业竞争力就是一定环境下产业自我生存和发展的能力。产业国际竞争力是一个国家、地区综合竞争力在各产业中的具体体现。一国某产业的主要企业或多数企业所具有的竞争力水平，决定了该国企业的竞争力水平。根据前述内容我们定义，产业国际竞争力是一国某产业能够比其他国家的同类产业以更有效的方式提供市场所需要的产品和服务的能力，以及在全球市场上竞争时，其产品或服务为市场所接受的优势程度。

我国已经成为世界主要出版大国，出版数量跃居世界前列，但是中国的出版物的年销售额仅为60多亿美元。在国外，仅培生集团2004年出版物销售总额就达到了70亿美元，汤姆森集团2005年出版物销售总额也达到了80亿美元。我国每年生产的电视剧数量位居世界第一，动画片数量位居世界第一，生产的电影数量位居世界第三，但能够走出国门、在国际市场上产生重要影响的作品并不多。

（三）文化内容的趋同化和单调性对文化产业控制力的威胁

产业控制力主要研究外资通过股权、技术、品牌、经营权、决策权的控制，而对东道国的产业安全产生的影响和应对措施。一个民族如果没有振奋的精神和高尚的品格，是不可能自立于世界民族之林的。在全球化时代，文化产业大力弘扬和培育民族精神不仅关系到文化的影响力，而且也关系到中华民族的生死存亡。面对全球文化产业的蓬勃发展，面对世界范围内各种思想文化的相互激荡，文化产业内容一旦丧失了民族特性和民族精神，一旦丧失了积极向上的力量和精神风貌，必然导致本民族文化产业影响力的减弱，甚至使本民族的文化走向衰落，威胁到文化产业的安全。

目前大众文化产品的生产难题是内容单调、思想苍白、精神孱弱。以电影产业为例，我国电影的年生产能力已经达到三四百部，但是真正得到人们认可、真正取得经济效益和社会效益双丰收、真正走向世界展示中华文化风貌的作品却寥寥无几。其主要原因在于编剧，如果没有好的故事内涵，即使阵容再强大，也只能沦为过眼云烟。文化产业的文化创意和文化内容是产业的核心竞争力，文化产业创意的缺乏，造成文化内容的单调和缺乏深意，致使文化产业的核心竞争力缺失，乃至在国际市场上缺乏市场的控制力。文化产品内容的趋同性和单调性成为文化产业安全的最大威胁。

四、文化内容创新的对策与建议

（一）文化内容创新坚持民族性与时代性相结合的导向

由科技部、财政部、文化部联合出台的《国家文化科技创新纲要》中指出，文化产业具有鲜明的区域和民族特色，外来文化难以短时间内快速扩张，这一特点非常有利于推动我国文化科技和文化产业的自主发展，并借助我国丰富的文化资源和庞大的文化消费市场，通过文化和科技的融合创新弘扬优秀传统文化，掌握中国文化发展的主导权，提升我国文化科技的国际竞争力。由此可见，文化产业应该坚持民族特色，大力弘扬优秀传统文化。

大众文化通过内容创新提升文化品位，壮大文化产业，从而提升中国文化产业的影响力。大众文化具有时尚性、娱乐性、消费性和商品性，使它成为文化产业的主体。大众文化需要汲取主流文化和传统文化的长处，结合优势发展自我，实现文化内容的创新，使大众文化真正成为提升民众生活品位、丰富民众精神生活的重要领域和途径，以此满足民众精神生活的需求，充分占有国内文化产业的市场份额。大众文化的内容创新需要做到坚持民族性与时代性相结合的导向，不断提升大众文化产品的思想内涵和艺术品位。我国有着悠久的传统文化，如何以本土传统文化为基础，创造出具有现代意识的内容形式，是我们在新的历史时期打造大众文化品牌、使中国大众文化产品更好地走向世界的根本保证。内容创新既不能丢掉中华文化的传统血脉，又必须要用现代意识来关照和处理传统文化资源。比如在音乐产业方面，引导推动音乐产品创新，丰富音乐文化遗产产业的文化内涵。产品创新是音乐文化遗产保护性开发的关键所在，唯有在创新中丰富内涵才能让音乐文化遗产历久弥新。民间艺术是音乐文化遗产的创作源泉，通过加大创新研发力度，借助现代科技手段，能够使古老艺术得到新生。现阶段，将音乐文化遗产的可利用元素应用到文化创意产业的开发上，已经有很多成功的经验。《梁祝传说》、京剧《打虎上山》等用小提琴曲等多种艺术表现形式来诠释，地方政府还借此开发了富有区域特色的建筑，并融入具有现代风格的高科技技术手段，打造具有民族特色、地域特点的旅游项目。将音乐创作、音乐表演、戏曲曲艺等"非遗"用现代技术手段制作成原汁原味的音像制品，跳出具体人物和故事等题材限制，制作出生活气息更浓、更趋于大众化的作品，以此形成独特的品牌，给人以精神上的愉悦，并用年轻人喜闻乐见的艺术形式进行宣传推广，充分发挥了音乐文化遗产的价值，展现了音乐文化遗产产业的发展前景。这些无疑都是音乐文化遗产开发的成功经验。

（二）文化内容创新需要在科技的助力下实现腾飞

2012年6月，为深入贯彻中共十七届六中全会精神，落实《国家"十二五"时期文化改革发展规划纲要》部署，充分发挥科技创新对文化产业发展的重要引擎作用，深入实施科技带动战略，推进文化科技创新，科技部会同中宣部、财政部、文化部、广电总局、新闻出版总署，组织编制了《国家文化科技创新工程纲要》（以下简称《纲要》）。科技与文化融合态势凸显，主要由数字技术和网络信息技术掀起的高科技浪潮在改造提升传统文化产业的同时，还催生了一大批新的文化形态和文化业态。科技已交融渗透到文化产品创作、生产、传播、消费的各个层面和关键环节，成为文化产业发展的核心支撑和重要引擎。文化产业国际化竞争趋势日益明显，发达国家凭借其优越的经济和技术实力，形成了强大的文化传播体系，其文化产品覆盖全球，国际化竞争日趋激烈，由此也对发展中国家的本土民族文化和价值理念带来冲击。《纲要》提出了我国文化产业与科技创新的总体目标，指出"到 2015 年，文化科技共性支撑技术取得重要突破，科技对文化产业的带动作用明显提高，以文化和科技融合示范基地为主体的产业化载体建设全面推进，文化事业科技服务能力和文化行政管理科技手段显著增强，文化科技创新体系初步建立，重点文化领域科技支撑水平显著提升，推动文化产业逐步成长为国民经济支柱性产业。到 2020 年，文化和科技深度融合，科技创新成为文化发展的核心支撑和重要引擎。文化科技发展环境不断完善，文化科技创新充满活力，高素质文化科技人才队伍发展壮大，文化科技创新体系得到完善，文化和科技融合示范基地成为文化产业的重要载体，基本形成带动文化产业发展、推动文化事业进步、规范文化市场秩序的文化科技支撑体系。文化产业成为国民经济支柱性产业"。① 《国家文化科技创新工程纲要》的出台大力促进了文化产业与科技的融合，促进文化产业在科技的助力下的内容创新，各省市也根据自身的特色和条件对《纲要》进行了完善和解读。

2014 年 7 月《国家文化科技创新工程西部行动方案》出台，指出我国西部地区幅员辽阔、文化资源丰富，具有发展文化产业的良好基础条件和巨大的市场空间。近年来，西部地区大力发展文化产业，2012 年实现文化产业增加值 3149.2 亿元，占地区生产总值（GDP）比重达到 2.76%。但与其他地区相比，西部地区在文化科技创新、文化资源挖掘和开发利用、新兴文化业态发展等方面还存在较大差距，制约着文化产业的发展和新兴文化消费市场的形成；并进一步强调充分挖掘西部地区丰富的民族民间传统文化和特色文化资源，研究制定西部文化资源知识体系和数字化通用技术标准规范，研究民族文化资源基因库的提取、分类、信息标注和检索等技术，构建西部民族文化资源基因库，促进文化资源整合和共享；强化文化资源的开发利用，基于大数据分析、虚拟现实等现代网络信息和数字化技术手段，开展文化资源信息集成、工艺再造等技术集成应用，提升民族语言文字的信息化应用，促进民族音乐资源和衍生产品开发运营，提高民族文化资源数字典藏的体验和推广水平。正如中央财经大学文化经济研究院院长魏鹏举所

---

① 石峰. 创新是传媒业发展的不竭动力——在首届中国传媒创新年会上的讲话 [J]. 传媒，2006（4）.

说，文化产业发展要实施一体两翼，"一体就是以内容为本体，内容始终是文化产业最核心的价值和资源。但是仅有内容不可能给文化产业带来市场意义上的繁荣和资本上的收益，所以还需要两翼，一是资本之翼，二是科技之翼，只有与这两个内容结合起来，文化产业才能真正地腾飞"。

（三）加强创新理念的培养，在文化产业的不同行业推行以创意为主体的创新机制

创新，是传媒业发展的不竭动力。而如何打造传媒的这种创新能力，从哪几个方面着手创新，是问题的最难之处。新闻出版总署原副署长石峰在首届中国传媒创新年会上的讲话中将传媒创新概括为内容创新、载体创新、经营创新和政策创新四大部分。

传媒业的内容创新主要表现在四个方面：一是追寻新闻价值本位的回归。"传媒只有不断寻求新的报道来源、新的报道手段、新的报道角度，才能做出真正具有新闻价值的内容，在激烈的竞争中得以存活"。二是打造属于媒体的个性品牌。南方报业传媒集团原社长范以锦这样阐述品牌媒体创新力量："创办具有品牌影响的媒体，把已有一定品牌影响力的媒体群推向不同的细分市场，并不断提升它的品牌价值，使媒体赢得竞争，达到集团价值的最大化的优势，就是南方报业的核心竞争力。"媒体的竞争是争夺受众市场的竞争，实质上也是媒体品牌的竞争。传媒都有其自身的定位和品牌经营。作为文化产业，一定要创品牌，有了良好的媒体品牌才能获得受众的忠诚度，才能够有强大的公信力和影响力。这需要媒体人的苦心经营和对内容的严格把关。三是加大编辑出版的创新。传统媒体的内容优势与新技术的融合，是一个传媒创新发展的方向。报纸等平面媒体如能和数字化技术融合，其内容的空间延展性、个性化、互动性等问题就能迎刃而解。再者，利用其本就存在的媒体品牌效应，必定能在人们心目中拥有较高的权威性和可信度，这是后崛起的网络媒体所不可替代的。四是媒体广告品位的提升。现在很多纸质、电子媒体都充斥着低俗广告，人流、整容、减肥药等低俗广告由公车站牌爬上了报纸版面、电视节目，内容不仅直白而且毫无艺术性可言。广告是媒体的一大组成部分，好的广告可以为媒体内容增光添彩，而低质量的广告只会让读者产生反感。

媒体的内容创新，是媒体创新的根本，也是媒体提高核心竞争力的关键。在新媒体和国际传媒的夹击之下,我国传统媒体的内容革新势在必行。

中国电影产业近年来业绩不俗。然而,在市场不断扩大和票房持续攀升的背后,隐藏的是审查与分级的管理方式决策、商业与艺术的创作重心取舍、历史与现实的题材路线选择及金牛与明星的业务战略布局四重挑战,并由此生发出现代社会问题的闹剧式生猛书写、回避现实的都市小人物轻松喜剧、醉心于历史与神话人物的内心刺探和避险及票房动机下续集作品泛滥四种无可奈何却又个性鲜明的选材视角和执导风格。

创新内容生产和服务。始终坚持贴近需求、质量第一、严格把关、深耕细作,将传统出版的专业采编优势、内容资源优势延伸到新兴出版,更好发挥舆论引导、思想传播和文化传承作用。探索和推进出版业务流程数字化改造,建立选题策划、协同编辑、结构化加工、全媒体资源管理等一体化内容生产平台,推动内容生产向实时生产、数据化生产、用户参与生产转变,实现内容生产模式的升级和创新。顺应互联网传播移动化、社交化、视频化、互动化趋势,综合运用多媒体表现形式,生产满足用户多样化、个性化需求和多终端传播的出版产品。强化用户理念和体验至上的服务意识,既做到按需提供服务、精准推送产品,又做到在互动中服务、在服务中引导,不断增强用户的参与度、关注度和满意度。

(四) 文化内容创新需要版权保护的助力

版权的文化价值主要体现在激励文化创造、促进文化传播以及满足公众文化需求三个方面。版权对文化创造的激励,主要是通过赋予创造者以权利,使他们能够从创造活动中获得回报,从而为人类的文化创造提供不竭的动力来实现的。从版权赋予的创造者的权利来说,主要包括以下两种权利:第一,人身权利。《著作权法》规定了作品的版权人享有发表权、署名权、修改权以及保护作品完整权四种权利。其中,署名权、修改权以及保护作品完整权的保护期限是不受限制的。第二,财产权利。《著作权法》赋予了作品版权人越来越丰富的财产性权利。版权创造者的权利主要通过法律进行保障,现代市场经济是一种法制经济,市场经济的正常运行必须建立在完善的法律基础上,政府的首要职能就是制定完善的法律法规,保护经济主体拥有合法的产权和经济主体都具有均等的机会。对于文化产业的内容创新而言,主要的相关法律是《知识产权保护法》,因此,

《知识产权保护法》的建立和完善是文化产业内容创新的重要保障，完备的法律法规，对限制危害社会利益的个人行为和为经济利益主体创造公平合理的环境起到了非常重要的作用。

（韩丽雯，本文原载于《中国文化产业安全报告》2015年版）

网络新媒体产业安全现状及对策分析

摘　要：随着1999年阿里巴巴、当当网、易趣网的建立，20多年来，我国电子商务企业如雨后春笋般迅速发展起来，大批的互联网企业应运而生，占据了大量的市场份额。特别是2013年以来，以互联网为基础的网络新媒体产业蓬勃发展起来。其中，发展最快的是即时通信新媒体产业、网络视听新媒体产业、网络报刊新媒体产业和网络游戏新媒体产业。无论是网络新媒体产业还是其细分行业，在产业发展力、产业竞争力和产业控制力方面都呈现出较强的优势。但随着网络新媒体产业的不断发展，互联网网络安全性、网络新媒体产业的成熟性以及网络新媒体产业结构都对网络新媒体产业安全产生很大的影响。通过分析，维护网络新媒体产业安全要创新网络新媒体产业模式、创新互联网管理体制、提升互联网发展技术、制定国家网络安全战略。

关键词：网络新媒体产业；产业安全；产业创新

所谓网络新媒体产业，主要是指门户网站产业、搜索引擎产业、即时通信产业、社交应用产业、网络视频产业、网络游戏产业、网络报刊产业、网络广播产业等应用互联网技术的新媒体产业。2013年以来，我国网络新媒体产业发展迅速。其中，网络视频产业、网络游戏产业、即时通信产业、网络报刊产业呈现出高速增长态势。

一、网络新媒体产业安全现状

2016年7月,根据中国互联网络信息中心所发布的第38次《中国互联网络发展状况统计报告》显示,截至2016年6月,从绝对数量上看,中国已有网民人数达7.1亿人次,与2015年12月统计数据相比,新增网民212万人次,网民人数提升了1.3个百分点,互联网全民普及率已达到51.7%。其中,以手机浏览方式为主体的网民数为6.56亿人次,与2015年12月统计数据相比,手机网民人数增加了3656万人次。从相对数量上看,以手机浏览方式为主的网民数占全部网民数的比重,由2015年12月的90.1%增加到92.5%。而其中农村网民的比重已达到了26.9%,约为1.91亿人次。到2016年6月,按照互联网使用媒介划分,通过笔记本电脑和台式电脑等终端上网的网民比例分别为38.5%和64.6%,使用平板电脑终端上网的网民比例为30.6%,使用手机移动终端上网的网民比例为92.5%,使用电视机终端上网的网民比例为21.1%。

随着移动互联网的发展,消费者的消费方式发生了转变,而新的应用程序也在不断地丰富着消费者的手机内容,有诸如网络游戏、电视电影等为主的休闲娱乐类客户端,有网络购物、网上预订为主的电子商务类客户端,有聊天、沟通为主的社交媒体类客户端,也有新闻、资讯类为主的信息获取类客户端,发展势头迅猛,成为网络新媒体产业发展的排头兵。

2016年网络新媒体产业的另一个突出特点是互联网金融保持了快速的发展势头,互联网理财、网上终端支付等使用者的数量大幅增加,分别达到12.3%和9.3%。一方面,由于电子商务的快速发展,相应的支付手段不断进行革新和发展,将网络订购和网络支付紧密结合起来;另一方面,随着银行等金融机构互联网理财产品的推广,理财用户规模也在不断扩大,相应地带动了网络新媒体产业的发展。

随着1999年阿里巴巴、当当网、易趣网的建立,20多年来,我国电子商务企业如雨后春笋般迅速发展起来,大批的互联网企业应运而生,占据了大量的市场份额。

自 2013 年以来，互联网门户网站作为网络新媒体产业的主体，呈现出快速增长趋势，新浪网总收入增长率为 26%，搜狐网总收入增长率为 31%，网易网总收入增长率为 17%，腾讯网总收入增长率为 38%，凤凰新媒体网总收入增长率为 28%，腾讯网已经成为我国最大的网络新媒体传媒和文化企业。

各网络新媒体平台发展呈现出不同的特点。新浪突出以新闻为本。经过多年的发展，新浪回归到了新闻为本的发展方式。通过对新浪新闻客户端的不断升级和改造，全面提升了新浪的客户端功能。为了让使用者能够快速、便捷地找到自己想要阅读的新闻，新浪客户端增加了分类导航功能。同时，为了能够投其所好，吸引更多的浏览用户，新浪还向其他新闻提供者开放，将大量的新闻素材展现在网络新媒体平台上，促进其发展。而网易作为网络新媒体平台，从差异化的角度出发，打造了一个在线教育平台，也就是有道在线，2014 年以来，网易新媒体教育平台为广大的学习者提供了一个学习的新渠道，这个学习平台提供了网络视频课程、适合自学者学习的 App 客户端、学习过程中所使用的电子书、用于检测学习效果的测试工具等，这些学习素材和资料都集中在同一个网络新媒体平台上，方便用户选择和使用。同时，为了更好地提供平台服务，网易教育平台还试图同一些专业教育机构进行合作，期望能够获得更多的技术支持。而搜狐的重心则放在了娱乐方面，搜狐娱乐为喜爱收看网络电视的用户提供了平台，在这个平台上，搜狐所使用的点播 OTT 模式取代了传统的数字电视播放模式，作为搜狐娱乐，所提供的只是内容和软件，而不做硬件方面的生产，其硬件部分通过合作的方式，与其他企业进行合作，实现互补。

如今，无论是走路、等车，还是吃饭、开会，人们都变成了低头族，手机在人们生活中所起到的作用无处不在，衣、食、住、行各个方面的需求都可以通过手机客户端的操作来实现，网络购物、网约车、网上支付等新兴的电子商务产品在不断地充斥着人们的生活，有了手机甚至都可以不带钱包上街，各种新兴的支付方式，如支付宝支付、微信支付、iPay 支付等多种支付手段也加快了手机客户端功能的拓展。可以说，现代人们的生活方式已经离不开手机，作为网络新媒体媒介之一，其应用性最广泛、覆盖率最高。

互联网视频是互联网新媒体产业的新兴功能之一，随着网络覆盖率的提高，网络视频正在成为中青年网络使用者最钟爱的应用之一。一方面，随着网络 4G 化的不断发展和网络速度的提升，通过网络视频这种便捷的方式收看各类节目，成为人们日常的生活方式之一；另一方面，人们与网络的互动性逐渐增强，通过网络分享视频也成为很多用户喜欢的行为，网络视频已经成长为用户上网中最核心的应用。

2015年，网络新媒体产业中的手机游戏得到了快速发展。打开手机的各种应用程序，都会为使用者推送手机游戏的广告，在微信、QQ等社交媒体软件中，都有相应的手机游戏功能区供使用者下载和使用。同时，各种各样的小型手机游戏也受到广大手机用户的青睐，比如消消乐，无论是在等车还是在乘车，都可以看到大批人群在玩这款手机游戏。但由于人才匮乏、技术短缺，目前中国自主设计和研发的手机游戏还比较低端，与国外先进的手机游戏生产者所研发的手机游戏产品还有一定的差距。而作为使用者，手机游戏用户也越来越注重游戏的内容，而对来源渠道的关注度大大降低。

随着网络新媒体广告的出现，纸媒广告的盈利压力大大增加，甚至从2012年以来，纸媒广告出现了较大幅度的跌幅，并出现了负增长的现象。网络新媒体对传统媒体的冲击越来越大，由于网络新媒体的广告宣传，通常情况成本较低，且表现形式灵活多样，对观赏者来说吸引力也较大，通常既能收到良好的宣传效果，又降低了宣传成本，这种新的媒体宣传方式正在广泛地应用到各个领域。

与其他网络新媒体产业相比，网络广播产业的规模和前景都很薄弱。其主要原因是网络发展速度慢，尤其是一些网站自主制作、播出的节目都没有特色，不能形成自由的品牌效应，因此也不能引起广泛的关注。互联网为广播电台的发展带来了新的机遇，利用互联网收听广播节目成为广播电台台网融合的基础。利用互联网，可以打破原有传统电台必须实时收听的限制，通过互联网收听广播，既可以实时收听，也可以下载后再收听，不受时间的限制。通过建立一个强大的数据库，可将广播节目收入其中，进行分类，方便用户搜索和浏览，同时也可以将播放模式转化成多种形式，包括网络直播、网络点播和推送式广播等。

2016年1~6月，各类型的网络新媒体使用者数量都实现了快速增长，网络预订、互联网教育、网约车、互联网娱乐等网络新媒体用户数量达到1亿多，网络新媒体的移动化、多元化特征进一步凸显。其中，互联网教育领域进一步得到细化，用户规模不断扩大，服务对象也朝着多元化方向发展，形成了各具特色的互联网教育平台；网约车领域越来越受到社会各界的关注，网约车的合法性也一直备受关注,在网络新媒体发展中,新兴的消费模式和新兴的支付方式,为使用网约车服务的消费者带来了方便,但安全性也受到很多质疑。但随着法律法规的进一步健全,无论是网约车服务还是互联网教育、互联网娱乐,都会朝着有利于人们生活的方向逐步发展。

二、网络新媒体产业安全影响因素

(一) 互联网的安全性

互联网的无限性和其包含的自由,令网民倍感兴奋。国际舆论的舞台在互联网时代的作用日益扩大,互联网引起的社会变革在一定意义上改变了人们的生活,也改变了国家与国家,以及人们相互之间的交往方式与生活方式。随着信息社会的不断发展,媒体与新媒体已经遍布全球,民族主义意识得到加强,大众政治得到进步与发展,这些都说明了当代国际政治格局正在经历非常巨大、非常深刻的变化。当代社会以及国际政治也已经进入到信息全球化的宏伟环境中,而目前国际舆论基本上形成一种"西强东弱"的态势,国际上的政治与权力的纷争愈演愈烈。随着信息全球化时代的到来,各国也将国家战略重点转移到媒体外交方面,国家与国家之间的竞争成为国际话语权以及传播权的竞争。在社交媒体中,每个人既是信息的渊源又是信息的分享者,所以在社交网络里主体与客体的区分已经日益不明显。受众对信息的接受和选择受到兴趣、爱好、索引、人际传播等多方位的影响。在这种情况下,社交媒体就要充分了解受众的需求,利用各种有利的机会与条件,制造话题,引领舆论,展开有效的媒体沟通。

根据 2015 年 CNNIC 的调查数据,随着移动互联网用户的增加,各类社交媒体应运而生,并不断发展成熟。其中,以 QQ、微信为代表的即时通信工具已成为互联网媒体中最重要的应用,其使用率已经达到 90.7% 之多,其他类型的社交媒体使用率仅为 77%。在众多的社交媒体中,以腾讯 QQ 空间、新浪微博、人人网等为代表的综合性社交媒体的使用率仅次于即时通信工具的使用率,达到 69.7%,图片视频社交媒体的使用率位居第三,使用率为 45.4%,社区型社交媒体的使用率则更低,其使用率为32.2%,而婚恋社交媒体和职场社交媒体的使用率更低,分别为8%和2.6%,如图1所示。

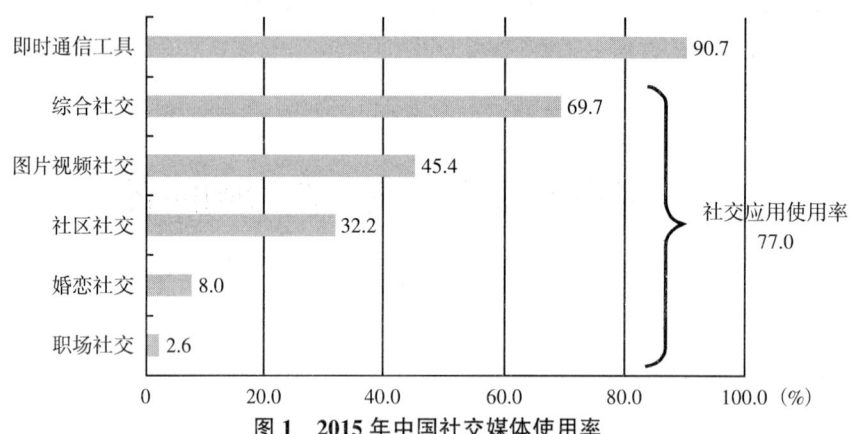

图1 2015年中国社交媒体使用率

资料来源:《2015年中国社交应用用户行为研究报告》。

从细化的小类来看,在即时通信社交媒体中,QQ和微信的使用率最高,QQ的使用率为90.3%,而微信的使用率也达到了81.6%。同时,其他社交媒体软件的使用率最高的仅为21.4%。其中,YY/YY语音的使用率为21.4%,阿里旺旺的使用率为20%,陌陌的使用率为18.9%,QT语音的使用率为9.3%,飞信的使用率为8.6%,百度Hi的使用率为6.9%,易信的使用率为4.5%,人人桌面的使用率为3.3%,米聊的使用率为3.3%,来往的使用率为2.7%,Line连我的使用率为2.2%,微米的使用率为1.7%,Whats-App的使用率为1.6%,Skype的使用率为1.4%,如图2所示。

通过分析可以看出,在主要的社交媒体使用中,微信、微博的使用率比较高,其最大的特点是即时性,用户之间的交流和沟通通过媒体实现即时互动,因此也成为舆论观察最为敏锐的社交媒体。在调查中发现,有62.8%的受访者认为,他们之所以关注微博,主要原因是微博对新闻、热点话题等的响应速度比较快,用户可以即时了解新闻。以新浪微博为例,其已经成为各类重大新闻发布的首选平台,但作为网络新媒体,其舆论的真实性和可靠性也成为大众关注的焦点。由于微博的传播速度和深度都强于其他形式的网络新媒体,因此,每逢社会重大事件,微博就会出现刷屏、大量转载转发的现象,这也从一个侧面反映出微博作为主流社交媒体的重要性。

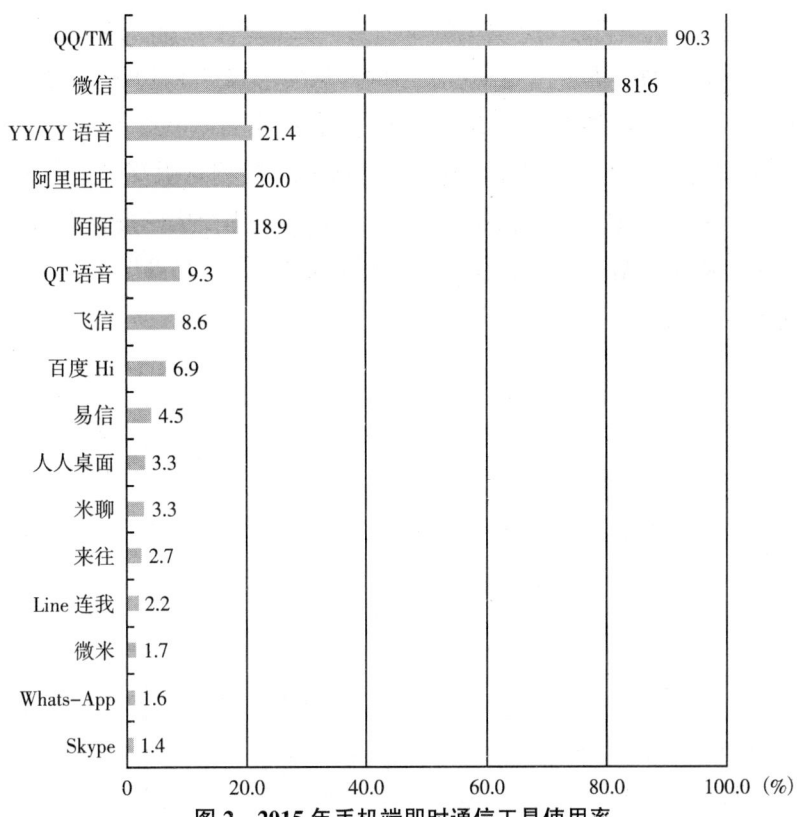

图 2 2015 年手机端即时通信工具使用率

资料来源：《2015 年中国社交应用用户行为研究报告》。

由于微博平台受关注度高，使得微博平台的辐射范围可以涵盖各类人群，且往往所发布的信息关注度比较高，因此，微博的安全性就受到很大的关注。而微博在谣言漫天且传播速度极快的时代，运用其本身的整合能力、权威性，使其得到了广泛的认可，也成为微博能够作为网络新媒体平台拥有很高使用率的重要原因。

而在微信平台上，比普通微博用户更具有权威性的就是微信公众号，很多企业、媒体机构都设定自己的公众号，既可以宣传自己，又可以通过微信公众号传递信息、普及知识、发布新闻。

与此同时，手机客户端对各类搜索引擎的渗透率也很高。2015 年，手机搜索用户使用综合搜索网站或应用的比例最高，渗透率为 90.3%；购物、团购网或者 App 的搜索引擎渗透率为 83.8%，视频网站或者 App 的搜索引擎渗透率为

78.5%,地图搜索引擎的渗透率为76.4%,新闻网站或者App的搜索引擎渗透率为72.3%,以上五种手机客户端搜索引擎的渗透率均超过了70%。而其他的网络新媒体应用搜索引擎渗透率均在70%以下,微信搜索引擎渗透率为62.2%,新浪微博搜索引擎的渗透率为51.3%,分类网站或App的搜索引擎渗透率为49.2%,导航网站或App的搜索引擎渗透率为42.8%,App应用商店的搜索引擎渗透率为42.3%,旅行网站或App的搜索引擎渗透率为38.2%,手机操作系统内置搜索引擎的渗透率为33.4%,如图3所示。

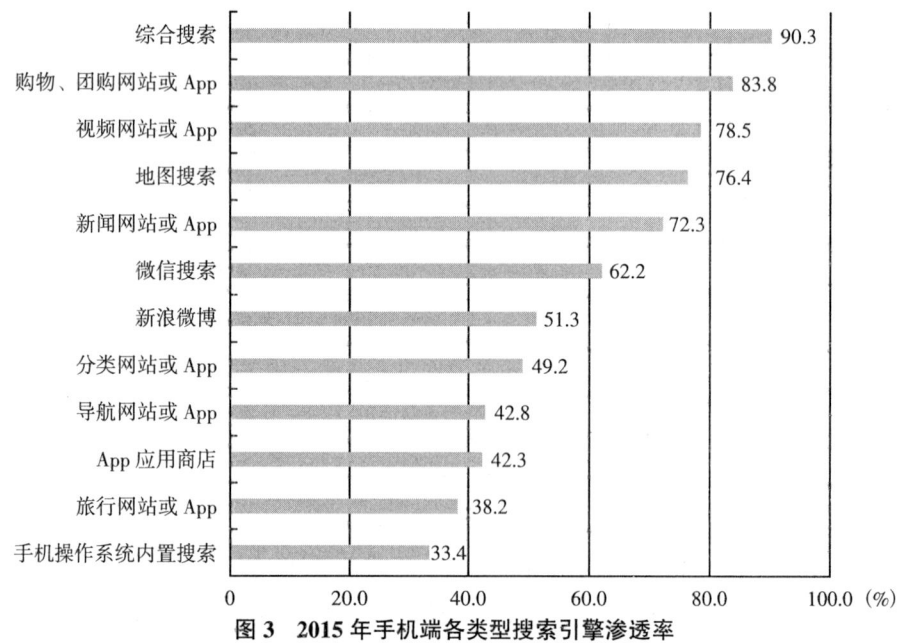

图3 2015年手机端各类型搜索引擎渗透率

资料来源:《2015年中国网民搜索行为研究报告》。

(二)网络新媒体产业成熟性

网络新媒体产业的成熟性体现在两个方面:一方面,社交新媒体的用户对网络熟悉程度较高。根据CNNIC的调查数据,在受访人群中,有5年以上接触互联网时间的人群占到82.7%,其中,有5年以上接触移动互联网时间的人群占到61.7%,绝大部分人都很熟悉互联网。而从上网时间上看,整体上网时长在每天6小时以上的社交用户占受访人群的36.9%,在其中手机上网时长在每天6小时以上的社交用户占受访人群的22.8%；整体上网时长在每天2小时以上的社交用户占受访人群的79.5%，其中手机上网时长在每天2小时以上的社交用户占受访人群的60.5%。很多互联网用户对互联网有很强的依赖性，使用网络或移动网络成为很多人生活中不可或缺的部分。

另一方面，应用社交网络的电子商务模式在不断成熟和丰富。其中，微博、微信、陌陌的商业化用户参与度比较高。在社交媒体中，陌陌的总体参与度最高，总体参与度为51.1%，其中，搜索周边信息参与度为26.4%，付费使用其他应用参与度为20.3%，陌陌付费表情参与度为18.8%，付费开通会员参与度为15.3%，陌陌用户或商家出售的商品参与度为14.3%，在礼物商城中购买礼物的参与度为13.8%，参与网站发起的活动参与度为11.8%，点击站内广告的参与度为9.4%，付费打游戏的参与度为8.2%。微博的总体参与度次之，总体参与度为49.7%，其中，搜索周边信息参与度为26%，点评电影、音乐、美食、酒店的参与度为21.7%，在站内点击广告的参与度为17.8%，站内购买商品的参与度为17.4%，参与网站发起的活动参与度为17.4%，付费打游戏的参与度为12.6%，付费使用其他服务的参与度为11.5%，使用微博支付的参与度为11.1%，付费开通会员的参与度为9.5%。在三种主要社交媒体中，微信的总体参与度最低，总参与度为37.9%，其中，微信支付中所提供的商品或服务的参与度为25%，购买微店商品的参与度为12.1%，点击微信广告的参与度为11.3%，付费玩游戏的参与度为10.2%，购买付费表情的参与度为8.4%，付费使用其他应用的参与度为8%，使用微信城市服务的参与度为7.9%，如图4所示。

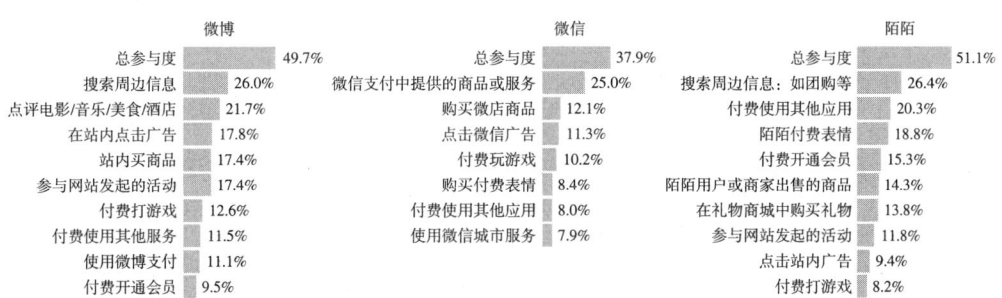

图4　2015年各社交应用用户对商业活动的参与程度

资料来源：《2015年中国社交应用用户行为研究报告》。

(三) 网络新媒体产业结构

网络新媒体产业根据其运营主体业务的不同，可以分为三类，即垂直类网络视听新媒体产业、门户网络新媒体产业、搜索引擎网络新媒体产业。垂直类网络视听新媒体产业由视频网站运营商提供网络视频服务，其中一类是以优酷、土豆、爱奇艺等为主的视频点播类网络视听新媒体，另一类是以 PPTV 和 PPS 为主的直播类网络视听新媒体。

三、维护网络新媒体产业安全的对策建议

在我国，网络新媒体产业还是一个新兴产业，尽管已经形成一定的规模，但与新媒体大国之间还有一定的差距。在网络化的世界中，世界各国都在着力发展新媒体，欧盟的"物联网行动计划"、日本的"新成长战略"、美国的"智慧地球"战略都促进了网络新媒体产业的发展。

(一) 网络新媒体产业模式创新

根据 CNNIC 的调查数据，2015 年以来，随着移动互联网的普及和手机客户端应用程序的发展，网络新媒体产业也得到了一定的发展。通过对网络新媒体使用者的调查，在 App 综合使用率的调查中，从未使用过综合搜索 App 进行过搜索的用户有 27.1%。而在使用过综合搜索 App 的用户中，使用率最高的是进行电影选座购票搜索，其使用率为 40.7%，其次是叫车服务，使用综合搜索 App 的使用率为 38.1%，团购使用综合搜索 App 的使用率为 33.3%，旅行预订使用综合搜索 App 的使用率为 31.4%，外卖使用综合搜索 App 的使用率为 30.3%，使用率最低的是到家服务，综合搜索 App 的使用率为 9.1%，如图 5 所示。

网络新媒体的另一个应用领域就是互联网广告，随着互联网产业的发展，互联网广告的市场收入也在不断增长。根据 CNNIC 的调查，百度网络营销 2015 年度的总收入为 640.37 亿元，与 2014 年同期相比增长了 32%；搜狗网络营销 2015 年的总收入为 5.92 亿美元，与 2014 年同期相比增长了 53%。但互联网广告发展

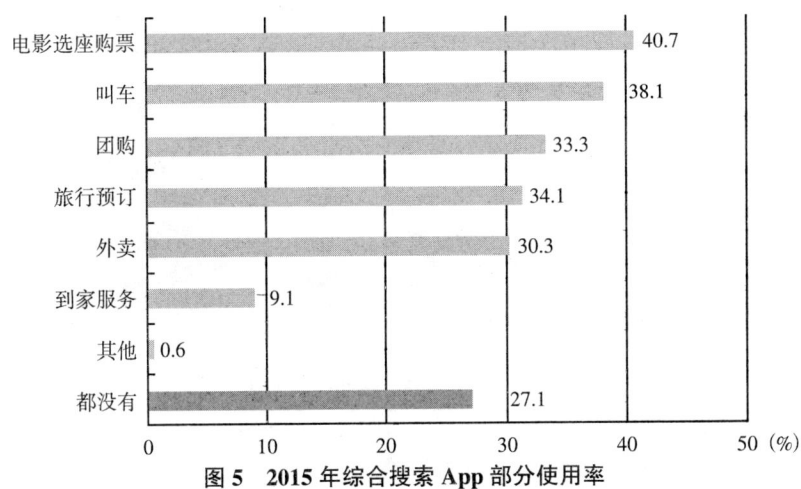

图 5 2015 年综合搜索 App 部分使用率

注：到家服务是指家政服务、洗衣、按摩、美容美甲等，不包括外卖。
资料来源：《2015 年中国网民搜索行为研究报告》。

中所产生的虚假广告、欺诈行为使互联网广告的受信任度大大降低，公众在浏览互联网广告的时候，很多权益得不到保障。在互联网广告未来的发展中，要建立网络广告规范机制，保护使用者的合法权益，维护正常的市场秩序，规范和促进互联网广告健康有序发展，使互联网广告能够起到有效的宣传作用，推动经济的发展。2015 年 7 月 1 日，国家工商行政管理总局发布了《互联网广告监督管理暂行办法（征求意见稿）》（以下简称《办法》）。该《办法》第十六条规定："通过门户或综合性网站、专业网站、电子商务网站、搜索引擎、电子邮箱、即时通信工具、互联网私人空间等各类互联网媒介资源发布的广告，应当具有显著的可识别性，使一般互联网用户能辨别其广告性质。付费搜索结果应当与自然搜索结果有显著区别，不使消费者对搜索结果的性质产生误解"，对互联网广告的"可识别性"问题做出了明确规定。可见，《办法》明确搜索引擎付费搜索结果属于通过"搜索引擎"这一互联网媒介资源发布的广告，且要求其须"与自然搜索结果有显著区别"以使互联网用户能够辨别其广告性质。图 6 所示为 2014 年 6 月和 2015 年 12 月用户对搜索引擎广告的信任情况。

（二）互联网管理体制创新

对于中国和美国来说，网络新媒体产业发展的价值是完全不同的。对于中国来说，网络新媒体促进了社会的平等化和特权力量的消失，这对于中国社会发展

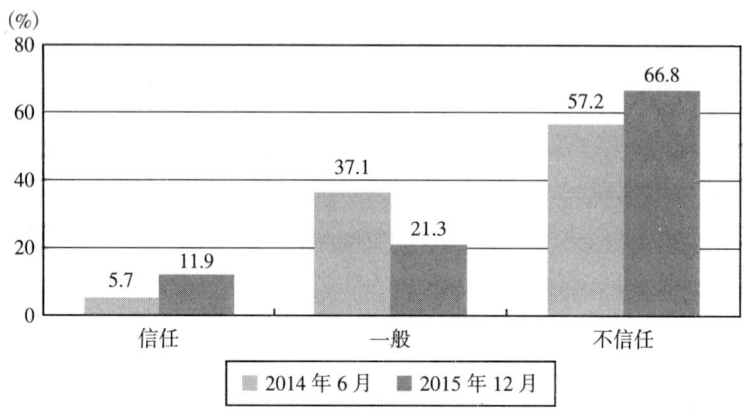

图6 2014年6月和2015年12月用户对搜索引擎广告的信任情况
资料来源:《2015年中国网民搜索行为研究报告》。

来说意义重大。而对于美国来说,则是促进了技术进步和技术创新的突破,对经济发展的意义大于社会发展的意义。互联网作为网络新媒体产业发展的基础,作为文明、文化、价值观的传播主体,承载着的不仅是技术的更新,更重要的是文明的传承。互联网倡导平等的价值观,每一名普通公民都享有平等的话语权;互联网倡导开放精神,为公众提供社交、沟通的平台;互联网倡导共享精神,每个人都可以通过互联网与他人分享成就与喜悦;互联网倡导自由精神,给每一名公民表达自己的权利;互联网倡导创新精神,促进社会不断进步和发展。互联网和手机的普及使更多的人享受到互联网为生活所带来的便利,手机作为移动互联网的载体,已经成为人们生活中不可或缺的部分,甚至成为了人体的电子器官,因此,对互联网的管理将成为促进网络新媒体产业安全的重要因素。

(三) 互联网技术发展和技术提升

随着互联网的发展,信息传播的方式发生了变化。人们的生活习惯也在随之发生变化,无论在何种场合,都可以看到手持手机不断翻看的人群,人们的生活已经离不开手机。截至2016年6月,从绝对数量上看,中国已有网民人数达7.1亿人次,与2015年12月统计数据相比,新增网民212万人次,网民人数提升了1.3个百分点,互联网全民普及率已达到51.7%。其中,以手机浏览方式为主体的网民数为6.56亿人次,与2015年12月统计数据相比,手机网民人数增加了3656万人次。从相对数量上看,以手机浏览方式为主的网民数占全部网民数的比重由2015年12月的90.1%增加到92.5%，网民上网习惯逐渐趋于移动化。如今，互联网已成为人们生活中的一部分，手机更是成为其中大多数人获取信息的主要方式，网络信息技术的发展和提升对于网络新媒体产业安全来说意义重大。

（四）国家网络安全战略

美国是互联网科技大国，对互联网拥有控制权和管理权，随着互联网技术的不断革新和信息化社会的不断发展，互联网已走入人们的生活，影响着人们的生活，改变着人们的生活方式。目前，美国掌管着世界上已有的全部13台根服务器，在全球43亿互联网IP地址总量中，已经有其中的2/3完成了分配，并且其中1/4的IP地址分配给了美国，约为12亿个。在网站访问量的统计中，目前世界上有约7240万个网站，其中属于美国的网站有5314个，占全部网站的比例为73.4%，而在这些网站中，访问量最多的网站有94%设在美国。在互联网信息传递的语言统计中，以英语为网页显示语言的网站占到了90%以上，中文网站的信息资源数量仅为0.4%，更为值得关注的是，全球6000多种语言中的很多语种已经消失，可见美国对互联网的统治能力。与此同时，世界上绝大多数网络安全服务公司也坐落在美国。

微博有其自身的传播规律，往往在事件刚刚发生之时，在微博上出现的基本都是对事件发展过程的实时报道，包括事件的发生地点和发生时间等。一般在事件发生一段时间以后，微博上传播的特点就转化成以追查事件真相和发生事件的原因为主，并且更加关注官方对事件的处理结果。然而，维护国家形象的言论会受到舆论的攻击，来自不同群体的人群能够在这方面达成一致，而到了最后，则以对事件的评论和反思为主。与此同时，互联网传播还有短暂性的特点，掌握和利用互联网传播的这些特点，有侧重地开展网络媒体外交，谣言就不会在网络上传播。

以美国的网络新媒体发展为例，随着网络新媒体的发展和人们对社交媒体的广泛应用，传统的教育方式已经越来越少地被年轻人所接受，而好奇心往往促使他们对新鲜事物的追求，因此，在美国年轻人更加容易接受新式的美国价值观，同时这也使年轻人的文化基础都在不断发生变化。

随着互联网的发展，虚拟空间主权成为被广泛关注的问题不断地浮出水面。

虚拟空间主权对国家虚拟空间安全有着重要的影响。在虚拟空间的争夺中，各国的竞争将越来越残酷、越来越激烈。2014年在巴西举办的互联网全区会议，有来自全世界的企业、公民、政府、社会组织的代表共计800余人参加了互联网治理领域的这次首次举行的会议。在会议讨论后形成一份12页的文件，但遗憾的是，这份成果性文件并没有在与会者之间达成共识，此次会议后，各国政府仍延续以往的互联网管理方法，也坚决捍卫本国政府对国内网络的管辖权和管理权。

然而在现实中，国家政府和地方政府大都对本区域的互联网拥有着管辖权，并在互联网管理中发挥着重要的作用，互联网安全将对政府治理产生重要的影响，无论是对社会平等的体现还是在大数据信息的处理中，互联网都发挥着至关重要的作用，而互联网安全也就成为不得不关注的问题。

治理挑战源于网络空间是虚拟资产的组合，既不存在地域界限，也不属于实体基础设施，因此不受司法主权管辖。对实体层的控制，可以对虚拟层产生域内和域外管辖影响。与此同时，可以从低成本的虚拟领域，对资源稀缺而昂贵的实体领域发动攻击。网络空间让越来越多的人更容易相信维护网络安全是政府的一项传统职能。越来越多的不安全因素，会导致政府在网络空间更为活跃。宣扬网络战争可能有些夸大其词，但网络间谍活动的确非常猖獗，30多个国家政府据说成功发展了应用网络武器的指导原则和攻击能力。自2009~2010年间震网病毒被用于破坏伊朗核计划后，各国政府便非常认真看待网络武器的威胁。政府希望保护社会不受互联网内容的损害。我国政府不仅建立了用于软件过滤的"长城防火墙"，还规定企业承担审查其刊登内容的职责。在受到攻击的情况下，我国也有能力减少其互联网连接。这对于网络安全有着重要的意义。

在创建国际互联网治理规范上，我国和俄罗斯等国家寻求的是"信息安全"，这与西方民主国家追求的"网络安全"并不相同。对我国而言，国家主权、安全和发展策略更为重要，这意味着今后还会有很多有关互联网治理的工作要做，对于网络新媒体产业发展也有着重要的影响。

(佟东，本文原载于《中国新媒体产业安全报告》2017年版)

中国出版传媒产业安全

摘 要: 出版传媒产业安全是出版传媒产业生存和发展不受威胁的状态。文章从出版传媒产业安全的界定、出版传媒产业安全与国家安全的关系、影响我国出版传媒产业安全的主要因素、出版传媒产业安全评价的方法、出版传媒产业安全预警的方法等几个方面来诠释出版传媒产业安全。

关键词: 出版传媒产业安全;影响因素;评价方法

一、出版传媒产业安全

(一) 出版传媒产业安全的界定

1. 出版传媒产业

产业是在社会分工基础之上形成的,是社会生产力发展到一定阶段的成果。在社会经济活动中,一些具有同类生产技术特征或产品特征的经济活动的集合就形成了一个产业。虽然出版活动在中国有着很长的历史,但是出版传媒被称为产业的历史并不长。造成这一现象的主要原因是,长期以来在出版传媒业的文化属性和经济属性两个属性中,文化属性受到了重视,而经济属性则没有得到应有的重视。

从新中国成立到20世纪80年代,出版活动在中国一直被称为出版事业,当时的出版机构是不以盈利为目的公益性事业单位。出版事业最重要的使命就是维护现行政治体制的合法性，宣传党和国家的路线、方针、政策，维护国家的安定团结，是舆论工具，当时强调的是出版活动的文化属性。直到 20 世纪 90 年代，随着社会对出版活动的经济属性越来越重视，出现了"出版产业"的说法。同时，中国的出版行业开始了市场化和产业化运作，成为真正的产业。新世纪的到来拉开了中国出版行业转企改制的帷幕，到 2010 年，中国出版业的转企改制基本完成。随着信息技术革命的不断深入，出版业的内涵也在不断丰富、逐步扩大，传统的出版概念已经不能完全覆盖出版活动了，于是"出版产业"逐步扩大到了"出版传媒产业"。

在现有的文献中，对出版传媒产业的定义主要有：

(1)《世界版权公约》（联合国教科文组织）：可供阅读或者通过视觉可以感知的作品，以有形的形式加以复制，并把复制品向公众传播的行为。

(2)《中华人民共和国著作权法实施条例》：出版是将作品编辑加工后，经过复制向公众发行。

从产业链的角度来看，出版产业主要包括编辑、印刷和发行三个环节。而编辑出版领域涵盖了报纸、期刊、图书、音像的出版，还包括数字和网络等出版形态；印刷领域则包括印刷设备生产、电子出版设施设备生产制造、复制设备生产制造、印刷、磁介质生产、复制生产等；发行包括电子文献在线传递、零售、出版物批发等。另外，和出版活动密切相关的出版创新、版权交易、广告推广等活动，都可以归类到出版传媒产业中来。这些领域有的已经超出了传统的"出版产业"概念所覆盖的范围，所以本研究使用"出版传媒产业"这个概念来指涉已经扩大了内涵的出版产业。

根据国家统计局的新国家标准《国民经济行业分类》（GB/T 4754-2011）国民经济行业分类中有关出版业的具体分类，出版业的子行业包括期刊出版、报纸出版、图书出版、电子出版物出版、音像制品出版和其他出版。在实际操作中，我国每年的新闻出版统计年报和自 1980 年起每年出版的《中国出版年鉴》一般都以报纸、图书、期刊、电子出版物、音像制品和互联网出版物这六种出版物的编辑加工、复制和发行等一系列活动作为统计对象的。因此，本课题在研究中也以这些领域作为研究对象。

2. 出版传媒产业安全

"安全"一词在《现代汉语词典》里的解释是"不受威胁，没有危险"，从不稳定状态和不安等心态中解脱出来的状态，进而引申为脱离危险的安全状态。许多学者认为，安全是二元的，既具有主观性，又具有客观性。阿诺德·沃尔弗斯（Arnold Wolfers）（1962）说："所谓安全，从主观意义上来说，是指不存在价值受到攻击的恐惧感，从客观意义上来讲，是指所拥有的价值不存在现实的威胁。"[1]

所谓产业安全，就是指特定行为体自主产业的生存和发展不受威胁的状态。[2]产业安全在一个国家的经济安全中占有相当重要的地位。如果产业安全得不到保障，那么国家的经济就会出现不安全的问题，进而会使整个国家的安全都会面临严重的问题。产业安全可以分为产业结构安全、产业组织安全、产业政策安全和产业布局安全几个方面。而影响产业安全的主要因素可以分为外部因素和内部因素两个方面。

出版传媒产业安全至今还没有明确的定义，参照李孟刚（2012）《产业安全理论》中对产业安全含义的阐释，本研究将中国出版传媒产业安全界定为：中国出版传媒产业在生存和发展过程中不受威胁，能够自主、健康、有效地发展。具体可以从以下几方面理解：首先，本概念的主体特指的是中国出版传媒产业，包括报纸出版、图书出版、期刊出版、电子出版物出版、音像制品出版和其他出版，涵盖编辑、印刷和发行三个产业环节；其次，从产业安全内部影响因素看，是指国内出版传媒产业的生存和发展不受威胁的状态；最后，从产业安全外部影响因素看，是指出版传媒产业安全不受外界的威胁。

3. 出版传媒产业安全的内涵

出版活动是一种特殊的经济和文化活动，它包含了许多特定的经济、政治和文化意义，所以出版传媒产业的安全也涵盖了经济、政治和文化等方面。

从产业组织的角度看，出版传媒产业的安全首先是出版传媒体制的安全，出版传媒体制是国家制定的出版传媒产业的组织方式，其中包含了一系列出版传媒产业政策和法律规定。出版传媒产业的组织方式会随着国家政治、经济、文化体制的改革而进行调整，其目的就是要有利于维护国家的根本制度，有利于促进国

---

[1] Arnold Wolfers. Discord and Collaboration [M]. Baltimore, Johns Hopkins University Press, 1962.
[2] 李孟刚. 产业安全理论研究（第3版）[M]. 北京：经济科学出版社，2012.

民经济的发展，有利于提高人民的物质文化生活水平。总而言之，出版传媒产业的体制只有与国家的经济体制、政治体制、文化体制相适应，才是出版传媒产业体制的根本安全。

从产业结构的角度看，出版传媒产业安全是出版传媒市场机制的安全。和体制相比，机制要微观一些，出版传媒市场的机制决定了市场的开放度和竞争度，调节市场的供需结构。在市场机制的把握上最能体现出管理部门的监管水平，如果市场的开放度过低，竞争不充分，那么就不利于出版传媒企业的长远发展，也不能充分满足市场的需求；如果开放度过高，则有可能导致无序竞争，伤害基础薄弱的民族企业。要让出版传媒市场健康发展，必须在市场运行机制上，把握好"度"，让市场的供给结构和需求结构平衡，通过适度竞争，促进出版传媒市场的平稳、健康发展。

从产业布局的角度看，出版传媒产业安全是出版传媒产业链各个环节的安全。出版传媒产业覆盖了编辑、印刷和发行三大环节，如何促进各个环节协调发展，是摆在出版传媒产业面前的一个极具挑战性的问题。目前，我国出版传媒产业的编辑领域没有对外开放，而印刷业和发行业都已经放开。要想保证出版传媒产业的安全，就必须做到收而不僵、放而不乱，使整个产业在内容生产、产品生产和出版贸易几个方面都协同发展。另外，中国地域广阔，地区发展不平衡，如何让地方的出版传媒产业发展适应当地经济发展的要求，也是一个重要的问题。

从产业政策的角度来看，出版传媒产业安全是决策机制的安全。要想保证产业政策目标的正确性和政策措施的有效性，就必须建立科学的决策机制，保证监管部门对出版传媒市场的监管。监管部门的管理既要估计出版传媒产业的经济属性，又得考虑其文化属性，保证出版内容有利于先进思想文化的传播，有利于中华民族经典文化的传播，有利于整个社会正能量的传播，同时还要顾及出版传媒产业自身的发展和壮大。

（二）出版传媒产业安全与国家安全

由于出版传媒产业具有经济和文化双重属性，那么其对国家安全的影响就可以从经济和文化两方面来考查。

1. 出版传媒产业安全对国家经济安全的影响

出版传媒产业转企改制以来，产业的经济属性愈加突出。随着出版业的市场化，出版传媒市场的竞争全面展开。中国的出版传媒产业已经融入到了国民经济发展中，从原有单一靠自身经验积累的发展方式，逐步进入到与相关产业融合共赢发展的时代。出版传媒产业与相关产业之间的联系更加密不可分，出版传媒产业与整个社会经济发展的关联度不断提高，给出版传媒产业的发展带来了前所未有的机遇。出版传媒产业涉及的行业众多，其中编辑出版业囊括了期刊、图书、报纸、音像出版行业，还包括了网络和电子等新兴的出版形态；印刷业则涵盖了印刷设备生产、电子出版设施设备生产制造企业、印刷企业、磁介质生产企业、复制设备生产制造企业、复制生产等相关行业；发行业则覆盖了批发、网上订制、电子阅读传递、线上线下零售等相关行业。与出版活动密切联系的版权交易、出版创新、资本运作、企业管理、广告推广、市场营销等市场商业活动，和出版相关的公共事业、社会活动，以及政策协调、政府管理等政府活动都为出版传媒产业带来了有效的经济产出。

根据国际上通行的产业划分标准，出版传媒产业中印刷以及和印刷相关的生产活动属于第二产业中的制造业；而出版传媒产业中的编辑、出版、发行等相关活动则属于第三产业中的服务业。出版传媒产业横跨了第二、第三产业，在国民经济中有着重要的地位。出版传媒产业通过延伸其产业链，在更大的时空中聚敛资源，调集资源、链接资源、能在社会资源最大化的配置中，生产出更多的社会财富。

从现实发展来看，根据《2012年新闻出版产业分析报告》，2012年，全国出版、印刷和发行服务实现营业收入16635.3亿元，全国新闻出版业直接就业人数为477.4万人（不包含数字出版、版权贸易与服务、行业服务与其他新闻出版业务单位就业人员）。中国是世界第三大印刷产业基地，在光盘复制业，目前中国光盘产量约占全球总产量的1/4。中国的出版传媒产业已经基本形成了以报纸、图书、期刊、电子、音像、网络等媒体的出版、复制、印刷、运营、发行等为主，包括出版科研、版权代理、出版教育、出版物资供应、出版物进出口等附属门类完整的产业体系。

与其他实体经济产业相比，出版传媒产业具有明显的跨行业性特征，有着独特的产业链，具有与相关产业联系密切的优势，出版产业链的延伸，可以使出版业由主业市场向相关联市场拓展，在关联性市场的开拓中形成更多的产业支撑点，从而不断"制造"出新的社会需求，催生出新的产业，有力地拉动经济的发展,在一定程度上成了国民经济发展的催化剂。

另外,世界经济的发展已经站在了知识经济时代的面前,知识经济是社会经济发展的必然趋势,一切产业都不应回避,也不可能回避。知识经济时代为文化产业的发展提供了平台,更为作为文化产业中核心部分的出版传媒产业的发展提供了天地。信息技术为出版传媒产业的发展提供了许多可供使用的高科技成果,诸如各种各样的计算机排版印刷技术系统、电子出版技术系统以及信息载体技术等。同时,出版传媒产业也是知识经济发展的有力支撑。知识经济离不开出版传媒产业,出版传媒产业是知识经济发展的重要推动力。知识经济是由知识创新、知识传播、知识应用三大要素构成的。其中,知识传播分为知识直接传播和知识间接传播,出版传媒产业是知识间接传播和传承的主要渠道。

知识经济的发展让出版传媒产业成了新的经济增长点,在未来经济中,出版传媒产业的作用会越来越大。随着出版传媒产业在经济中作用的增强,出版传媒产业的安全在国民经济安全中的地位也越来越重要。由于出版传媒产业是未来经济新的增长点之一,那么它的安全也就关系着中国未来的经济能不能健康、平稳地发展。

2. 出版传媒产业安全对国家文化安全的影响

出版传媒是文化传承的重要渠道,是文化的重要组成部分,在保障文化安全、繁荣文化发展方面肩负着重要责任,发挥着不可替代的作用,出版物直接作用于人的思想意识,具有明显的意识形态属性。在全球化大潮的冲击下,文化安全问题已经成为了当今时代一个世界性课题,包括发达国家在内的各个国家都必须客观面对。对于发展中国家,特别是具有文化独立性、方向性和主导性的社会主义中国来讲,出版传媒产业势必会成为不同思想文化冲击的对象,受到不同意识形态的激荡。

目前,出版传媒业发展的一个重要趋势就是大型跨国出版集团的不断扩张和资本的国际化流动,国际出版传媒产业走向垄断和集中化。发达国家的大型出版企业集团通过兼并、联合、重组等方式实现规模扩张。从 20 世纪 80 年代开始,许多著名的出版集团开始了世界范围的大规模扩张,大型出版集团之间的相互投资兼并。其中,美国出版传媒市场中的兼并最为明显,21 世纪初,美国前 20 家规模最大的出版公司的年销售收入占了全美总销售收入的 75%、利润的 50%。经过了兼并重组的西方发达国家的出版传媒集团经济实力雄厚,有着丰富的市场经验和强大的竞争力。产业的高度集中化推进了发达国家出版业集团化的发展进程，而这种快速成长又强化了世界范围内出版业集中化的格局，使得强者更强，而弱者很难有机会变强。经济和文化的力量往往是互为依托的，在不公平的国际政治经济秩序背景下，在强势经济的支持下，西方文化在世界文化格局中占据了主流地位，并通过各种传媒手段，包括出版传媒，向其他非西方文化植入西方的价值观和生活方式，极大地影响着许多不发达国家原有的文化价值体系，威胁着这些国家的文化安全。

我国正处于社会主义初级阶段，正处于社会变革的转型期，经济成分和经济利益多样化，各种社会生活方式、思想观念大量涌现，良莠不齐。中国出版传媒产业相对于外来的出版传媒集团，经营理念、资源配置、机构体制、市场建设都远远落后于西方发达国家。我国的出版传媒业的产业化正处于初级阶段，出版传媒文化产品的综合竞争力和核心竞争力还很弱，生产力水平还很低。文化市场呈非对称性开放，出版传媒生产的经济效益与社会效益关系处理尚不协调，国际出版贸易不平衡，知识产权冲突加剧，所有这些都对我国出版传媒产业的安全构成了严重的威胁。

在这种情况下，如果闭关自守、畏缩不前，则永远跟不上世界潮流，会变得越来越落后、脆弱。只有发展自己，主动投身于全球出版传媒市场，与外来出版传媒文化进行交流、融合，才能在竞争中发展，在交流中提高，从而不断壮大。但是在对外交流和自我发展的过程中，必须要高度重视出版传媒产业安全，因为出版传媒产业的安全关系着国家的文化安全，进而会影响到国家的安全。

二、出版传媒产业安全的影响因素

（一）影响我国出版传媒产业安全的内部因素

影响产业安全的内部因素，通常是指产业所在国内生的对产业生存和发展造成影响的因素。刚刚经过转企改制的中国出版传媒产业正处于转型期，面临着许多新的挑战。然而，多年来，中国出版传媒产业结构上表现出一些新的变化，应受到广泛的关注。

1. 转企改制因素

改革开放之前，中国出版传媒业一直在计划经济的轨道上运行。进入到 21 世纪后，我国的出版传媒业开始了转企改制行动。2002 年中共十六大做出深化文化体制改革、发展文化事业文化产业的战略部署，经过了几年的努力，新闻出版事业单位转企改制工作已初步完成。截止到 2010 年底，除了国家政策拟保留的事业性质的少数公益性和军队系统出版单位以外，全国经营性出版单位已基本完成了转企工作。各出版社注销了事业编制和事业法人，注册了企业法人，全员加入了企业社会保险，从事业单位转变成了企业。仅中央单位所属的应当转企的 145 家出版社已经核销事业编制 18000 多名，新闻出版单位不再是事业单位身份，而成为了出版传媒市场上的竞争者。2011 年 5 月，《中共中央办公厅、国务院办公厅关于深化非时政类报刊出版单位体制改革的意见》出台，明确提出在 2012 年 9 月底前全面完成转企改制任务。目前相关数据显示，全国承担改革任务的 580 多家出版社、3000 多家新华书店、38 家党报党刊发行单位等已基本完成转企改制工作。

此次转企改制工作所取得的成就是有目共睹的，不过转企改制并不能一次性地解决脱胎于计划经济体制下的中国出版传媒业的所有问题。中国的出版传媒业在从政府主导转为到市场主导的过程中，遇到了许多新的挑战。要解决这些问题，出版传媒产业的发展还必须进一步深化改革，以适应出版传媒市场的需求。纵观中国的出版传媒业，转制后对中国出版传媒产业安全的影响主要体现在以下几个方面：

（1）不完善的企业制度制约出版传媒产业的发展安全。现代企业制度，是一种科学的体制系统，体现了现代企业的发展方向，是出版企业做大做强的制度保障。从事业单位转变为企业单位，并不仅是换一块牌子的问题，而是需要从单位的体制、制度、运行机制上进行全方位的变革。目前有些出版单位虽然已经完成改制，但是现代企业制度尚未完全确立，由此导致生产能力远远不能满足现代出版传媒市场的需求。由于我国出版业的转企改制的主要推动力量不是来源于生产者——出版单位本身，而是由外在的力量，也就是政府主导的，这就造成了出版单位内部自生的改革动力不足，结果是许多出版单位处于被动改革的地位，转企改制的积极性严重不足。有些改制不彻底的企业存在产权不清晰或保留着部分事业编制的问题。有些出版单位在完成了转企改制后，出现了一种令人尴尬的局面，除牌子上多了"有限责任公司"的字样外，并没有多大的实质性变化；董事会、监事会也几乎只是一种摆设；未能建立有效的市场运作机制。因此，如何在产权制度、组织结构、管理模式、人事制度、分配方式等方面建立完善的现代企业制度，是改制后的出版单位面临的首要任务。

（2）市场竞争不充分未能解决出版传媒产业生产安全问题。出版传媒产业转企改制的目标之一就是使企业成为市场的主体。作为市场主体的企业，追求利润应当是其本性，在满足社会需要中追求自身利益最大化，这有赖于成熟的市场体系。然而，我国的出版传媒市场呈现出的是不完全竞争的市场特征。尽管转企改制已经初步完成，但是许多出版传媒企业的观念还没有完全转变，计划经济时代出版社条块分割，转企改制后，许多出版社没有找准自己的发展定位，于是有些地方出现了出版业的结构失衡、特色不明、精品鲜见、原创乏力的局面。再者，由于书号资源供给和行政垄断的保护，很难真正形成充分的市场竞争，大的出版企业难以通过市场兼并迅速增强实力，弱小的出版社也难以退出市场。还有，民营资本在出版传媒市场上的参与度还远远不够。尽管有了这些政策，目前，民营资本进入出版传媒产业的还不多，还没有真正形成力量参与出版传媒市场的竞争。

过度竞争和竞争不充分都不是理想的市场结构，二者均是对资源最优配置的偏离。市场经济体制下的资源配置是要通过市场竞争来实现的，如果没有竞争有序的出版传媒市场，就会影响和制约出版企业作为市场主体参与竞争。其结果就造成了产业结构趋同、产业集中度低、资源配置不尽合理、市场分散和地区封锁严重，从而影响整个国家出版传媒产业的竞争力。因此，在现有情况下，如何通过市场竞争来实现多元化资源的整合，优化出版资源配置，达到强强联合，实现互利共赢，是提高整个出版传媒行业的竞争力以应对日益激烈的国际竞争不可回避的问题。

（3）市场监管体系不健全威胁出版传媒产业生存安全。要给转企改制后的中国出版传媒企业提供更为宽广的发展空间，就必须设法提高市场监管水平。但目前，我国出版传媒业的产业化尚处于初级阶段，市场的立法还不完善，还没能形成一个健全的出版传媒法规体系。另外，执法监督还有很多不到位的地方。对于属于企业的权利要坚决放开，给企业以自主权。对于属于监管部门的职责，必须监控到位,要加大出版业立法、执法力度,依法行政,依法监管。市场监管部门在给予出版企业自主经营、自由竞争空间的同时,要强化追究制,对不合格的企业该淘汰的就坚决淘汰。

另外,要很好地发挥行业协会的作用,让行业协会真正成为政府监管与企业自我约束相配合的桥梁和纽带。如何调动行业协会的积极性,让它们努力去建立行业的信誉评估制,以便通过行业内部对企业在规范管理、质量效益、市场信誉等方面的考评,为监管部门提供加强管理的有效参数,为企业争取最大的发展空间,这是目前摆在中国出版传媒业面前的一项紧迫任务。

2. 产业结构因素

作为国民经济中一个重要部分的出版传媒产业,其产业结构是指出版传媒产业与其相关产业之间,以及出版传媒产业内部的结构状况。由于受过去计划经济体制的影响,长久以来,我国的出版传媒产业结构就是影响其产业安全的主要因素。出版传媒产业结构因素应得到及时的关注和解决,这将对出版传媒产业的生存和发展安全产生广泛影响。

(1) 产业集中度是制约出版传媒产业安全的重要因素。从20世纪后期开始,全球出版传媒市场掀起了一浪高过一浪的并购潮,各大出版传媒集团经过一系列的联合、兼并和重组,形成了培生集团、励德·爱思唯尔、汤森路透、威科集团、阿歇特出版集团、贝塔斯曼集团、麦克劳希尔教育集团、施普林格、哈珀·柯林斯等一个又一个的跨国出版传媒巨头。跨国出版传媒集团的发展呈现出明显的规模化特征,取得规模是跨国出版集团发展的一个重要目标。这些出版传媒集团实施扩张战略,通过不断的资本运作,实现规模经营和规模效益。同时,这种规模效益又足以从资金、技术、管理和市场等方面支持其继续实施扩张战略,这种规模化的扩张策略打造出了一艘艘出版传媒市场上的巨型"航空母舰",为这些跨国集团带来了竞争优势。

可以说,一个国家出版传媒产业的国际竞争力和发展水平,主要是由这个国家大型出版传媒集团来决定的,我国的出版传媒产业缺少的就是这种有强大竞争力的大型出版传媒企业集团。2000年,我国出版社 CR4(4个最大的出版企业占整个市场的份额)为5.6%,CR_8 为9.37%,CR_{37} 为28.5%;而美国20家最大出版企业1997年的销售收入几乎占了当年美国整个出版业收入的85%,2009年美国出版传媒产业的行业集中度显示,CR_4 达到了30%。

转企改制之后的中国出版传媒产业组建出版集团就是要扩大自己的规模,增强竞争力。但是我国组建的出版集团的规模和跨国出版集团的规模相差很多,2012年世界前50大的出版传媒集团,我国只有中国教育传媒集团一家,排名第37位。

另外,我国改制后组建的出版传媒集团还没有经过市场竞争大风大浪的洗礼。其结果是,我国出版企业竞争力很难增强,资源配置分散,难以形成规模效益。

(2)产业发展不平衡威胁出版传媒产业结构安全。从出版传媒产业的产业链来看,产业的上下游发展不平衡。一个健康的产业应该是比例结构合理、内外联系顺畅、反应机能灵敏的产业。而我国出版传媒产业中,处于产业链上游内容生产环节的编辑出版力量较弱,而位于下游的印刷复制环节则较强,产业链的上下游呈上窄下宽,很不平衡(见图1)。

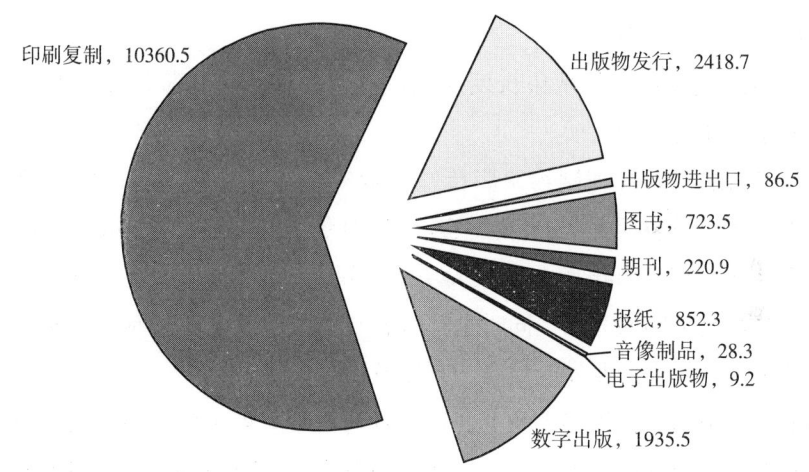

图1　中国出版传媒产业各类业务营业额对比(单位:亿元)
资料来源:《2012年新闻出版产业报告》。

出版传媒产业链的不平衡使得上下游产业链各个环节相互离散,结果是整个产业专业化协作水平较低。西方发达国家出版传媒产业的生产和再生产的几乎所有环节,都是通过专业分工和社会化生产来完成的,具有非常高的市场化程度。而在我国,出版过程中除了部分撰稿和销售环节外,其余环节都是在出版社内部完成,市场化程度很低。由于整个产业的专业协作水平低,内外协作不顺畅,为了各自业务的需求,各个出版企业内部的部门设计往往就求全面完备。我国的出版社几乎每家都设有编辑部、出版部、发行部三大主体业务部门。这种部门结构麻雀虽小却五脏俱全,导致了出版单位无法集中精力专营主业,相同职能机构重复设置。整个产业内部各组织之间缺乏专业协作,提高了整个出版传媒产业的运营成本,降低了整个行业的生产效率。

(3) 地区发展不均衡威胁出版传媒产业布局安全。我国出版传媒产业的地区差异巨大,特别是中东部地区和西部地区的差异,出版传媒产业在中部和东部沿海地区的发展较快,而在西部地区则要滞后许多。根据《2012 年新闻出版产业报告》出版传媒产业总体经济规模综合评价,广东、北京、浙江、江苏、上海、山东、河北、四川、安徽、福建依次居全国前 10 位,10 个省(直辖市)合计占到全行业营业收入的 73.8%,增加值的 71.3%,总产出的 73.8%,资产总额的 71.7%,所有者权益(净资产)的 70.6%,利润总额的 66.3% 和纳税总额的 70.7%。那么剩下的 21 个省(自治区)(不包括港澳台地区)各项经济指标占全行业的比重都只有 20% 多。

如果地区差异过大的现象长期存在,就会影响我国出版传媒产业的整体布局,不利于产业的长期发展。

(4) 产品结构不合理制约出版传媒产业安全。从现代出版市场的角度来划分,出版产业门类包括大众出版、教育出版和专业出版三大类。大众出版、教育出版、专业出版对应着出版业的三大功能:娱乐(文化)、知识和信息。不同的类别要满足社会不同的需求,同时也都有各自的发展特点。只有三者兼顾,协调发展,整个出版传媒产业才能健康、有序发展。

而如今的中国出版传媒市场上,这三者的关系严重失衡,突出表现为出版传媒产业对教育出版的高度依赖,教材和教辅成为支撑我国出版产业的主要出版物类别。在 2006 年左右,教育出版在出版产业中占比高过 70%,即使经过了几年努力的调整,现在教育出版也在出版市场上占据了超过 51% 的份额。

当然,在大众、教育和专业出版这三者中教育出版的盈利最高而且稳定。但是如果各个出版社都来抢这个市场,而忽视另外两个市场的话,一方面将会造成在教育出版市场上的重复出版,恶性竞争,出版物品种单一;另一方面则会忽视另外两个市场的需求,造成大众出版失范,专业出版式微。三者越来越难以协调,其结果是对出版传媒产业自身的发展造成伤害。

（二）影响我国出版传媒产业安全的外部因素

影响产业安全的外部因素是指来自国外的资本、技术和产品等因素对产业生存和发展安全的影响。尽管中国的出版传媒产业还没有完全对外开放，但是来自国外的威胁时时刻刻都在影响着中国出版传媒产业的安全。

1. 对外贸易因素

在全球经济一体化的时代，国际出版传媒业的竞争越来越激烈，西方国家的出版传媒市场几近饱和。以美国出版市场为例，世界上七大传媒集团——维亚康姆、新闻集团、迪士尼、时代华纳、贝塔斯曼、索尼集团、维旺迪环球，就有四个总部在美国。跨国传媒集团迫切需要寻找新的市场和发展空间，以拓展自己的业务。中国高速发展的经济和众多人口所构成的潜在巨大市场，几乎吸引了所有跨国出版商的眼光。相比欧美等开放较早的出版传媒市场，中国的出版传媒市场饱和度相对较低。中国大陆出版市场不仅被许多跨国出版集团看作是"最后可以分享的蛋糕"，而且还被许多人看作是出版业未来加速发展的发动机，谁主导了中国大陆的市场，谁就有机会拥有出版业的未来。

中国是一个文化资源大国，具有发展文化产业的良好基础。国际经验表明，当 GDP 处于 1000~3000 美元时，社会的中产阶层会成规模地出现，生活方式的多元化、价值取向的差异化会导致传播市场上以往同质化的共性需求主导模式转型为分众的差异化的信息需求和文化选择为主导的供给模式。中国目前正处于社会转型时期，面临着对外开放政策的实行、全球化的现实，中国人正受中国文化和西方文化、传统文化和现代意识的多重影响，文化朝着多元化方向发展。实际上，随着改革开放的发展，我国人民群众对信息和阅读的需求日益多元化、差异化。随着经济全球化和娱乐文化市场全球化，不仅货币资本走向了全球化，而且文化资源作为一种文化资本也在被全球化。改革开放以来，出版的理念、思维、运作方式、体制结构都发生了巨大变化，文化产业在经济社会发展中的作用越来越突出，成为我国经济发展新的增长点，所取得的成就令人鼓舞。作为新兴产业，我国文化产业发展刚刚起步，呈现出了成长性较好、盈利空间较大等特征。

进入 21 世纪之后，我国人均国民收入逐年增长，居民生活水平逐步提高。与此相伴随的是，居民对文化产品的需求也日益增长，出版传媒市场发展空间潜力巨大。从 20 世纪 80 年代开始，中国出版传媒产业高速发展，中国出版传媒产业产值的年均增长率长期保持在 10%~20%，有时甚至高达 30% 以上，这在当代世界出版业中极为罕见。① 到 20 世纪 90 年代中后期，中国出版业的年增长率回落到 8%~10%，基本与国民经济增长同步。到 2009 年新闻出版业产值突破了 1 万亿元，2010 年达到了 1.2 万亿元，2011 年达到了 1.5 万亿元，2012 年我国新闻出版业收入达 1.65 万亿元。2009 年 7 月，国务院常务会议讨论并原则通过《文化产业振兴规划》，标志着文化产业已经上升为我国的战略性产业。中共十八大报告提出确保到 2020 年实现全面建成小康社会宏伟目标，强调了文化建设对民族复兴、国家发展，对全面建成小康社会的重要意义，指出文化产业要成为国民经济支柱性产业。随着国家对文化体制改革和文化产业发展高度重视，体制改革、市场竞争将推动我国文化产业进入一个高速增长时期。据专家预计，到 2020 年，我国文化产业总量（增加值）的预期目标为 3 万亿元，占同年 GDP 的 5% 左右，文化产业将成为我国国民经济的支柱产业。同时，《文化产业振兴规划》指出要降低准入门槛，积极吸收社会资本和外资进入政策允许的文化产业领域，参与国有文化企业股份制改造。另外，随着国际间的合作与交流进一步增强，中国文化市场与国外文化市场融合的趋势也愈加明显。中国文化产业的振兴和对外资进入的放松为跨国出版集团进入中国市场提供了机会。

面对着潜力巨大的中国出版传媒市场，世界出版传媒业的列强们是绝对不会袖手旁观的。全球出版传媒业巨头——培生教育、励德·爱思唯尔、汤森路透、威科集团、阿歇特出版集团、贝塔斯曼集团、麦克劳希尔教育集团、施普林格、哈珀·柯林斯等出版巨头几乎全部在中国进行了战略布局。

2. 外商直接投资因素

目前情况下，国外传媒集团进入中国出版传媒市场的主要渠道有产品输入、版权输入、项目合作和投资进入几种形式。

产品输入是国外出版传媒集团进入中国市场最直接的方式。近十年，输入到中国出版传媒市场上的国外图书的种类数翻番，数量增长近三倍，而金额则增加了三倍多。随着中国对国外技术、管理和文化越来越了解，以及全民英语水平的提高，中国对国外原版图书的需求量也在不断提高，引进力度也在不断加大。同时，进口期刊和报纸的种类数和金额都在不断增长。对比一下我国出版传媒产业

---

① 欧宏. 转制——中国出版业艰难翻新页 [J]. 半月谈（内部版），2004（10）.

的进出口状况就会发现，近十年来，我国出版国际贸易中，中国各类出版物出口的品种数超过了进口的品种数，特别是音像制品和电子出版物，但是出口数量却上不去，进出口贸易额常年处于逆差状态。这说明，我国的出版产品的价格水平低。究其原因，主要是由于我国出版产品的品牌价值较低。

我国对外版权贸易连续十几年都处于逆差状态，图书版权贸易的逆差曾一度达到15∶1。虽然近年来中国出版传媒产业不断加大"走出去"的步伐，对外版权贸易的逆差在逐步缩小，但是版权贸易逆差状态一直没有扭转。

项目合作是版权贸易的进一步发展，是国外出版商和中国出版单位合作进行选题、共同投资、共担风险、共享利润、共同出版发行书刊的活动，其性质是民事法律上的合伙行为，近年来这种合作越来越多。

通过资本运营方式进入中国出版传媒市场是许多国外出版商理想的方式。2001年11月，中国加入世界贸易组织，外资开始以各种方式进入我国。加入世界贸易组织使中国的市场化进程无法逆转，也使中国出版传媒业的产业化进程大大加快，中国的图书发行销售领域逐步开放。根据我国的"入世"承诺，外资可以以合资的方式在北京、上海、天津、广东广州、辽宁大连、山东青岛、广东深圳、广东珠海、广东汕头、福建厦门和海南进行图书的零售；在"入世"后两年内，中国所有的省会城市和重庆、宁波对合资的零售图书企业开放，允许外资控股。在"入世"后三年内，外资可以以合资的方式进入我国的图书批发领域，且在控股、地域和数量方面没有限制。在音像和娱乐软件分销服务方面，承诺在不损害中国审查音像制品内容的权利的情况下，允许外国服务提供者与中方伙伴设立合作企业（中外合作企业的合同条款必须符合中国有关法律、法规及其他规定），从事音像制品的分销，但电影除外。

中国加入世界贸易组织，对外资来说是一个很好的契机。中国出版传媒市场正处于市场导入期，从资本回报率的角度看，会更受外资青睐。在市场导入期来开发中国出版传媒业务，市场增长率较高，需求增长较快，竞争对手较少，这意味着高额的市场回报，同时也可以为以后的发展积蓄力量。

随着中国出版传媒产业对外开放程度的加大，《利用外资改组国有企业暂行规定》《外商投资产业指导目录》《出版物市场管理规定》等法规文件相继出台，外资进入中国出版传媒市场有章可循。不过，总的来看，境外资本目前还没有成规模地进入我国出版传媒产业的上游，也就是编辑出版领域，这主要是因为中国加入世界贸易组织承诺的准入限制和《外商投资产业指导目录》中不允许外资进入这个领域。不过外资已经开始进入出版物分销和印刷复制的领域。2011年的印刷复制企业中，国有全资企业占4.3%，较2010年减少1.5个百分点；集体企业占4.9%，较2010年减少1.3个百分点；而外商投资企业占3.1%，较2010年提高了1.1个百分点。2006年过渡期结束之后，中国出版传媒业的分销领域已经全面向外资开放，外资在我国分销领域的投资日益增大，到目前全国共有外商出版物分销机构50多家，2004年8月，亚马逊公司收购卓越网100%的股权，成为最大一宗出版分销领域的外资并购案。

总之，目前出版传媒产品国际贸易和对外版权贸易都长期处于逆差状态，虽然近年逆差在逐渐缩小，但中国出版传媒产业还需要进一步加大"走出去"的力度，争取能从根本上扭转局面。出版传媒市场上的外资如果能够得到很好的引导，可以起到积极作用，有助于我国出版传媒产业的发展。但不能放松对外资的监管，因为有些外资为了追求利润，会打一些"擦边球"，钻法律法规的空子。

3. 外资企业进入因素

如果说国外出版传媒产品、技术和资金按照合法的途径进入中国出版传媒市场对我国出版传媒产业的发展有好处的话，那么一些国外出版传媒机构对中国出版传媒市场的隐性渗透就值得我们警惕了。

许多出版机构为了方便其在中国开展业务，在中国设立了办事机构，有的称作代表处，有的称作办事处，也有的是以咨询公司的面目出现。由于国外出版商不能直接进入中国的编辑出版领域，这些办事机构的一个重要使命就是与中国国内的出版机构开展版权合作和项目合作，并调研中国市场，寻找渗透到中国出版市场的机会。

虽然我国对外商只开放出版物分销市场，没有开放编辑出版市场，也不允许国外出版机构进入国内编辑出版领域，但是外商还是利用政策法规的缝隙，以项目合作和版权合作的形式，与中国的出版传媒机构开展各个层面的合作。国外出版机构常用的一种方式是和实力雄厚的国内出版机构建构合作伙伴关系，把版权授予这家出版社，比如清华大学出版社与培生集团、中国财政经济出版社与威科集团、商务印书馆与哈佛商学院出版公司、高等教育出版社与麦克劳·希尔出版集团公司都达成了战略合作伙伴关系。还有一种方式是国外出版公司和中国出版社共同开发中国的出版资源和市场资源，比如北京大学医学出版社与爱思唯尔出版集团合作成立编辑室出版医学图书等。这种合作不仅仅是在图书出版方面，期刊出版方面也很普遍，目前我国有 50 多种期刊与国外期刊有版权合作关系。另外，在学术出版方面，国外的原文数据库进入中国出版传媒市场的种类和数量越来越多。由于原文数据库容量巨大，又多是通过境外服务器的数字平台传输的，如何对这些引进的数据库进行有效监管，也是摆在管理部门面前的一大难题。

还有些国外出版传媒企业设法绕开政策和法规，设法向中国出版传媒市场渗透。比如，贝塔斯曼集团进入中国的路径就应当引起行业监管部门的注意。1995 年，贝塔斯曼与上海科技图书公司合资建立了上海贝塔斯曼文化实业有限公司，并与中国科技图书公司合作成立了贝塔斯曼书友会。1998 年，贝塔斯曼为了提高在中国的知名度，推出"书友会在线"，在北京正式注册成立贝塔斯曼中国投资公司。2002 年 12 月，贝塔斯曼营业额创造了自进入中国以来的最好成绩，达 1.4 亿元。2003 年 12 月，贝塔斯曼买下 21 世纪锦绣图书有限公司增资扩股的 40%股份，成立了首家中外合资连锁书店。贝塔斯曼在书友会中发行会刊，已经构成了实际的出版行为。虽然后来贝塔斯曼由于自身经营的原因退出了中国出版传媒市场，但是其步步为营、逐渐渗透的做法还是应当引起中国出版传媒业的警惕。

还有些国外资本通过资本运作的方式，渗入到了中国的出版传媒市场。例如，有很多像新浪、搜狐、百度、当当网等互联网门户网站和电子商务企业早已经以各种方式涉足出版传媒市场：新浪、搜狐的读书频道用会员制方式进行图书销售；百度则利用百度文库培养"自媒体"作者，并用支付版税方式与作家合作，实际上已构成出版行为；当当网成立了数字出版业务部。而这些公司都在境外上市，那么外资就可以通过持有这些公司的股票来渗透到中国的出版传媒市场。

还有些大型跨国出版集团，在不能介入中国出版传媒核心领域时，先开发外围领域，逐步向核心领域渗透。比如出版巨头培生集团在中国的战略就是以教育培训带动出版，逐渐向出版领域渗透。早在 20 世纪 80 年代培生教育就进入了中国市场，它旗下的朗文公司陆续将《新概念英语》《走遍美国》等系列引入中国，被奉为英语学习的经典教材，并在 20 世纪 90 年代初与中国人民教育出版社合作编写了用于义务教育阶段的英语教材，一用就是近 20 年。2008 年培生集团通过购股形式进入上海乐宁进修学院和北京戴尔国际英语学校，2009 年又以 1.45 亿美元现金收购华尔街学院旗下的华尔街英语（中国）。现在培生集团在北京和上海拥有近 30 家分校，全部以朗文学校品牌命名并使用培生集团全球知名的英语语言培训教材和数字化学习产品，同时培生集团还在开发远程英语教育系统，并谋求和多家出版传媒机构合作，在图书宣传促销以及校园市场的开拓上做文章，逐渐从宣传推广和流通渠道上向核心渗透。

面对中国出版传媒市场巨大潜力的诱惑，有实力的国外出版传媒企业是不会袖手旁观的，它们会想方设法一步步渗透进来。如果没有严格的监管，这些外资的渗透会在不知不觉中威胁到中国出版传媒产业的安全，从而进一步威胁到中国的文化安全。

4. 经济全球化因素

经济全球化打破了传统的国家疆界，实现了全球范围内的资源配置，使得国家之间的交流频繁了起来。世界各国的文化也通过信息交流和产品扩散等途径突破了多年来的各种壁垒，各种不同的思想文化冲破国家界限、民族藩篱、地域限制，得以在全球范围内广泛传播，于是就带来了世界范围的文化冲突与文化融合，这就是所谓的文化全球化。然而，世界各地经济发展水平各异，必然导致世界范围文化交流的不均衡和非对称，在壁垒削弱的情况下，世界范围的强势文化就会涌向文化的洼地，对弱势文化的生存构成威胁。

早在 20 世纪 20 年代葛兰西就提出了"文化霸权"的概念。经过时代的变迁，概念的内涵也有所演变。现在"文化霸权"一般指的是在国际文化交流过程中，少数国家凭借其强大的政治、经济和军事等方面的优势，运用各种手段对其他国家或地区进行文化渗透和扩张，从而影响和改变后者意识形态、价值观、生活方式甚至是社会制度，以期实现对后者的征服和控制，以获取更多利益的行为。文化领域实际已经成为了新时期各个国家和集团角力的竞技场。一位美国学者毫不隐讳地表示："过去我们手里挥舞着原子弹使人们害怕，现在我们控制着互联网使人们喜欢，这就为传播西方价值观开辟了新的有效途径。"[①] 可以看出，文化霸权主义是通过一种"润物细无声"的方式静悄悄地影响和同化着弱势文化中的价值观和意识形态。美国学者亨廷顿在其著名的论著《文明的冲突》中坦言，

---

① 张蔚萍. 如何正确认识当今的国际环境和国际政治斗争带来的影响［J］. 理论研究，2001（16）：37.

要"千方百计地吸引其他国家的人民采取西方有关民主的概念"。[①] 美国之音与西方一些传媒机构共同制定了一个"宣传提纲",其内容有八条:①宣传社会主义是一种力图为统治世界而发动战争的侵略势力;②宣传西方生活方式;③煽起社会主义国家的民族情绪和宗教狂热;④宣传社会主义是一种"极权主义"的社会,没有人权,没有发挥个性的可能性;⑤将资本主义与时代精神、自由民主相等同;⑥报道社会主义国家存在的困难,并把这些困难解释为在社会主义条件下是不可避免和无法消除的;⑦动摇听众对共产党的信任;⑧宣讲改良主义,抵制马克思主义,宣讲社会主义必然向资本主义演变。[②] 可以看出,在经济全球化的背景下,文化一体化的趋势增强,文化霸权主义成了第三世界民族保持文化独立性的最大威胁。文化安全是当今世界各国都无法回避的问题,对于发展中国家来说,维护文化安全的形势尤其严峻。西方文化霸权主义以其强大的经济实力和先进的科技水平为支撑,对发展中国家进行文化渗透。中国作为意识形态不同于西方的国家和最大的发展中国家,是西方敌对势力进行文化渗透的重点,作为文化产业核心的出版传媒产业更面临着重大的安全威胁。

和其他产业相比,出版传媒产业除了具有商业属性以外,还具有鲜明的文化属性。出版传媒产品作为一个民族主要的精神文化营养,影响和塑造着民族精神,体现了一个民族的总体文化价值观。然而在经济全球化的大潮下,作为文化产业核心的出版传媒产业也正在经历着自由贸易的冲击。出版传媒产业已经开始突破国家和地区的界限,在世界范围内进行着出版物的编辑、制作和营销贸易等活动。在全球化与自由贸易的旗号下,大量的外来出版物流入我国的出版传媒市场,不知不觉地影响着一代人的价值观乃至民族文化。

三、出版传媒产业安全的评价方法

关于产业安全评价模型,本研究借鉴全球最具权威性的关于产业国际竞争力

---

① (美)塞缪尔·亨廷顿.文明的冲突与世界秩序的重建[M].北京:新华出版社,1998:74.
② 欧宏.转制——中国出版业艰难翻新页[J].半月谈(内部版),2004(10).

的研究机构——瑞士洛桑国际管理发展学院和世界经济论坛关于国际竞争力分析时采用的多指标体系的方法，参考李孟刚（2006）中产业安全评价模型构建出版产业产业安全评价模型。

出版传媒产业安全测度评价模型为：

$$S = \alpha X + \beta Y + \gamma Z + \delta W \tag{1}$$

其中，S代表出版传媒产业安全程度评价值；X代表出版传媒产业国内产业环境评价值；Y代表出版传媒业产业经营管理水平评价值；Z代表出版传媒产业国际竞争力评价值；W代表出版传媒产业控制力评价值；α、β、γ、δ各代表每一级指标的相应系数，也就是专家评价权值。

$$X = \sum a_i x_i \tag{2}$$

$$Y = \sum b_j y_j \tag{3}$$

$$Z = \sum c_k z_k \tag{4}$$

$$W = \sum d_l w_l \tag{5}$$

其中，i, j, k, l = 1, 2, 3, …；w_i、y_j、z_k、w_l各代表着相应一级指标项下的相关二级指标；系数a_i、b_j、c_k、d_l对应着相应指标的权重值。

把式（2）至式（5）代入式（1）可以得出：

$$S = \alpha X + \beta Y + \gamma Z + \delta W = \alpha \sum a_i x_i + \beta \sum b_j y_j + \gamma \sum c_k z_k + \delta \sum d_l w_l \tag{6}$$

其中，$\alpha + \beta + \gamma + \delta = 1$；$\sum a_i = 1$；$\sum b_j = 1$；$\sum c_k = 1$；$\sum d_l = 1$。

三级指标按此方法类推下去，就能定量计算出整体的产业安全状态，给予相应的评价。

（佟东，本文原载于《中国出版传媒产业安全报告》2016年版）

中国文化产业安全

摘 要：文化产业安全是我国文化产业生存和发展不受威胁的状态。这是本文的研究基础和出发点，全文在定义何为文化产业安全的基础上，对影响文化产业安全的国内环境、对外依存度、竞争力、控制力等方面进行了分析，全面概括了文化产业安全评价的基本方法，并分析了我国文化产业安全的现状，包括生存环境现状、对外依存度现状、产业竞争力现状和产业控制力现状。

关键词：文化产业；产业安全；影响因素；评价方法；产业安全现状

一、文化产业安全

在全球经济一体化的 21 世纪，文化产业被认为是"朝阳产业"。从文化全球化的基本趋势来看，文化软实力越发达的国家，文化软实力的扩张和渗透力就越强；文化产业发展越成熟的国家，文化软实力的优势也就越大。在国与国之间综合国力的竞争中文化产业发挥着越来越重要的作用。文化产业安全是文化产业发展的基础和保证，加强文化产业安全研究对做大做强我国文化产业来说十分必要。

以产业安全理论为基础，文化产业安全应界定为我国文化产业生存和发展不受威胁的状态。这里包含三层含义：第一，文化产业安全的主体特指我国的文化产业；第二，文化产业安全研究包括文化产业的发展安全和生存安全两个方面；

第三,文化产业安全度可以通过评价文化产业受威胁的程度加以反推。

(一) 文化产业安全的主体特指我国的文化产业

为适应社会主义市场经济发展的新形势,"文化产业"的概念在中共十五届五中全会上首次被提出,标志着文化产业对经济发展的贡献被党和政府所认可。区分文化事业和文化产业这一要求在中共十六大上被提出,强调要一手抓经营性文化产业,一手抓公益性文化事业,在文化产业发展中起到了里程碑的作用。国家文化软实力在中共十七大上被提出,增强、推动社会主义文化大发展大繁荣被提高到了战略高度,社会主义文化建设呈现出一轮新的高潮,对文化产业的发展提出了新的要求。为应对国际金融危机爆发对经济社会的影响,国务院颁布了我国第一部文化产业发展专项规划《文化产业振兴规划》,对新形势下文化产业的发展提出了新的指导思想、目标任务、重点项目、基本原则和扶持政策,标志着中央把发展文化产业提升为国家战略。2011 年 10 月,提出了要在 2016 年内"推动文化产业成为国民经济支柱性产业"的历史使命,并提出文化产业要成为国民经济支柱性产业。中共十七届六中全会发布了《中共中央关于深化文化体制改革、推动社会主义文化大发展大繁荣若干重大问题的决定》。中共十八大高度重视文化建设,明确了"文化软实力显著增强"要作为 2020 年实现全面建成小康社会的目标。

从 2012 年起,社会各个方面的力量在政府的主导下,共同实现建设"现代文化产业体系"的重大任务,积极性广泛地被调动起来。在文化部《"十二五"时期文化产业倍增计划》和国务院《国家"十二五"时期文化体制改革和发展规划纲要》的引领下,各省市的文化产业发展规划纷纷出炉。为了推进文化体制改革,推动经营性文化单位转企改制走向市场,中央专门成立文化企业国有资产监督管理领导小组办公室。为了支持文化产业的发展,对文化产业的发展进行有力的扶持,财政部、税务总局等国家部委纷纷出台相关政策。2012 年,国家统计局推出重新修订的《文化及相关产业分类》统计制度,明确了文化产业的范围,并对我国文化产业进行了重新定义,提供了一个更为科学、统一的标准,对于文化产业的规范化具有重要意义。由此可见,促进文化产业发展已经成为国家的行动,文化产业的发展已经被提升到国家发展战略的高度,文化产业的发展面临着前所未有的机遇。

(二) 文化产业安全包括发展安全和生存安全两个方面

文化产业是 21 世纪的朝阳产业，自 20 世纪 90 年代以来，已成为全球发展最快的产业之一，目前文化产业已成为许多发达国家国民经济的重要支柱产业。美国文化产业年产值约占美国 GDP 的 25%，其产品出口已经超过航空航天业，成为全美第一大贸易出口产品；日本的娱乐业产值也仅次于汽车工业；加拿大的文化产业规模超过农业、交通、通信及信息产业。即使在金融危机席卷全球的同时，全球的文化产业仍然逆势上扬，文化创意产品与服务的世界出口额仍保持自 2002 年以来每年 14% 的增长态势。因此，文化产业生存安全对文化产业安全有着十分重要的意义。

在很长一段时间，我们国家把文化作为一种事业来对待，忽略了文化的产业属性。进入 21 世纪以后，党和政府发展文化产业的思路逐步明晰，公益性文化事业和经营性文化产业的划分，以及文化管理体制的市场化转型给我国的文化产业带来了勃勃生机，在政策的大力推动下，我国的文化产业正在以迅猛的速度发展。但是，与我国其他产业门类相比，我国文化产业起步晚、起点低，计划经济的色彩浓厚，在国际文化市场上处于明显的劣势地位。文化产业是否具有发展能力，文化产业是否发展安全，事关文化产业的产业安全。

(三) 文化产业安全度通过文化产业受威胁程度加以反推

正如安全与威胁是相互对立的，文化产业安全和文化产业威胁也是相互对立的。文化产业发展与生存受威胁的程度越深，文化产业生存与发展越不安全，即文化产业的安全度越低。因此，判断我国文化产业是否安全，既可以从文化产业受威胁的程度加以反推，也可以通过建立产业安全度评价指标体系直接评价文化产业的安全度。且通常情况下，第一种判断方法在把握文化产业安全现状，预警文化产业安全状况方面要优于第二种方法，在促进文化产业安全、及时采取应对措施方面更具有现实意义。

伴随着经济的全球化，发达国家凭借经济、军事、政治等优势，大力输出本国的价值观念、意识形态、政治文化等，给中国的文化产业带来巨大冲击。在规模经济及技术垄断日益占据首要地位的全球化过程中，中国的文化市场面临着被西方跨国文化产业集团垄断的危险。在开放经济条件下，中国的文化资源不再为中国文化产业所独有，全球化的生产方式使传统上对物质资源的争夺转变为对文化资源的争夺。以美国为首的西方文化产业大国的"文化帝国主义"和"文化霸权主义"的全面入侵，西方文化以产业形态对中国的殖民化，构成了现实的中国国家文化安全问题。事实上，文化领域已经成为国际政治斗争和意识形态较量的主战场。在经济全球化的背景下，如何在融入现代世界体系的过程中保持和发展本国、本民族的优秀文化自然成为中国文化发展必须回答的重要问题。

二、影响文化产业安全的主要因素

（一）文化产业国内环境

1. 文化产业政策

文化产业国内环境涉及的方面多而广，而其中最重要的一个方面就是国家的产业政策，这对文化产业安全将起到重要的作用。2012年，国家与地方政府、主管部门、行业协会等制定了相应的标准、政策等，使文化产业的发展得到进一步推动。2012年，文化部发布了《文化部"十二五"时期文化产业倍增计划》，国务院颁布了《国家"十二五"时期文化改革发展规划纲要》，提出在国民经济发展第十二个五年规划期间，文化部门管理的文化产业要实现不低于20%的增加值年平均现价增长速度，2015年至少比2010年翻一番，实现文化产业产值的倍增目标。同年，文化部还发布了《文化部"十二五"文化科技发展规划》和《关于鼓励和引导民间资本进入文化领域的实施意见》。

2014年，国家与各主管部门行业协会重点发布了八项政策建议，以促进文化产业发展和维护文化产业安全，如表1所示。

表1 2014年维护文化产业安全政策

发文机构	发文时间	发文名称	文件内容	对维护文化产业安全的作用
文化部、财政部	2014年8月26日	关于推动特色文化产业发展的指导意见	(1) 发展重点领域； (2) 打造特色文化城镇和乡村； (3) 发展区域性特色文化产业带； (4) 健全各类特色文化市场主体； (5) 建设特色文化产业示范区； (6) 培育特色文化品牌	提升文化产业竞争力，优化文化产业发展环境，提高文化产业安全度
工业和信息化部、文化部、财政部	2014年8月19日	关于大力支持小微文化企业发展的实施意见	(1) 加强对小微文化企业创新发展能力的培育； (2) 支持各种类型的小微文化企业创业载体建设； (3) 在文化市场监管与审批工作中支持小微文化企业发展； (4) 进一步拓展和创新公共服务； (5) 明确支持公共文化服务与小微文化企业； (6) 明确了小微文化企业的含义； (7) 开展方式灵活、形式多样的人才培养； (8) 明确提出加大财税支持； (9) 明确小微文化企业金融服务的重点工作； (10) 发挥好部门协作机制作用	优化文化产业发展环境，提升文化产业安全度
国务院办公厅	2014年4月16日	关于印发进一步支持文化企业发展和文化体制改革中经营性文化事业单位转制为企业两个规定的通知	(1) 保留和延续原有给予转制企业的各项政策； (2) 调整和增加有关政策规定； (3) 进一步提高政策含金量	提升文化产业安全度，优化文化产业发展环境
文化部、中国人民银行、财政部	2014年3月17日	关于深入推进文化金融合作的意见	(1) 建立文化金融合作部际会商机制； (2) 加大财政对文化金融的扶持力度； (3) 完善文化金融中介服务体系； (4) 重视金融支持小微文化企业发展； (5) 推进文化金融在重点领域的实施； (6) 创新文化金融服务组织形式； (7) 推动文化企业直接融资； (8) 创建文化金融合作试验区	提升文化产业安全度，优化文化产业发展环境
国务院	2014年3月17日	关于加快发展对外文化贸易的意见	(1) 明确支持重点； (2) 加大财税支持； (3) 强化金融服务； (4) 完善服务保障	优化文化产业发展环境，提升文化产业安全度

续表

发文机构	发文时间	发文名称	文件内容	对维护文化产业安全的作用
国务院	2014年3月14日	关于推进文化创意和设计服务与相关产业融合发展的若干意见	（1）塑造制造业新优势；（2）提升人居环境质量；（3）加快数字内容产业发展；（4）挖掘特色农业发展潜力；（5）提升旅游发展文化内涵；（6）提升文化产业整体实力；（7）拓展体育产业发展空间	提升文化产业竞争力，维护文化产业安全
文化部、财政部	2014年3月5日	藏羌彝文化产业走廊总体规划	（1）完善梯度布局、优化构建核心区域；（2）重点发展演艺娱乐、文化旅游、工艺美术和文化创意等新兴产业；（3）扶持小微文化企业，推动骨干企业和园区基地发展，培育知名文化品牌	提升文化产业竞争力，维护文化产业安全
中央全面深化改革领导小组	2014年2月28日	深化文化体制改革实施方案	（1）积极推进改革任务；（2）稳妥推进试点任务；（3）研究制定政策文件	优化文化产业发展环境，提升文化产业安全度

图1是文化产业政策如何影响文化产业安全的关系图。

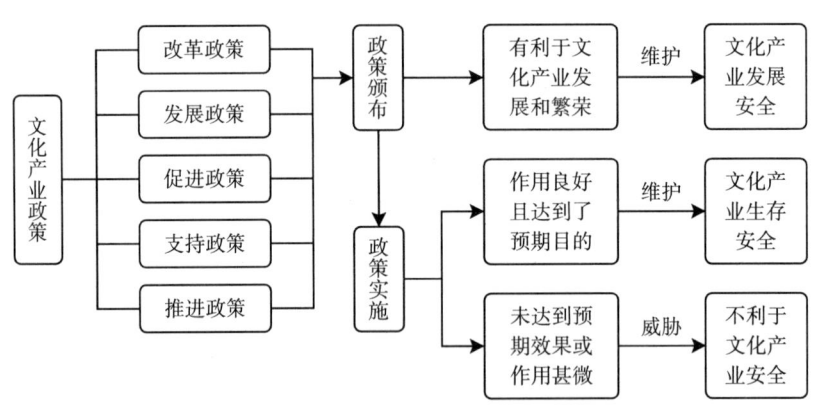

图1　文化产业政策与文化产业安全

2. 吸引就业能力

随着国家越来越重视文化产业的发展，进一步强调文化产业对国民经济发展的重要性，以及一系列有关扶持政策的出台，中国文化产业的发展取得了令人瞩目的成绩，发展进程明显加快。但文化产业快速发展的同时也暴露出一些不利于维护文化产业安全的问题，中国文化产业发展只反映出增量的增长，而内涵式发展明显不足，这对文化产业的发展安全是十分不利的。《2013 年中国文化产业发展指数报告》显示，文化产业对我国总体就业贡献并不大，而在美国，文化产业已成为美国吸纳大量就业人口的重要部门。根据国际知识产权联盟发布的《美国经济中的版权产业：2013 年度报告》，2009 年，美国的核心文化产业雇佣从业人员 517.81 万人，占美国全国从业人员总数的 3.96%。而到了 2012 年，短短 3 年的时间，核心文化产业的就业人数就增加了 22.1 万人，达到了 539.91 万人，从业人员数量占美国当年全部从业人员总数的 4.04%。2009 年，美国文化产业雇佣从业人员 1080 人，到 2012 年文化产业的雇佣人员数量已经增加到了 1117 万人之多，而同期美国的全部从业人员数量从 2009 年的 13085.9 万人增加到 2012 年的 13373.62 万人，2012 年文化产业的从业人员数量占美国全部从业人员数量的 8.35%。

从文化产业从业人员数量就可以看出，文化产业吸收就业人数越多，说明文化产业发展越繁荣，对国民经济发展的促进作用也就越大，同时也反映出文化产业在不断向着更好的方向发展。同时也可以看出，文化产业就业人数占比越高，越有利于维护文化产业安全。图 2 为文化产业吸引就业能力与文化产业安全的关系图。

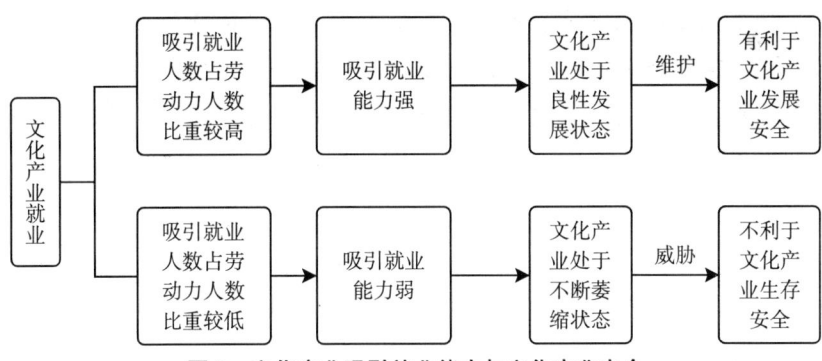

图 2　文化产业吸引就业能力与文化产业安全

3. 资本积累能力

近年来，我国对文化产业支持力度不断加大，尤其是以《文化产业振兴规划》为代表的一系列政策的出台，有力地推动了我国文化产业的快速发展，在此背景下，我国文化产业的固定资产投资增长速度也很快。2012 年以来，我国文化产业固定资产投资总体保持较快增长，投资规模持续扩大。2013年，我国文化、体育和娱乐业完成固定资产投资 5231.1 亿元，同比增长 22.47%。图 3 为文化产业资本积累能力与文化产业安全的关系图。

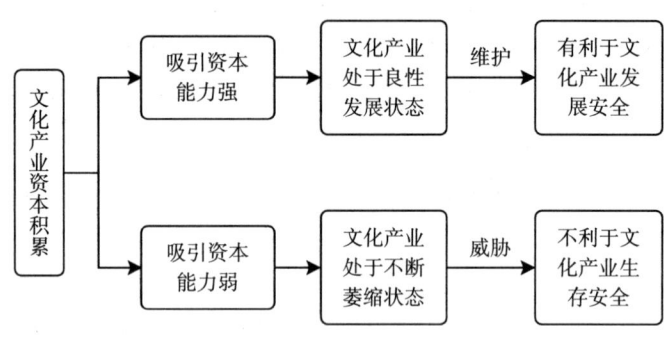

图 3　文化产业资本积累能力与文化产业安全

4. 融资环境

文化产业的生存和发展必须有一个可持续的、高质量的"资金链"，而文化产业发展的资本成本大小、资本效率高低对文化产业的发展安全和生存安全起到了决定性的作用。

如果文化产业的资本效率低下，将不利于文化产业的生存。评价资本效率也可以先从货币供应量的增长速度、货币供应量，以及贷款发放增长速度、贷款发放数量，来判断和推演文化产业发展所处金融大环境下的市场资金宽松状态，可以根据企业进入股票市场的难易程度、获得银行信贷的难易程度以及高科技企业获得风险资本的难易程度来衡量。企业的生存和发展同样需要资本的支持，无论是从外部获得资本，还是企业依靠内部积累，无论是通过资本市场发行债券或股票，还是通过银行贷款，都存在一个资本成本的问题。如果资本成本太高，会使原本有竞争力的企业背上沉重的负担，影响文化产业的生存。它可以以短期实际利率来衡量。① 图 4 反映了文化产业融资环境与文化产业安全的关系。

---

① 何维达，宋胜洲等. 开放市场下的产业安全与政府规制 [M]. 南昌：江西人民出版社，2003：102.

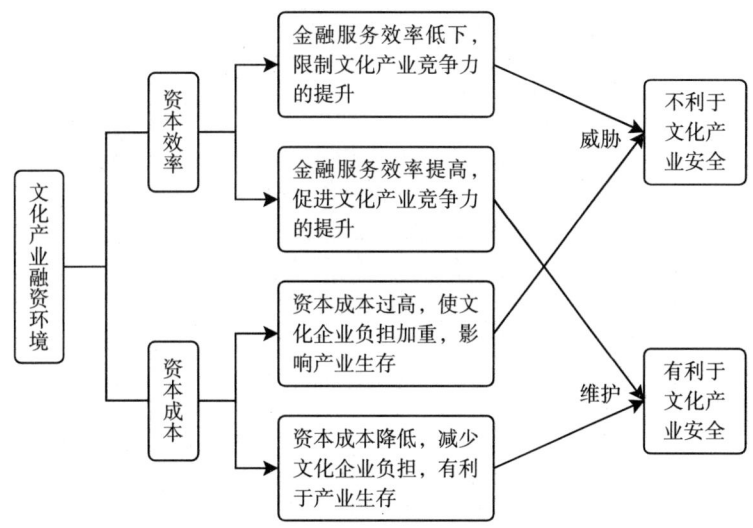

图 4　文化产业融资环境与文化产业安全

5. 文化产业人才

《国家"十二五"时期文化改革发展规划纲要》指出:"文化产品创作生产体系不断完善,高素质文化人才队伍发展壮大,……加强基层文化人才队伍建设;加强文化人才队伍建设,造就高层次领军人物和高素质文化人才队伍;加强职业道德建设和作风建设;建立完善文化人才培训机制。"由于我国缺乏具有创新意识并能与国际接轨的高端文化人才,以及文化技术自主研发能力落后,使得我国的文化产业发展长期停留在相对低端、容易开发的外围层和相关层,比如文化旅游业、文化制造业、文化复制业、视听设备生产等,在一些地区,外围层和相关层文化产业甚至占到当地文化产业增加值的80%以上,而涉及文化产业核心层的文化内容产业则相对较弱,创造的产值较低。图5反映了文化产业人才与文化产业安全的关系。

6. 产业产值

从我国文化产业近几年的发展态势来看,其未来的发展潜力巨大。参照美日韩等发达国家的情况,我国文化产业的发展仍处于初级阶段。美国的版权产业产值占到GDP的24%,是第一大出口产业,日本的文化产业占GDP的比重超过10%,韩国的文化产业占GDP的比重也超过7%,而我国文化产业占GDP的比重2012年才达到3.48%。

《国家"十二五"时期文化改革发展规划纲要》提出:"文化产业增加值占国

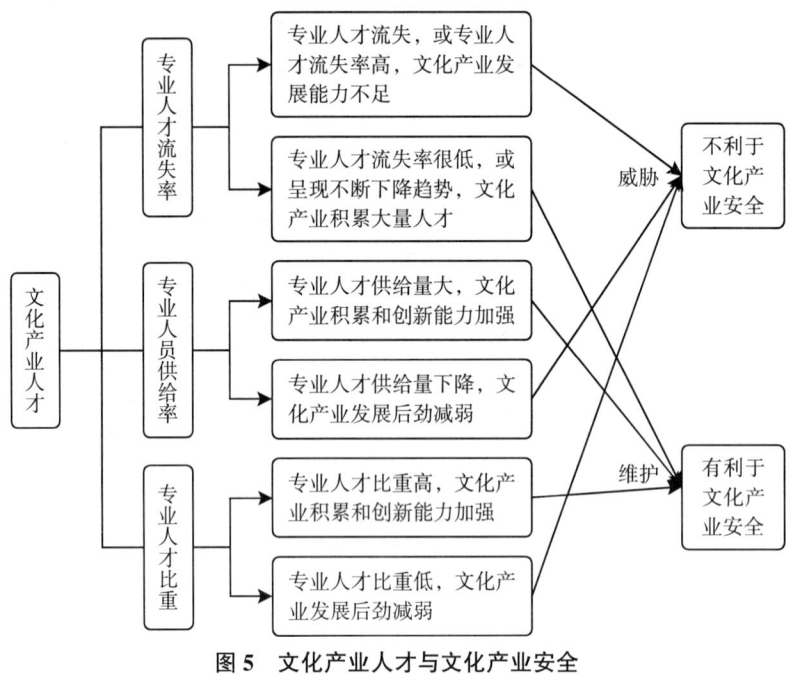

图 5　文化产业人才与文化产业安全

民经济比重显著提升,现代文化产业体系和文化市场体系基本建立,文化产业推动经济发展方式转变的作用明显增强,使文化产业逐步成长为国民经济支柱性产业。"《文化部"十二五"时期文化产业倍增计划》提出:"文化原创能力进一步提高,文化服务和产品更加丰富,文化产业成为提高人民生活幸福指数、满足人民多样化精神文化需求的重要途径。'十二五'期间,文化部门管理的文化产业增加值年平均现价增长速度高于20%,2015年比2010年至少翻一番,实现倍增。"从中可以看出文化产业增加值增长对文化产业安全的重要性。图6反映了文化产业产值与文化产业安全的关系。

(二) 文化产业对外依存度

1. 贸易对外依存度

贸易对外依存度既包括进口依存度也包括出口依存度,还包括国别依存度。如果对少数国家和区域的依赖程度较高,容易导致贸易的不平衡,同时对文化和舆论产生一定的影响。若出口对外依存度较低,对其他国家或地区出口不足,文化产品的竞争力则亟须提升。若进口对外依存度较高,尤其是过于依赖发达国

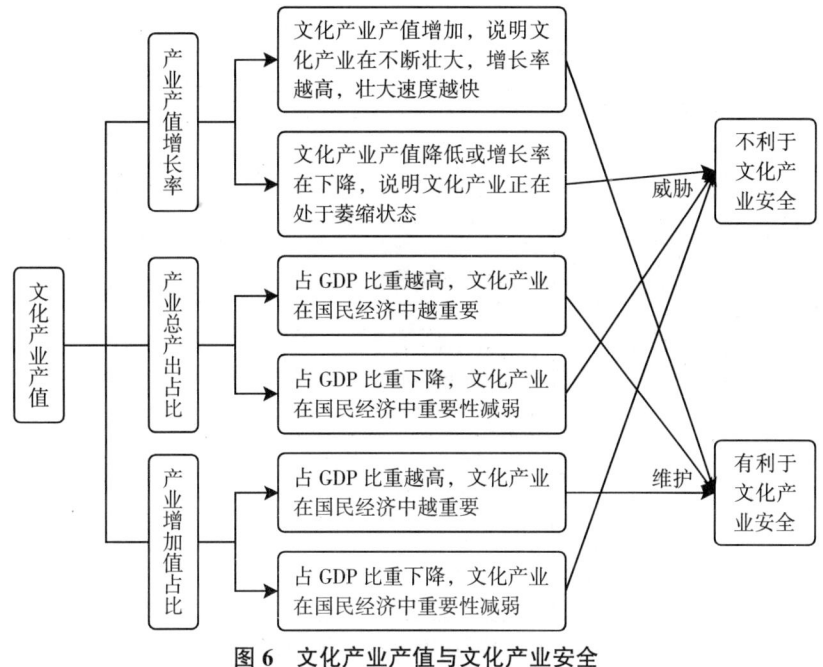

图 6 文化产业产值与文化产业安全

家,则说明文化产品出口创汇能力不足。如果文化产业的经济外向度和开放度较低,将影响文化产业参与国际竞争的能力。从产业安全的角度来看,当前我国文化产业处于基本安全状态。不过,根据对文化产业对外依存度的估算,并结合我国文化产业政府规制的情况来看,我国文化产业处于制度保护下的相对安全的状态,这种环境下成长起来的文化产业在国际市场上缺乏较大的竞争优势。图 7 反映了文化产业贸易对外依存度与文化产业安全的关系。

2. 外资对外依存度

尽管境外资本对我国文化产业的发展起到了相当的助推与催化作用,然而资本的本性是追逐利润,追求高额的投资回报,甚至间接达到垄断行业市场的企图。我国的文化产业如果被外资控制,将可能产生如下负面影响:如果外资全盘控制,我国文化产业将存在巨大的经济风险;外资依存度过高,对国家信息化战略安全运行造成重大危害;外资控制面过广,对我国新媒体舆论导向将产生一定的消极导向;外资控制比例过高,对我国资本市场与金融领域弊害重大;外资控制程度过深,对国民经济带来潜在隐患。图 8 反映了文化产业外资对外依存度与文化产业安全的关系。

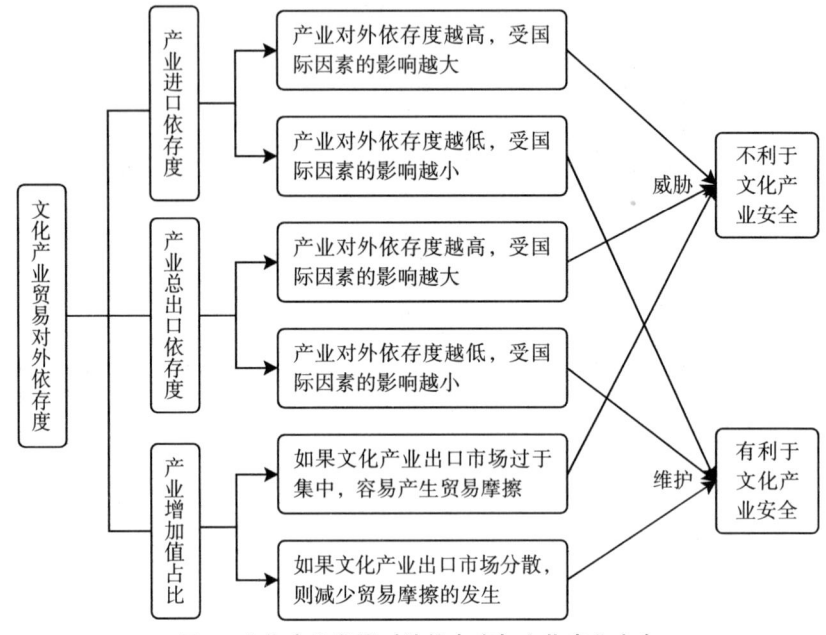

图7　文化产业贸易对外依存度与文化产业安全

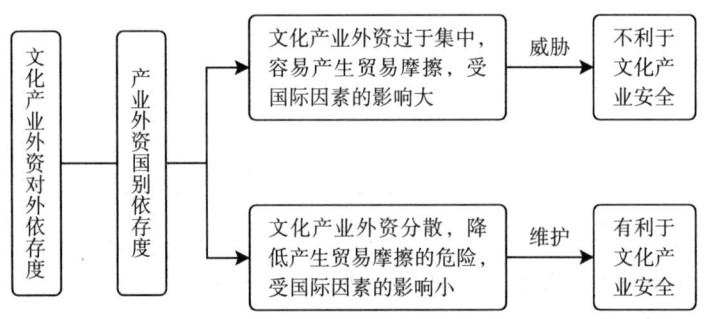

图8　文化产业外资对外依存度与文化产业安全

（三）文化产业竞争力

1. 市场结构

文化产业转企改制的目标之一就是使企业成为市场的主体。作为市场主体的企业，追求利润应当是其本性，在满足社会需要中追求自身利益最大化，这有赖于成熟的市场体系。然而，我国的文化市场呈现出的是不完全竞争的市场特征。尽管转企改制已经初步完成，但是许多文化企业的观念还没有完全转变，计划经济时代条块分割，转企改制后，许多企业没有找准自己的发展定位，于是有些地方出现了文化产业的结构失衡、特色不明、精品鲜见、原创乏力的局面。再者，由于资源供给和行政垄断的保护，很难真正形成充分的市场竞争，大的文化企业难以通过市场兼并迅速增强实力，弱小的企业也难以退出市场。还有，民营资本在文化市场上的参与度还远远不够。

2010 年，国务院出台了《关于鼓励和引导民间投资健康发展的若干意见》，其中第十七条提出鼓励民间资本参与发展文化产业，"鼓励民间资本从事广告、印刷、演艺、娱乐、文化创意、文化会展、影视制作、网络文化、动漫游戏、出版物发行、文化产品数字制作与相关服务等活动"。2012 年国务院印发的《国家"十二五"时期文化改革发展规划纲要》中，再次提出"鼓励和引导文化企业面向资本市场融资，建立健全文化产业投融资体系，促进社会资本、金融资本和文化资源的对接"。尽管有了这些政策，目前，民营资本进入出版传媒产业的还不多，还没有真正形成力量参与文化市场的竞争。

竞争不充分和过度竞争都不是理想的市场结构，二者均是对资源最优配置的偏离。市场经济体制下的资源配置是要通过市场竞争来实现的，如果没有竞争有序的文化市场，就会影响和制约文化企业作为市场主体参与竞争。其结果就造成了产业结构趋同、产业集中度低、资源配置不尽合理、市场分散和地区封锁严重，从而影响整个国家文化产业的竞争力。因此，在现有情况下，如何通过市场竞争来实现多元化资源的整合，优化文化资源配置，达到强强联合，实现互利共赢，是提高整个文化产业的竞争力，以应对日益激烈的国际竞争不可回避的问题。图 9 反映了文化产业市场结构与文化产业安全的关系。

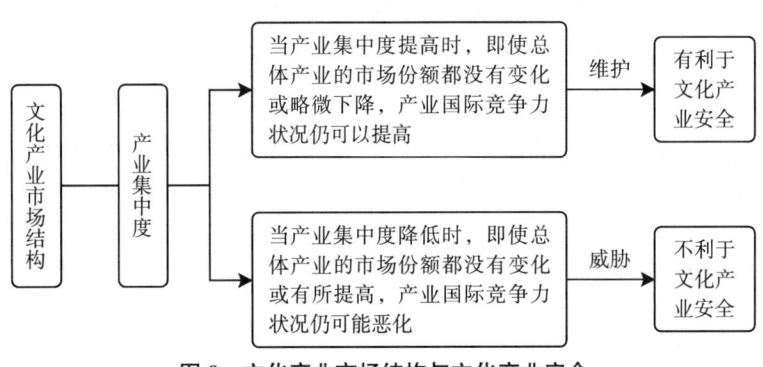

图 9　文化产业市场结构与文化产业安全

2. 市场份额

一个国家的文化产业国际竞争力大小可通过文化产品在国际市场上所占的份额大小来说明，获得的利润越多，份额越大，表明本国文化产业的竞争力越强。另外可从原因来分析，一切有助于开拓市场，并以此获得利润的因素，都可以是竞争力的研究对象。文化产业国内市场份额反映了国内文化产业在国内市场上的生存空间，而文化产业世界市场份额反映了国内文化产业在国际市场上的生存空间。图10反映了文化产业市场份额与文化产业安全的关系。

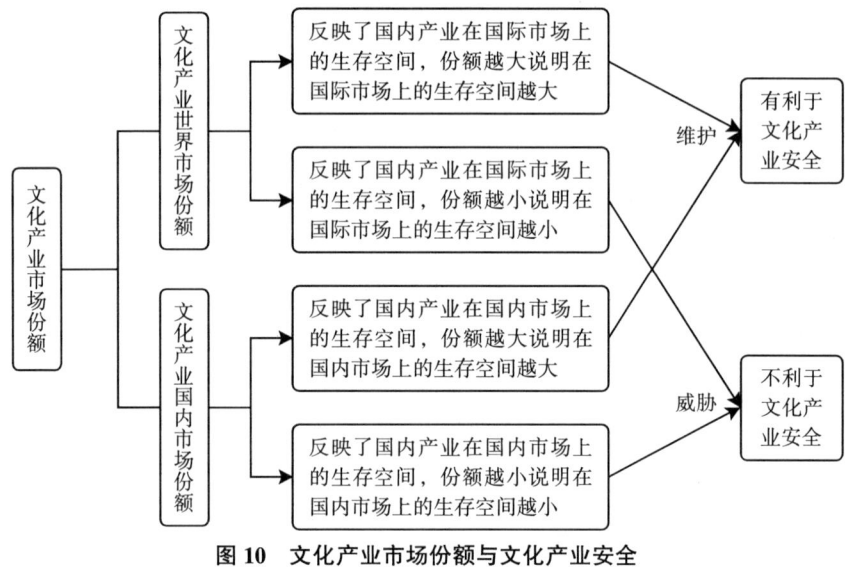

图 10　文化产业市场份额与文化产业安全

3. 贸易竞争力

贸易竞争力指数（Trade Competitiveness，TC）是衡量市场竞争力的一个三级指标，用（出口额−进口额）/(出口额+进口额）来计算。当TC>0时，产业处于比较优势；当TC=0时，产业属于贸易平衡型产业，进口额和出口额基本持平；当TC<0时，产业处于比较劣势。图11反映了文化产业贸易竞争力与文化产业安全的关系。

（四）文化产业控制力

1. 文化信息

文化信息安全对一个国家的文化产业安全和信息安全非常重要。大量地使用

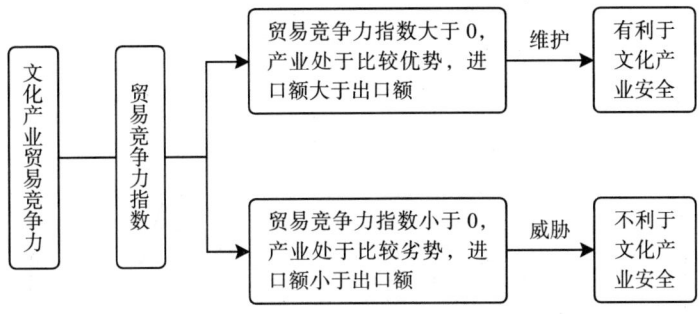

图11 文化产业贸易竞争力与文化产业安全

国外公司的设备和核心技术对我国的信息安全构成了潜在的威胁。继陆地、海洋、天空和太空之后,战争已经进入了第五空间:网络空间。美国已经成为最为积极和深度使用网络战的国家。在涉及政府、海关、邮政、金融、铁路、民航、医疗、军警等国家关键信息基础设施的建设中,频频出现美国"八大金刚"(IBM、思科、谷歌、英特尔、高通、苹果、微软、甲骨文)的影子,特别是美国思科参与了中国几乎所有大型网络项目的建设——这种情形,无疑对我国信息安全构成了潜在威胁。据了解,思科占据了中国电信163骨干网络70%以上的份额,把持着163骨干网所有的超级核心节点和绝大部分普通核心节点;更是占据了中国联通169骨干网80%以上的份额,把持着所有超级核心、国际交换节点、国际汇聚节点和互联互通节点。与此同时,我国的计算机系统等设备几乎全部采用英特尔的芯片,而操作系统和办公软件则依赖微软提供。

更令人担忧的是,经济生产生活中的各类数据,目前有很大一部分通过互联网传播,但由于技术等因素限制,相关的重要经济信息,对于外界来说,可以用"透明"二字形容。这对我国企业和整个国民经济而言,都不是个好消息。一方面,国外竞争对手可以方便地利用网络获取我国企业信息,在竞争中对我国企业进行打压;另一方面,大量涉及我国经济运行状况的数据一旦被外界获得,还有可能对部分行业甚至整个国民经济造成潜在威胁。图12反映了文化产业文化信息与文化产业安全的关系。

2. 外资控制力

外资市场控制率反映外资控制企业对该产业国内市场控制程度,它是用外资控制企业市场份额与国内该产业总的市场份额之比来衡量。其中外资控制企业包括外资技术控制企业、外资股权控制企业、外资经营决策权控制企业。

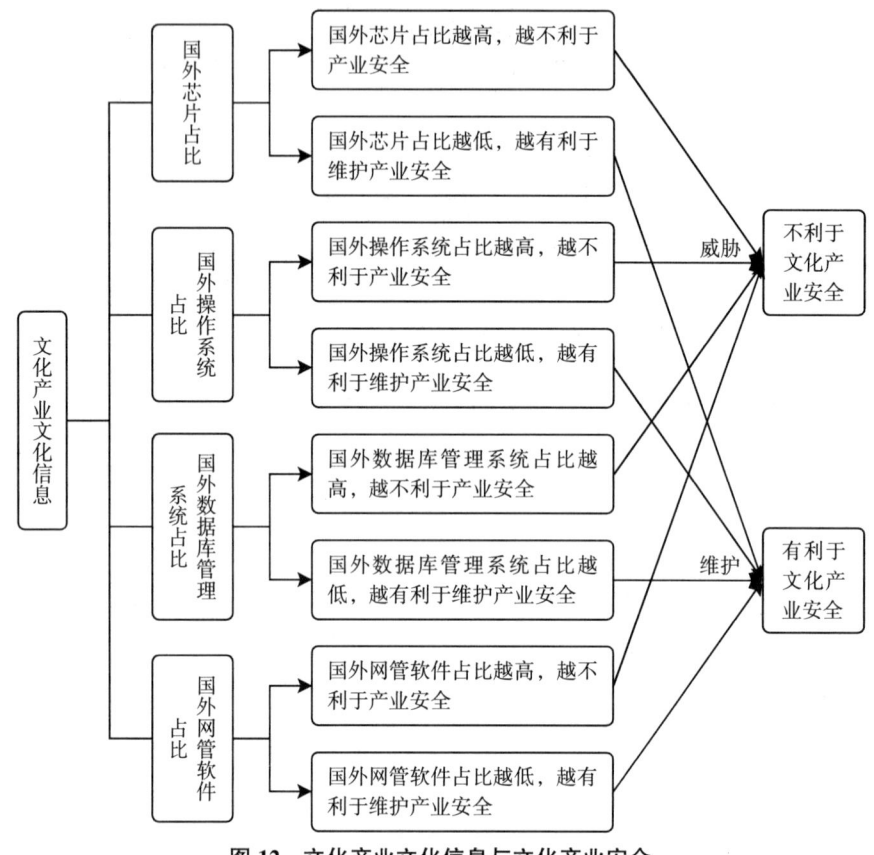

图 12　文化产业文化信息与文化产业安全

在我国互联网发展的早期,境外资本对于我国互联网产业的发展起到了相当的助推与催化作用。然而,资本的本性是追逐利润,追求高额的投资回报,甚至间接达到垄断行业市场的企图。我国的互联网产业如果被外资控制,将可能产生如下负面影响:如果外资全盘控制,我国互联网产业将存在巨大的经济风险;外资依存度过高,对国家信息化战略安全运行造成重大危害;外资控制面过广,对我国新媒体舆论导向产生一定的消极导向;外资控制比例过高,对我国资本市场与金融领域弊害重大;外资控制程度过深,对国民经济带来潜在隐患。

中国 B2B 研究中心认为,目前中国的互联网被外资控制的方式大致有三种形式:方式一,互联网企业本身就是外资直接投资控制的,如境外网站以中文版形式在中国落地或者在中国寻找代理人。方式二,通过各种途径运作国内互联网企业在境外上市。方式三,中国互联网企业的风险投资来自境外。影响力较大、发展前景好的没有上市的互联网企业,90%以上被外资控股。

"外资市场控制率"是衡量外资控制力的一项三级指标,计算公式为:外资销售额/产业销售额×100%。该指标反映外资控制企业对该产业国内市场控制程度。外资市场控制率越高,产业发展安全受影响的程度越大。"外资股权控制率"也是衡量外资控制力的一项三级指标,计算公式为:外资所有者权益/产业所有者权益×100%。

图3反映了文化产业外资控制力与文化产业安全的关系。

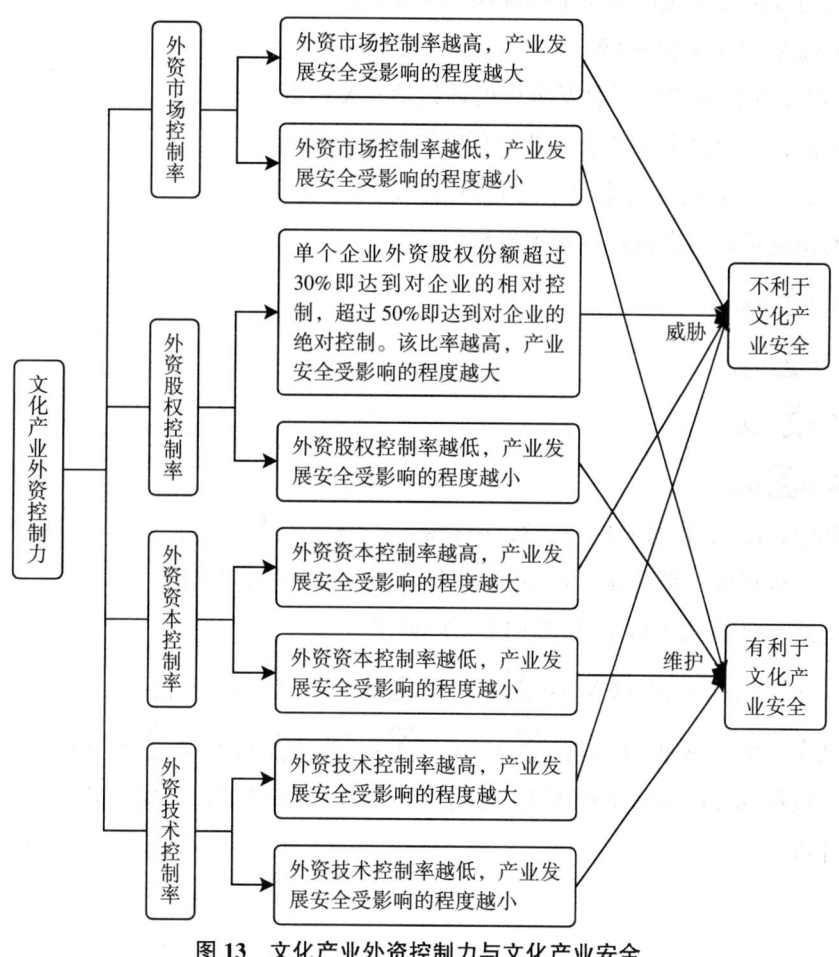

图13　文化产业外资控制力与文化产业安全

三、文化产业安全的评价方法

本文采用的是全球最具权威的产业国际竞争力研究机构瑞士洛桑国际管理发展学院（IMD）和世界经济论坛（WEF）在进行国际竞争力的多指标研究测度时所使用的方法对文化产业安全状况做出测度评价。产业安全测度评价模型为：

$$S = \alpha X + \beta Y + \gamma Z + \delta W \tag{1}$$

其中，S 代表文化产业安全程度评价值；X 代表文化产业生存环境安全的测度评价值；Y 代表文化产业对外依存度的测度评价值；Z 代表文化产业竞争力的测度评价值；W 代表文化产业控制力的测度评价值；α、β、γ、δ 各代表每一级指标的相应系数，也就是专家评价权值。

$$X = \sum a_i x_i \tag{2}$$

$$Y = \sum b_j y_j \tag{3}$$

$$Z = \sum c_k z_k \tag{4}$$

$$W = \sum d_l w_l \tag{5}$$

其中，$i, j, k, l = 1, 2, 3, \cdots$；$w_i$、$y_j$、$z_k$、$w_l$ 各代表着相应一级指标项下的相关二级指标；系数 a_i、b_j、c_k、d_l 对应着相应指标的权重值。

把式（2）至式（5）代入式（1）可以得出：

$$S = \alpha X + \beta Y + \gamma Z + \delta W = \alpha \sum a_i x_i + \beta \sum b_j y_j + \gamma \sum c_k z_k + \delta \sum d_l w_l \tag{6}$$

其中，$\alpha + \beta + \gamma + \delta = 1$；$\sum a_i = 1$；$\sum b_j = 1$；$\sum c_k = 1$；$\sum d_l = 1$。

三级指标按此方法类推下去，就能定量计算出整体的产业安全状态，给予相应的评价。

四、文化产业安全现状

（一）文化产业生存环境现状

文化产业生存环境安全是通过分析文化产业的政策环境、资本积累能力、吸引就业能力、融资环境、产业产值等多方面因素对文化产业安全的影响来进行分析和判断的。

2013年以来，我国颁布了多项促进文化产业发展的政策。2014年，中共十八届四中全会指出，制定文化产业促进法，把行之有效的文化经济政策法定化，健全促进社会效益和经济效益有机统一制度规范。制定国家勋章和国家荣誉称号法，表彰有突出贡献的杰出人士。加强互联网领域立法，完善网络安全保护、网络信息服务、网络社会管理等方面的法律法规。这对维护文化产业安全是非常有利的。

从资本积累的角度来看，2005~2013年，固定资产投资额都呈现出增长态势，这说明，在我国，为促进文化产业发展，大量的固定资产投资被应用于相关产业中，这对促进文化产业繁荣、维护文化产业安全是有益的。但是，从吸引就业能力来看，情况就不容乐观。文化产业对我国总体就业的贡献微乎其微，在2005~2013年间的文化产业从业人员占社会就业人员比重不到0.2%，而同期美国和英国文化产业提供就业占比分别为8.4%和7.8%，我国文化产业在提供就业方面，与文化产业发达国家相比还有很大差距，这不利于维护文化产业安全。从融资环境来看，2006年以来，我国金融机构法定短期贷款利率始终处于较高的水平，文化产业借贷的资本成本较高，使企业增加成本负担，不利于维护文化产业安全。从产业产值来看，由于文化部于2012年发布了《文化部"十二五"时期文化产业倍增计划》，提出"十二五"期间文化部门管理的文化产业增加值年平均现价增长速度高于20%，2015年比2010年至少翻一番，实现倍增的奋斗目标。而2013年文化产业增加值已接近2010年的两倍，到2015年这一目标可以基本实现。因此，文化产业增加值的不断增长，并且保持较高的增长率对维护文化产业安全是有利的。图 14 反映了文化产业生存环境与文化产业安全的关系。

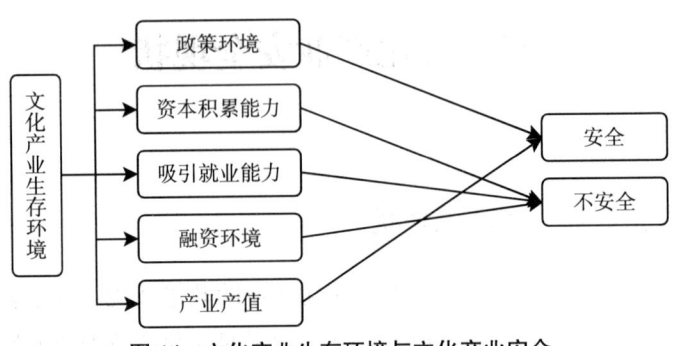

图 14　文化产业生存环境与文化产业安全

（二）文化产业对外依存度现状

文化产业对外依存度安全是通过分析文化产业的进口依存度、出口依存度和出口国别依存度来进行分析和判断的。

2009~2013 年，我国文化产业的整体进口依存度在降低，且对进口依存度水平也不高，这对维护文化产业安全是有利的。但个别细分行业进口依存度较高是不容忽视的问题。同一时期，尽管我国文化产业对外出口依存度在降低，但数值却很大，超过了 15%，甚至达到 20% 以上，这对维护我国文化产业安全是不利的。而从出口国别依存度情况看，我国文化产品出口的对象国较为集中，主要是北美洲的美国、加拿大，东北亚地区的日本、韩国、俄罗斯，东南亚地区的中国香港、新加坡、马来西亚，以及欧洲大陆的德国、英国、荷兰、法国、西班牙、意大利等；且多年来较为稳定，只是进口额排位上略有变化。过于集中的文化产业出口国别依存度对维护文化产业安全是不利的。图 15 反映了文化产业对外依存状况与文化产业安全的关系。

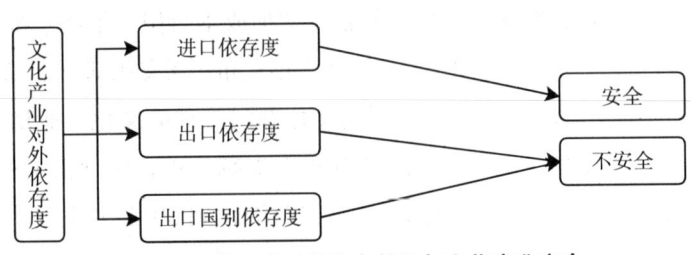

图 15　文化产业对外依存状况与文化产业安全

（三）文化产业竞争力现状

文化产业竞争力安全是通过分析文化产业集中度、产业贸易竞争力指数等指标来进行衡量和判断的。

我国的文化企业尽管发展势头很猛，增长很快，但是与西方国家的文化传媒巨头相比，存在着企业规模过小、产业集中度过低的问题，使得我国企业在与西方文化传媒巨头的竞争中面临着规模上的劣势。我国文化产业虽然出现了一批大的企业集团，但小、散、弱仍是中国文化产业的现状，大型文化企业的市场占有率很低。以出版行业为例，我国出版传媒行业内前四家最大企业的集中度为24%左右，美国为75.99%，英国为80%，法国为21.36%，德国为22.98%，日本为32.74%。我国出版产业产业集中度与德国、法国、韩国接近，但是与美国、英国70%以上的集中率相比，相差甚远。可见，我国出版企业集中程度低，处于分散竞争和粗放型发展状态。这对于维护我国文化产业安全，促进文化产业发展是不利的。

2005~2013年文化产业贸易竞争力指数则出现较大的波动，最大值为2005年的0.916，最小值为2010年的0.622，不论其值大小，均大于0，说明文化产业贸易处于比较优势的地位，这对于维护文化产业安全是有利的，并且其值越大，对维护文化产业安全越有利。图16反映了文化产业竞争力状况与文化产业安全的关系。

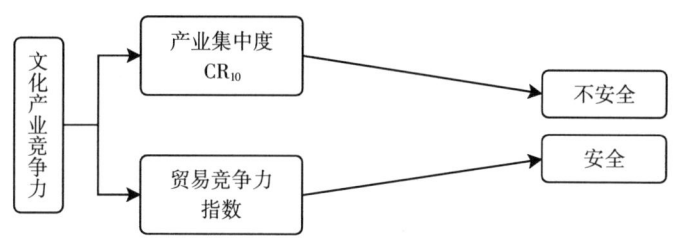

图16　文化产业竞争力状况与文化产业安全

（四）文化产业控制力现状

文化产业控制力安全是通过分析文化产业外资市场控制率和文化产业外资资本控制率等指标来进行衡量和判断的。

2004~2012年我国文化产业外资市场控制率在不断提高,尽管外资市场控制率并不算高,但是不断升高的趋势对文化产业安全形成了威胁。因此,文化产业外资市场控制率的不断升高对维护文化产业安全是不利的。

2004~2013年,我国文化产业外资资本控制率在逐年下降。这对维护文化产业安全是有利的,同时,文化产业外资资本控制率的绝对数字也很小,从文化产业整个产业来看,未对文化产业安全构成威胁。

图17反映了文化产业控制力状况与文化产业安全的关系。

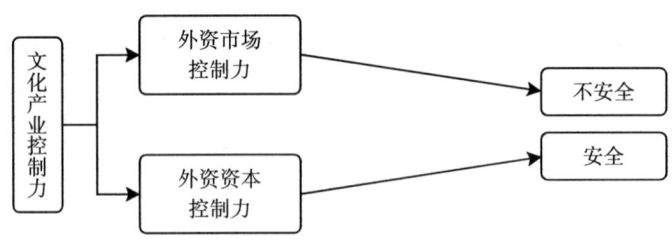

图17 文化产业控制力状况与文化产业安全

(佟东,本文原载于《中国文化产业安全报告》2015年版)

中国新媒体产业安全与发展

摘　要：2013年我国新媒体产业实现了长足的发展，同时在政策环境、产业融合、产业新发展和产业投融资等方面也出现了新的特点。在关注新媒体产业发展的同时，更要关注新媒体产业的安全问题，2013年我国新媒体产业在产业发展力、产业国际竞争力、产业控制力和产业对外依存度等方面呈现出新的趋势。

关键词：新媒体产业；发展状况；发展特点；产业安全

"新媒体"一词是美国哥伦比亚广播电视网技术研究所戈尔德马克于1967年提出的。新媒体是相对于传统媒体而言的，是在报刊、广播、电视等传统媒体之后发展起来的新的媒体形态，是利用数字技术、网络技术、移动技术，通过互联网、无线通信网、卫星等渠道以及电脑、手机、数字电视等终端，向用户提供信息和娱乐服务的传播形态和媒体形态。[1] 本文所指的新媒体产业包括移动媒体产业、手机媒体产业、IPTV产业和网络媒体产业。

---

[1] 石磊. 新媒体概论［M］. 北京：中国传媒大学出版社，2009（10）：2.

一、新媒体产业安全的界定

(一) 新媒体产业安全

新媒体产业是文化产业的一个重要组成部分,在文化产业的众多细分行业中,新媒体产业更贴近于人们的日常生活,其提供的产品与服务渗透到生活的各个环节。新媒体产业安全应该是指新媒体产业的生存和发展不受威胁的状态。具体地,新媒体产业安全应包含三层含义:第一,安全的主体是我国的新媒体产业;第二,新媒体产业安全包括新媒体产业生存安全和新媒体产业发展安全两个方面;第三,新媒体产业安全可以通过评价该产业受威胁的程度来反推。

1. 安全的主体是我国的新媒体产业

对安全主体的界定包括两个方面,即区域范围和产业范围。区域范围是确定产业安全主体时首先要明确的问题之一,可以是世界范围内的区域组织,也可以是一个国家或国家联盟,既可以是省、自治区、直辖市,也可以是市、县、区、镇,甚至是村,只要有新媒体产业的存在都可以被确定为区域范围。在本文中,安全主体的范围为中国,即研究的是中国的产业安全问题。对安全主体界定的另一个方面就是产业范围,这是确定安全主体很重要的方面,显而易见,本文研究的产业是新媒体产业及其细分行业,具体包括移动媒体产业、手机媒体产业、IPTV 产业和网络媒体产业。因此,本文所研究的新媒体产业安全,其安全主体是中国新媒体产业及其细分行业,即中国移动媒体产业、中国手机媒体产业、中国 IPTV 产业和中国网络媒体产业。

2. 新媒体产业安全包括新媒体产业生存安全和新媒体产业发展安全两个方面

具体而言,新媒体产业安全还应该包括各细分行业的生存安全和发展安全。在本文中,新媒体产业发展与新媒体产业安全是两个同样重要的问题,研究产业安全是为了更好地促进产业发展,反过来,产业发展需要更安全的产业状态,二者相辅相成,紧密相关。因此,在设计本文的内容和结构时,笔者充分考虑到了产业安全问题的这一特性,将新媒体产业发展和新媒体产业安全同时作为本文的研究范围，既突出研究的重点，又不失研究的全面性与客观性。

3. 新媒体产业安全与新媒体产业威胁是相互对立的问题

其实，产业安全与产业威胁是同一问题的两个方面，新媒体产业越安全，说明新媒体产业受威胁的程度越小；反之，如果新媒体产业受威胁程度越大，则新媒体产业越不安全，即新媒体产业安全状况越差。因此，当无法直接判断新媒体产业安全状况时，就要通过分析新媒体产业安全受威胁程度来进行反推，从而得到新媒体产业安全的状况。

（二）新媒体产业安全的研究范围

本文对新媒体产业安全的研究范围做了如下界定：

1. 新媒体产业发展

对新媒体产业发展现状的梳理与分析，是研究新媒体产业安全，特别是新媒体产业生存安全的基础，更是新媒体产业发展安全的基石。因此，对新媒体产业安全的研究，应该以新媒体产业发展现状为基础，具体包括新媒体产业发展状况和新媒体产业发展特点两个方面。其中，新媒体产业发展状况包括新媒体产业发展现状、移动媒体产业发展现状、手机媒体产业发展现状、IPTV产业发展现状和网络媒体产业发展现状；而新媒体产业发展特点包括新媒体产业发展特点、移动媒体产业发展特点、手机媒体产业发展特点、IPTV产业发展特点和网络媒体产业发展特点。

2. 新媒体产业安全

新媒体产业安全是本文的创新，本文所研究的新媒体产业安全是基于产业安全理论开展的，并且是以新媒体产业发展为研究基础的，具体而言，新媒体产业安全的研究包括新媒体产业安全存在的问题、移动媒体产业安全存在的问题、手机媒体产业安全存在的问题、IPTV产业安全存在的问题和网络媒体产业安全存在的问题。

3. 新媒体产业安全热点

随着网络技术、信息技术的发展，互联网被广泛地应用到媒体中，同时也伴随一些新的产业安全问题显现出来，如大数据对新媒体产业安全的影响、新媒体产业的版权保护问题等。这些与新媒体产业安全息息相关的热点问题也是本文研究的重点内容。

二、2013~2014年新媒体产业发展总体状况

(一) 内容生产建设情况

自 2013 年开始进入移动互联网时代以来，视频行业一直在往移动视频方向发展。2014 年 4G 网络的正式普及与推广，更是给移动视频注入了一剂强心剂，各视频网站纷纷加大在移动视频上的投入，摩拳擦掌备战 4G 时代。在移动视频市场的"井喷"之年，其发展重点在于移动端和 PC 端的优势互补，进一步开发扩展移动视频的盈利模式。2013 年全年，中国在线视频市场规模达 128.1 亿元，同比增长 41.9%。2013 年，在移动端快速发展以及优质长视频内容的带动下，在线视频市场规模保持较快增长态势。2014 年第一季度中国在线视频行业市场规模达到 38 亿元，同比增长 65.2%，环比增长 -9.5%，预计 2014 年第二季度市场规模将达到 47 亿元，环比增长达到 23.7%。由于在线视频市场规模最主要来自于广告收入，受季节性因素影响，每年第一季度是广告营收规模的低谷，从而拉低了第一季度环比增长率。受移动端商业化深入的带动作用，2014 年第二季度在移动视频付费用户上的增长将成为视频行业主要增长部分，从而带动在线视频整体市场规模的增长，如图 1 所示。

2013 年共有 37 档新上季播节目，其中属于第一季首次开播的节目有 24 档，占新节目的 64.86%，新生力量不容小觑。另外，继上年热播之后，播出第二季的节目有 6 个，播出三季以上的成熟季播节目则有 7 个。2013 年首次播出的第一季季播节目和播出三次及以上的成熟季播节目均以歌舞比拼为主要内容，延续上年播出的第二季季播节目则以歌舞之外的技能比拼为主，此类竞技类节目占第二季季播节目总量的近七成。其中，第一季《我是歌手》《舞出我人生》等歌舞比拼类节目有 14 档，占 58.33%，《中国星跳跃》《超级演说家》等其他技能比拼的节目有 10 档，占 41.67%；第二季《中国好声音》等歌舞类比拼节目有 2 档，占 33.3%，其他如《士兵突击》《顶级厨师》《创赢未来第二季》等均为其他行业竞技类节目，共有 4 档，占 66.67%；第三季及以上《势不可挡》《中国梦想秀》等以

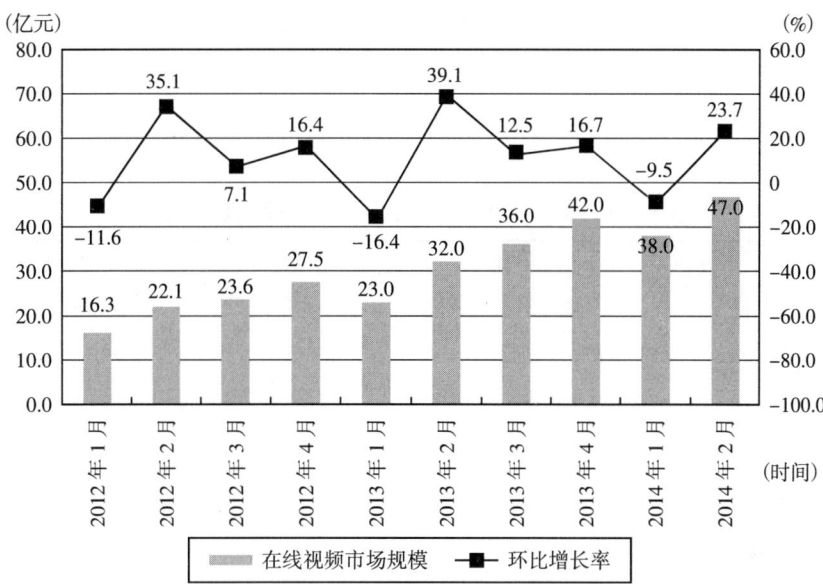

图1　2012年第一季度至2014年第一季度中国在线视频行业市场规模

资料来源：速途研究院《2014年第一季度视频市场分析报告》。

歌舞类比拼为主的节目有4档，占57.14%，其他竞技类节目如《中国达人秀》和《男生女生向前冲》等占42.86%，如图2所示。

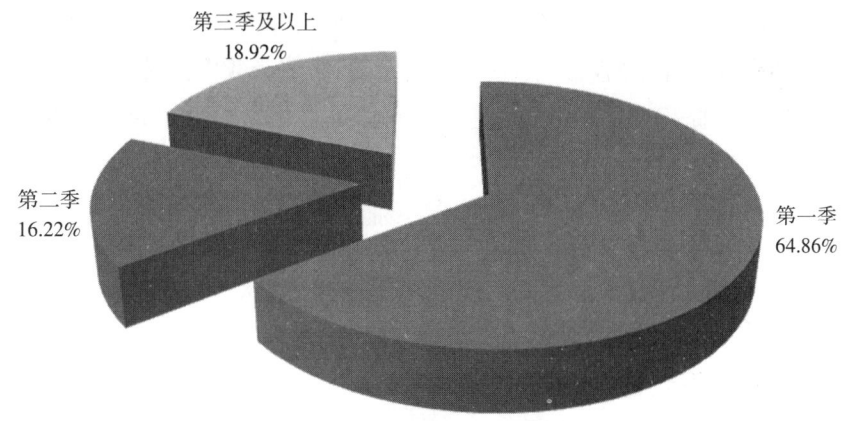

图2　2013年卫视季播节目占比

资料来源：索福瑞媒介研究有限公司《2013年卫视季播节目收视解析》。

2013年节目以内容比拼为主的新节目收视率TOP10中，有5档节目都是该年新开播的第一季节目，东方卫视、湖南卫视和浙江卫视占其中的90%。除歌舞类技能比拼以外的其他竞技类节目收视率 TOP10 中，有 4 档节目都是该年新开播的第一季节目，但与歌舞类比拼节目相比，竞技类节目播出第二季的节目数量更多，如表 1 所示。

表 1 2013 年卫视季播节目 TOP10（除歌舞类竞技外）

频道	节目名称	播出进度	开播日期
安徽卫视	超级演说家	第一季	2013 年 8 月 1 日
安徽卫视	男生女生向前冲	第五季	2013 年 5 月 2 日
东方卫视	中国达人秀	第四季	2012 年 11 月 18 日
东方卫视	梦立方	第二季	2013 年 4 月 18 日
东方卫视	顶级厨师	第二季	2013 年 1 月 16 日
湖南卫视	百变大咖秀	第三季	2013 年 1 月 10 日
江苏卫视	星跳水立方	第一季	2013 年 4 月 7 日
云南卫视	士兵突击	第二季	2013 年 4 月 5 日
浙江卫视	中国星跳跃	第一季	2013 年 4 月 6 日
中央台十套	中国汉字听写大会	第一季	2013 年 8 月 2 日

资料来源：索福瑞媒介研究有限公司《2013 年卫视季播节目收视解析》。

视频点击量是反映某一电视频道原创视频网络传播效果的一个重要指标。电视台积极稳妥地推进与视频网站合作结盟，实行多家视频联播模式，有利于最大限度互通有无，提高视频点击量，进一步增强其网络影响力。如果说 2012 年电视媒体凭借《舌尖上的中国》《中国好声音》等一众优秀电视栏目，从网络关注规模和量级上全面开启了中国电视节目网络传播收视的新时代，那么从最新监测数据显示来看，2013 年将成为电视节目网络视频点击的爆发年，在第二屏线上收看电视节目已发展成为一种趋势，如图 3 所示。

（二）发布平台建设情况

2013 年中国移动端视频呈现出"运营商视频"与"在线视频"两线并存的特点。中国移动端视频运营商或在线视频企业向用户提供以手机、Pad 等移动设备为使用终端，以流媒体为播放格式的视频直播、点播等服务，产业链涉及内容提供方、内容聚合方、自办内容牌照商、集成播控平台、运营商、渠道商、在线

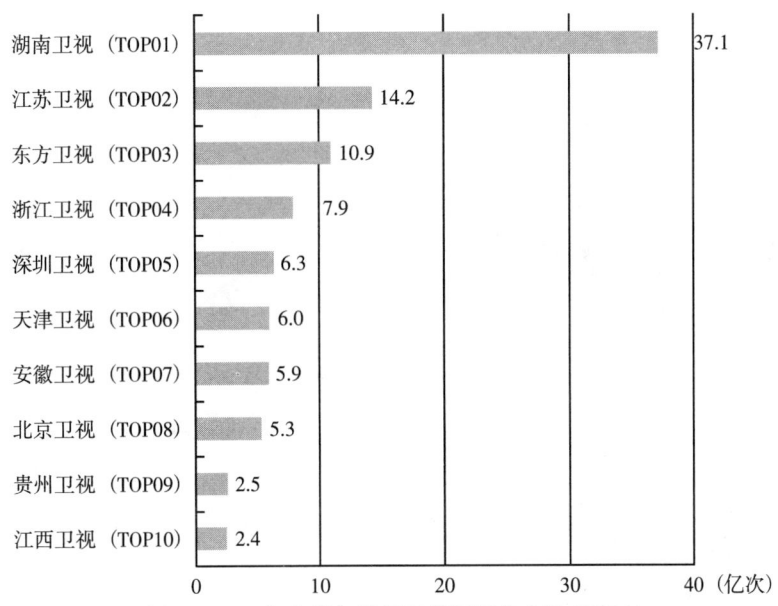

图 3　2013 年上半年省级卫视视频点击量 TOP10

资料来源：CMMR《2013 年省级卫视电视节目网络传播研究分析报告》。

视频播出平台等多个环节，主要包括运营商视频和在线视频两类模式。运营商视频模式的内容提供方通过集成播控平台和运营商合作，在渠道商的推广下，将视频内容送达用户，主要参与者为内容提供方、内容聚合方、牌照商、运营商和渠道商。在线视频模式则绕过牌照商和运营商，由内容聚合方直接通过在线视频播出平台向用户提供视频播放业务，主要参与者为内容提供方、内容聚合方和在线视频企业。两类模式采取差异化发展战略，预计未来将长期并存，共同推动中国移动端视频整体行业发展，如图 4 所示。

2013 年 12 月，中国移动、中国联通、中国电信三大运营商获得 4G-LTE 牌照后相继拉开 4G 商用帷幕，牌照商、渠道商纷纷致力于业务优化，运营商视频产业链各环节协同保持行业稳定发展。同时，2013 年在线视频企业迎来移动端发展元年，移动营销市场规模接近 5 亿元，预计 2014 年会有更多独立视频 App 涌现，在线视频企业移动端将迎来大范围爆发，市场规模或进一步扩大。运营商视频和在线视频未来将共同发力，助推中国移动端视频行业快速发展。

从媒体的发展可以看出，过去的媒体时代，因为信息的垄断，造成的垄断话语权；现在随着互联网的发展，包括微信、微博这样的工具的发展，使每个人都可以成为媒体的发言人。

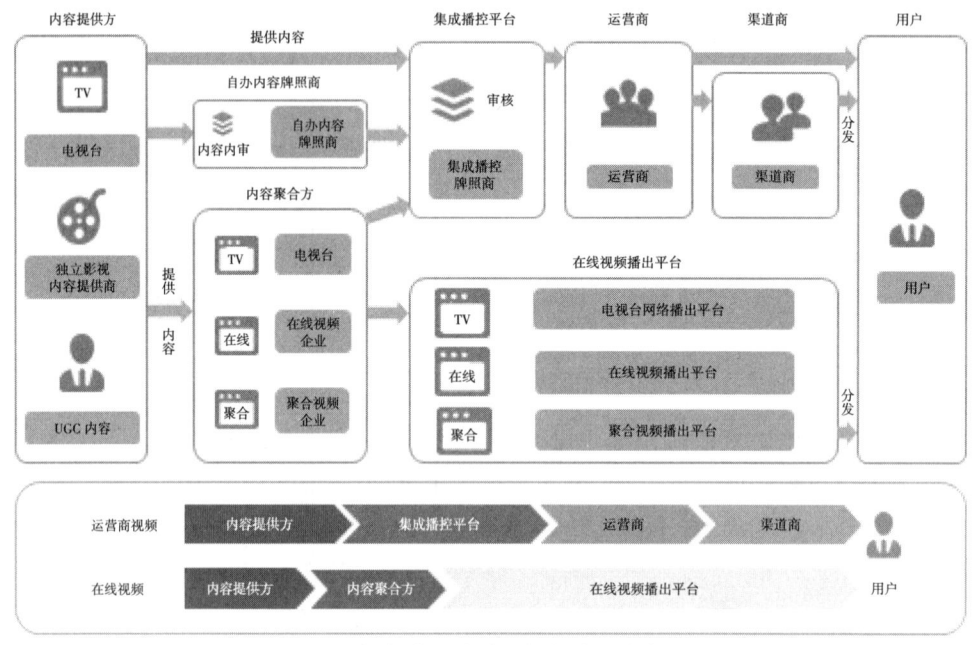

图 4　2013 年中国移动端视频产业发布平台

资料来源：艾瑞咨询《2014 年中国移动端视频行业研究报告》。

将六大社会化媒体平台的发展速度进行对比可以看出，2004 年 Facebook 突破上亿用户用了 54 个月，2005 年作为中国版 Facebook 上线的人人网用了 43 个月，2006 年上线的 Twitter 用了 42 个月，2008 年上线的开心网用了 35 个月，2009 年上线的新浪微博用了 19 个月，2011 年上线的微信用了 14 个月。随着社交平台的逐步兴起，用户的接受能力越来越强，用户数量破亿用的时间越来越短。在即将过去的 2013 年中，基于微信自媒体的热度呈现出爆发式增长，大量媒体与企业开通微信公众账号。根据腾讯在 11 月发布的 2013 年第三季度财报数字显示，微信的月度活跃用户数达到 2.7 亿，而微信作为强社交关系属性，其传播链条相对封闭。相比之下，虽然微信在信息传播上弱于以媒体属性见长的微博，但依然阻挡不住企业对微信的看好，如图 5 所示。

（三）传送与分发网络情况

与中央电视台新闻栏目的空前盛况相比，省级卫视新闻栏目的网络媒体报道情况整体形势尚待提升。但在频道特色化、专业化发展过程中，省级卫视也不乏叫得响的新闻栏目，以各具特色的栏目定位寻求突破（见图 6）。2013 年上半年

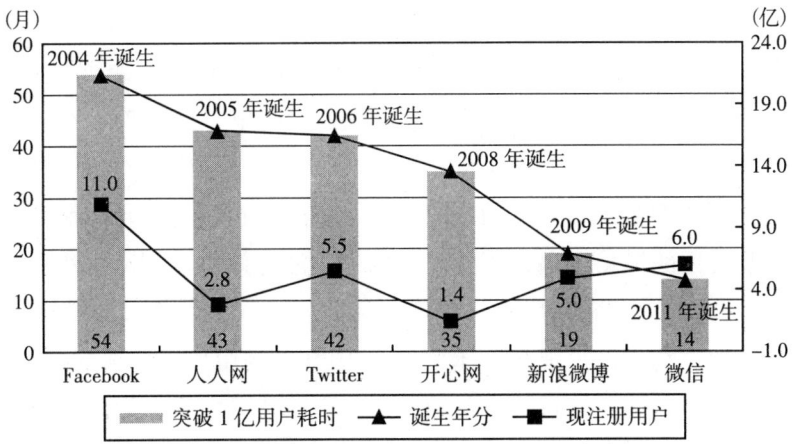

图5 2013年六大社会化媒体平台发展速度对比

资料来源：速途研究院《2013年自媒体行业发展报告》。

网络媒体对山东卫视《山东新闻联播》栏目的报道层面基本集中在引用《山东新闻联播》所报道的与山东省有关的政治、经济、文化、教育、科技、医疗、卫生等各领域所取得的成就。深圳卫视《直播港澳台》节目选题不囿于政治议题，涉猎各种有趣的社会、文化议题，是目前中国大陆最具影响力的涉港澳台电视新闻节目之一，而且在新媒体时代，该栏目注重通过大力推广全媒体的发展战略，打造立体化传播渠道，使其高品质的节目内容触及更广泛的人群，其新闻话题获得网媒持续报道和转载。

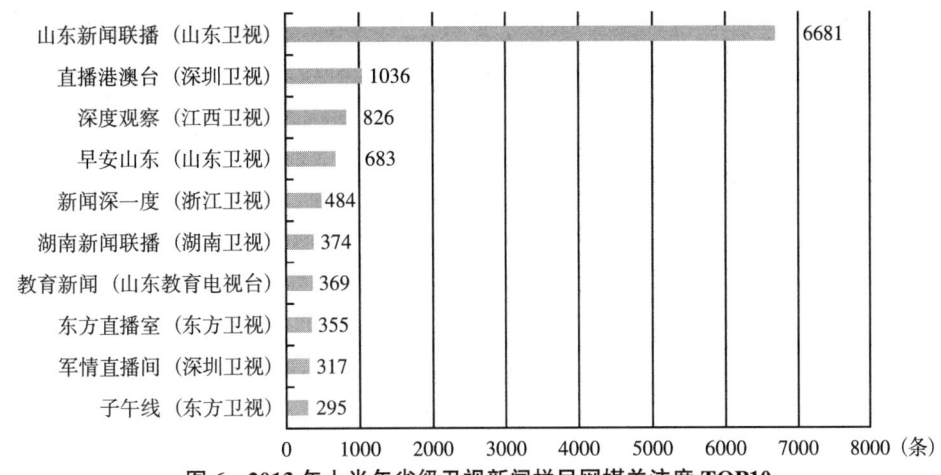

图6 2013年上半年省级卫视新闻栏目网媒关注度TOP10

资料来源：CMMR《2013年省级卫视电视节目网络传播研究分析报告》。

作为电视频道发声利器的新闻栏目，除了在传统领域搏击以外，微博也应成为其推广体系中不可忽视的渠道，从而实现电视与微博两个舆论场的结合。综观2013年上半年省级卫视新闻栏目微博提及量前十榜单（见图7），东方卫视《看东方》栏目微博提及量达1472065条，以绝对优势位居榜首。该栏目在话题选择上颇具多样性且贴近生活，主播主持风格亦十分灵活，从而造就了栏目时尚、活力及实用的风格，赢得了较多的网民关注与评论。湖南卫视的《新闻当事人》作为全国第一档80后青年发声的新闻栏目，成功拓展了青少年这个以往新闻节目的"真空区"观众群体，以292639条的微博提及量居榜单第二位，这无疑应归功于其敏锐的新闻触角和不拘一格的节目形式，为新闻节目注入了"类娱乐元素"，从而在年轻观众群体中焕发了勃勃生机，亦与微博年轻的用户结构相契合。

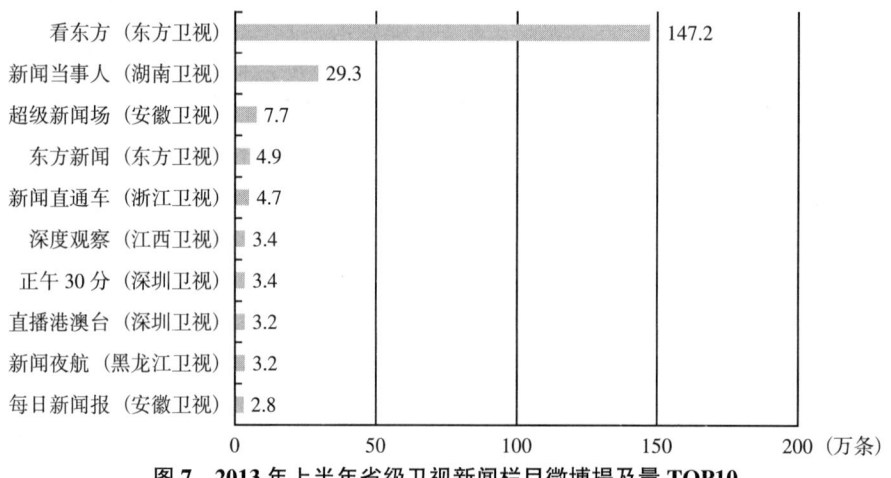

图7　2013年上半年省级卫视新闻栏目微博提及量TOP10

资料来源：CMMR《2013年省级卫视电视节目网络传播研究分析报告》。

在各家省级卫视新闻栏目网络收视表现中，东方卫视鲜明的"新闻立台"定位威力再现，有《看东方》《东方新闻》《东方直播室》《东方夜新闻》和《东方午新闻》五档优质新闻栏目跻身前十，占据了省级卫视新闻栏目半壁江山。深圳卫视的《直播港澳台》《正午30分》《军情直播间》，广东卫视的《财经郎眼》《全球零距离》均榜上有名。其中，深圳卫视的《直播港澳台》《正午30分》、东方卫视的《看东方》位列2013年上半年视频点击量前三。深圳卫视的《直播港澳台》作为中国大陆最具影响力的涉港澳台电视新闻节目之一，凭借丰富、即时的大中华资讯，独立、独到的多元观点，包罗万象的社会故事，紧紧把握新媒体发展的时代脉搏，推广全媒发展战略，让高品质的节目内容通过不同的媒介渠道传播到更广泛的人群，尤其锁定80后年轻族群，在2013年上半年点击量轻松过2亿次，稳坐省级卫视新闻栏目视频点击之冠的宝座。《军情直播间》凭借"中菲黄岩岛持续对峙""中日钓鱼岛升温"等深度报道获得极高的点击收视。综观2013年上半年，省级卫视新闻栏目力争以各具特色的表现方式整合自身优质内容，进而博取较高的网络视频点击数量，如图8所示。

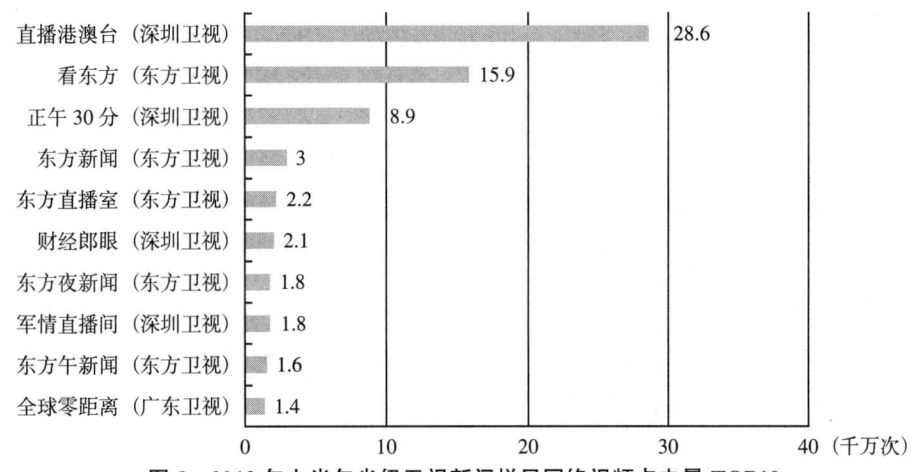

图8　2013年上半年省级卫视新闻栏目网络视频点击量TOP10
资料来源：CMMR《2013年省级卫视电视节目网络传播研究分析报告》。

对省级卫视而言，综艺栏目一直是较具优势的一种栏目形式，但同时也意味着各大卫视之间在这一领域存在着激烈的竞争。2013年上半年省级卫视综艺栏目的网媒关注度呈现出多家卫视争霸的发展态势，某一家卫视频道独霸的局面已不复存在。湖南卫视《我是歌手》、江苏卫视《星跳水立方》和浙江卫视《中国星跳跃》分别位列榜单前三。2013年上半年依旧是歌唱类节目主打天下，除《我是歌手》外，浙江卫视《中国好声音》因持续的开播前各种推广和话题而备受关注，东方卫视《中国梦之声》也因二季度的出色表现纷纷上榜，如图9所示。

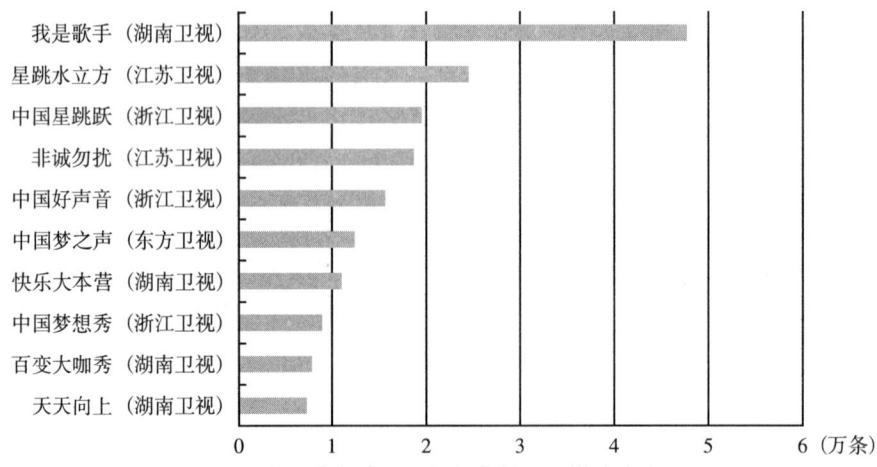

图 9　2013 年上半年省级卫视综艺栏目网媒关注度 TOP10

资料来源：CMMR《2013 年省级卫视电视节目网络传播研究分析报告》。

综观 2013 年上半年省级卫视网媒关注度前十首播电视剧（见图 10），每部首播剧均吸引了 400 家以上的网络媒体密集报道，其中，网媒来源主要集中在搜狐网、新民网、凤凰网、21CN、南海网等门户类网站。从题材和类型来看，古装武侠、历史传奇、家庭言情、都市轻喜等几类剧目相对更受网媒关注。在网络传播与影响力打造方面，各大卫视首播剧或制造话题，或与品牌节目联动宣传，或联合首播开展协同营销，策略各有侧重。

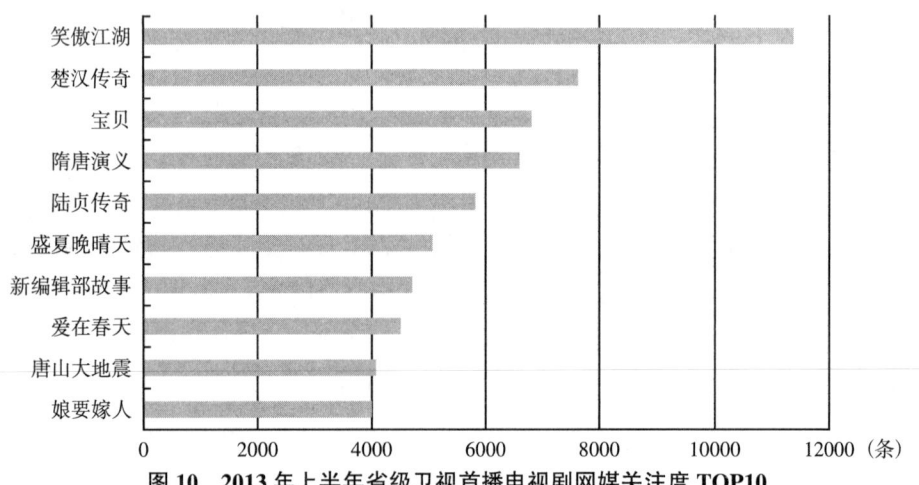

图 10　2013 年上半年省级卫视首播电视剧网媒关注度 TOP10

资料来源：CMMR《2013 年省级卫视电视节目网络传播研究分析报告》。

(四)接收终端发展情况

中国移动终端消费者调查数据显示,中国移动终端的普及率为98.3%,在被调查的2000名受众中,仅有35名消费者表示没有任何移动终端(这里的移动终端包括手机、Pad、笔记本电脑、便携式游戏机、数码相机、MP3或者MP4播放器、便携式DVD播放器及智能手表)。移动终端在中国基本达到全民普及。平均每位用户拥有4.2部移动终端,男性平均拥有4.1部移动终端,女性平均拥有4.4部移动终端,高出男性0.3部。所有移动终端中,智能手机的普及率最高,达到82%,超过笔记本电脑(73%),Pad的普及率为45%。

移动设备逐渐成为用户观看视频的主要工具。在用户观看经常使用的设备中,智能手机超过笔记本电脑,成为第一名,占比为77.5%,如图11所示。

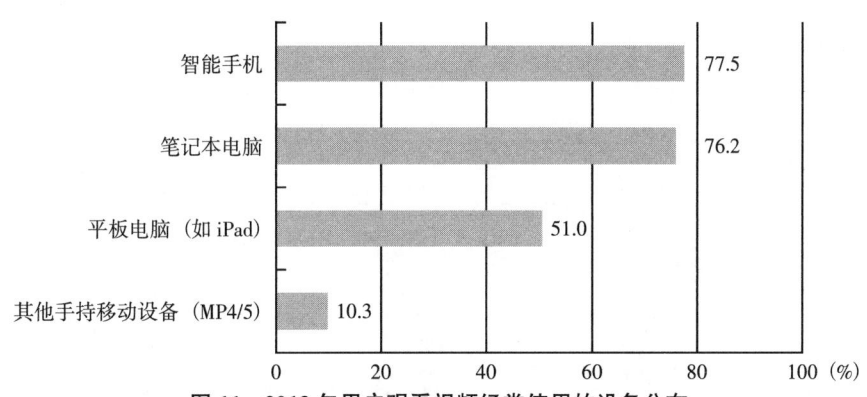

图11 2013年用户观看视频经常使用的设备分布

资料来源:缔元信《2013移动视频用户调研报告》。

不论在中国整体手机市场还是在智能手机市场,三星采用高、中、低端市场全覆盖战略,不仅在高端市场地位牢固,在中低端市场仍有不错的销量及市场份额,且三星产品更新速度快,产品设计、性能、推广方案均在市场中处于领先地位,但其产品质量与售后服务问题正在面临挑战。苹果依靠时尚的产品设计、良好的用户体验及具有完美架构的iOS系统吸引着大批的忠实果粉,疯狂地追随着苹果一代又一代的新品。随着竞争的加剧,苹果愈发重视中国市场,2013年第四季度,苹果iPhone 5S在中国市场首发,同时苹果开始与中国最大运营商中国移动拉开合作的序幕。昔日的手机巨头们则今非昔比,诺基亚在被微软收购之后，2013年10月一口气发布了六款新品，基本完成了Windows Phone 8产品线的布局，但目前来看，诺基亚WP8机型尚未表现出强劲的上升势头。索尼与爱立信分开，再次轻装上阵后，快速更新产品，以求稳固在市场中的地位，但因推广力度、功能创新等方面的原因，导致产品在市场中并未掀起大的波澜。联想、华为、酷派等国产手机奋力追赶，力求缩小与三星、苹果的差距，2013年成为国产手机品牌集体尝试高端市场的元年。

开放的Android操作系统为国产手机带来了新的发展机会。2013年国产手机阵营快速崛起，其品牌关注度上升势头猛烈，ZDC监测数据显示，2013年国产手机关注度达到40.8%，超四成，较2011年大幅增长了26.3个百分点。相应地，国际品牌手机关注度则由2011年的85.5%降至2013年的59.2%。从品牌来看，联想、华为、酷派等成为国产手机阵营的佼佼者，2013年其品牌关注度在中国手机市场跻身前十。另外主打3000元以上智能手机的OPPO、vivo品牌也在智能手机市场占据了一席之地。如图12所示。

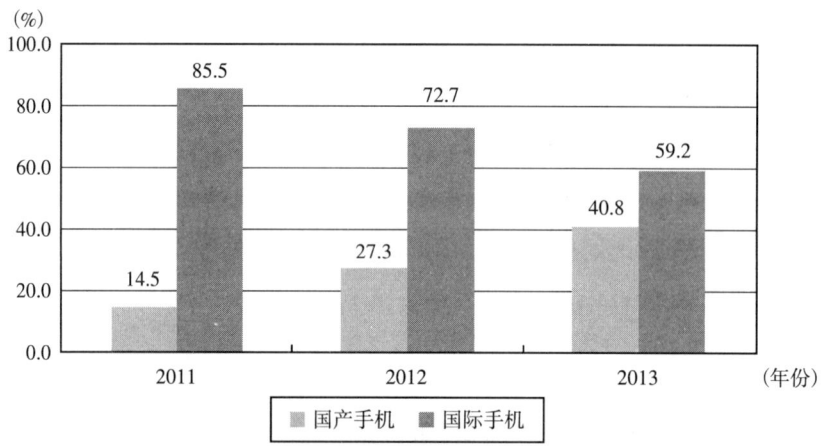

图12 2011~2013年中国手机市场国产手机、国际手机关注比例对比

资料来源：ZDC互联网消费调研中心《2013~2014年中国手机市场研究年度报告》。

在手机操作系统方面，Android依旧以八成左右的关注度独占鳌头，笑傲江湖。苹果iOS以10%左右的关注度稳居第二。Windows Phone系统关注度尽管增长缓慢，但已经表现出了智能操作系统第三极力量的苗头，操作系统三足鼎立格局初现。智能手机尤其是Android智能手机市场的竞争在不断加剧和升级，从目前的竞争重点来看，依旧集中在配置和价格方面。5.0英寸以上大屏幕、四核甚至八核处理器、1300万及以上像素摄像头成为智能手机厂商重点比拼的参数，同时用户对这些参数的关注度也呈直线上升的态势。用互联网的思维做手机，在2013年的中国手机市场上可谓非常盛行，这在华为、联想等品牌身上表现得尤为突出。通过互联网做手机、通过互联网营销手机，将是未来传统手机厂商与互联网手机企业竞争最激烈的地方。

ZDC统计数据显示，当前中国手机市场上参与竞争的品牌数量达到117家，从品牌关注格局来看，用户关注集中，仅前15家品牌就累计占据九成以上关注度。其中，三星以22%的关注度高居榜首，苹果以10.1%的关注比例排在亚军位，其他品牌关注度均在10%以下。整体来看，前三甲位置被国际品牌牢牢把握。前15家品牌中，国产品牌占据八个席位。2013年手机市场的竞争进一步加剧，最受用户关注的15家品牌排名大范围变化。15家品牌中共有13家品牌排名波动，前三甲中苹果取代HTC位居亚军。国产品牌联想则跻身前五，华为、小米、OPPO、酷派、vivo品牌排名均较上年出现不同幅度的提升。HTC、索尼移动、中兴、摩托罗拉、魅族、LG品牌排名则均出现下滑。如表2所示。

表2　2012~2013年中国手机市场品牌关注比例对比

排名	2012年		2013年	
	品牌	关注比例（%）	品牌	关注比例（%）
1	三星	21.0	三星	22.0
2	HTC	13.1	苹果	10.1
3	诺基亚	10.7	诺基亚	8.3
4	苹果	8.2	联想	7.8
5	摩托罗拉	8.1	HTC	6.1
6	索尼移动	6.5	华为	5.5
7	联想	5.3	索尼移动	4.8
8	华为	3.9	小米	3.8
9	小米	3.1	OPPO	3.7
10	中兴	2.7	酷派	3.5
11	魅族	2.4	中兴	3.4
12	酷派	2.3	摩托罗拉	3.3
13	LG	2.2	vivo	3.1

续表

排名	2012年		2013年	
	品牌	关注比例（%）	品牌	关注比例（%）
14	OPPO	1.9	魅族	3.0
15	vivo	1.6	LG	2.8
	其他	7.0	其他	8.8

资料来源：ZDC互联网消费调研中心《2013~2014年中国手机市场研究年度报告》。

从产品来看，2013年苹果iPhone 5（16GB）以3.4%的关注比例成为最受用户关注的机型，且拥有较大的领先优势。三星GALAXY S4（I9500/16GB/单卡版）以2.2%的关注比例排在第二位。整体来看，苹果最新的四代产品的四款机型入围榜单，成为上榜产品数量最多的品牌。三星两款机型上榜，诺基亚、魅族、OPPO、索尼移动也均有一款产品上榜。如图13所示。

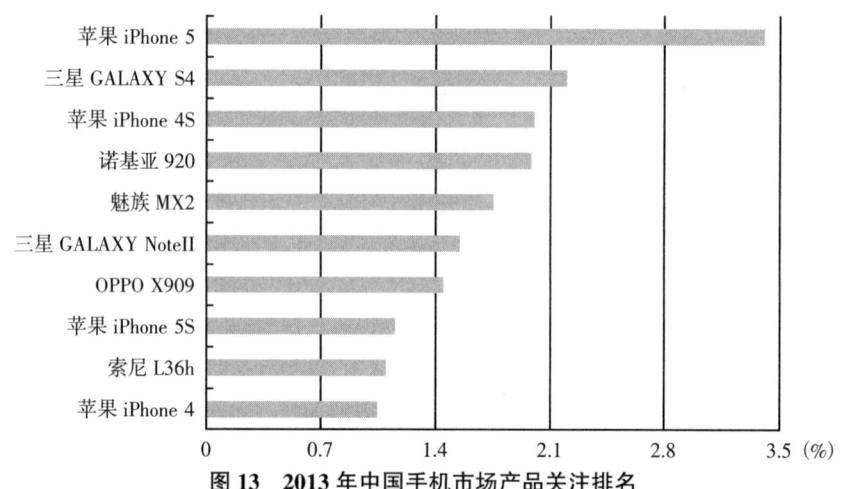

图13　2013年中国手机市场产品关注排名

资料来源：ZDC互联网消费调研中心《2013~2014年中国手机市场研究年度报告》。

使用2G和3G网络最多的移动终端是智能手机（接近59%），有23%的Pad使用2G和3G网络上网，而仅有18%的笔记本电脑使用2G和3G网络上网。相比之下，Wi-Fi是各种设备上网的首选。对于智能手机用户来说，有69%的人会选择家中、办公地点或者学校的Wi-Fi上网，这个比率高过用2G和3G网络上网的智能手机用户。此外，还有43%的智能手机用户会选择公共Wi-Fi上网（例如餐厅、机场等地的Wi-Fi)。Pad用户中，Wi-Fi上网占有绝对的优势：有75%的用户选择家中、办公地点或者学校的Wi-Fi上网；38%的用户选择公共Wi-Fi上网。用Wi-Fi上网的用户比率远远高过用2G或者3G上网的用户比率（23%）。对于笔记本电脑用户来说，有63%的用户选择家中、办公地点或者学校的Wi-Fi上网，52%的用户会选择用宽带或拨号上网，而有27%的用户选择使用公共Wi-Fi上网。如图14所示。

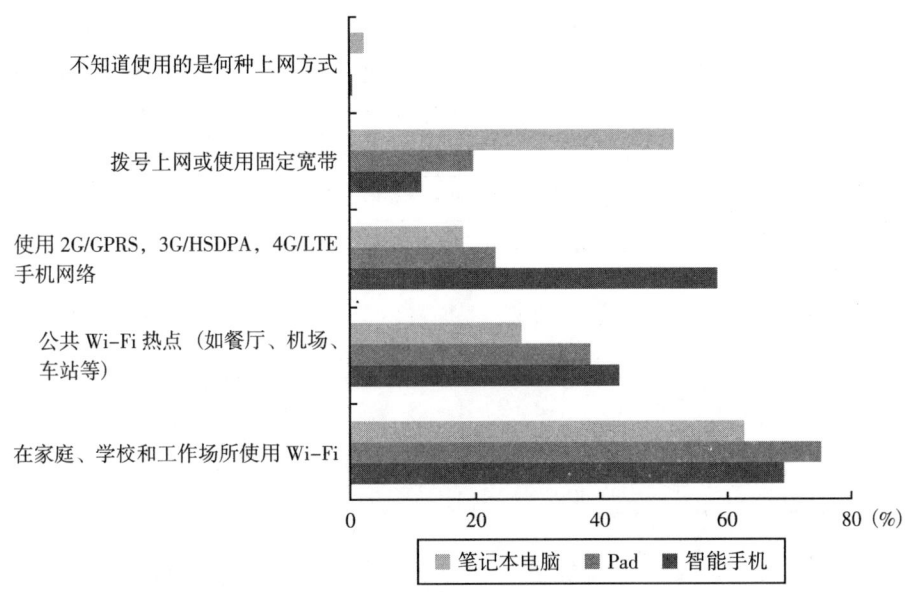

图14 2013年中国移动设备上网方式

资料来源：德勤《2013德勤中国移动终端消费者行为调查》。

（五）用户规模增长情况

2013年中国网民规模增长空间有限，使用手机登录互联网仍然是网民规模不断扩大的主要动力。截至2013年12月，我国网民规模达6.18亿，全年共计新增网民5358万人。互联网普及率为45.8%，较2012年底提升了3.7个百分点，普及率增长幅度与2012年情况基本一致，整体网民规模增速持续放缓（见图15）。与此同时，手机网民继续保持良好的增长态势，规模达到5亿，年增长率为19.1%，手机继续保持第一大上网终端的地位。而新网民较高的手机上网比例也说明了手机在网民增长中的促进作用。2013年中国新增网民中使用手机上网的比例高达73.3%，远高于其他设备上网的网民比例，手机依然是中国网民增长的主要驱动力，如图16所示。

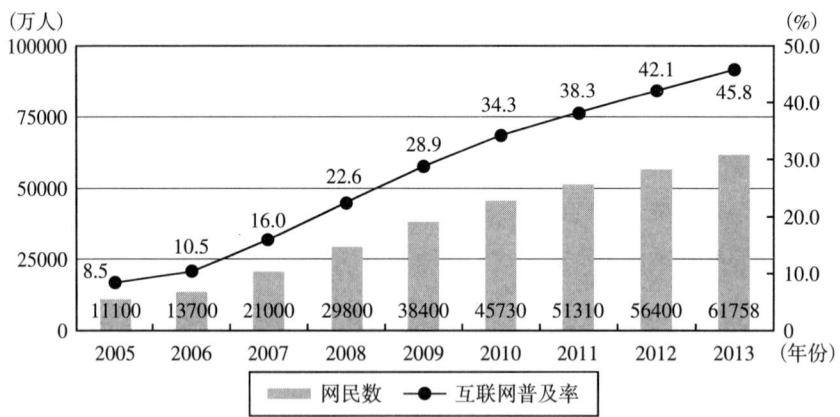

图15　2005~2013年中国网民规模与互联网普及率

资料来源：CNNIC《中国互联网络发展状况统计调查》。

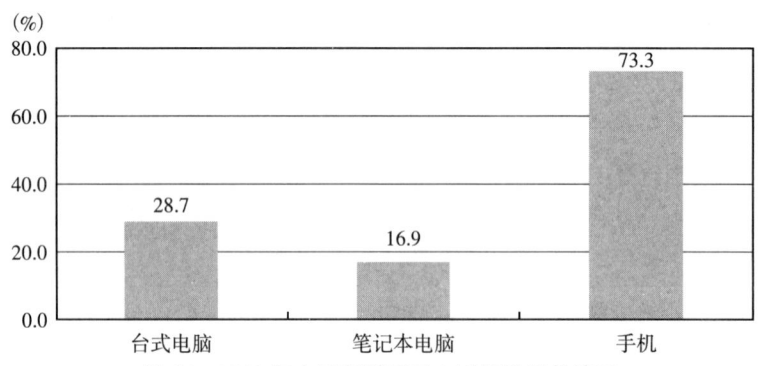

图16　2013年中国新增网民上网使用设备情况

资料来源：CNNIC《中国互联网络发展状况统计调查》。

随着互联网普及率的逐渐饱和，中国互联网的发展主题已经从"普及率提升"转换到"使用程度加深"，而近几年的政策和环境变化也对互联网使用深度的提升提供了有力保障：首先，国家政策支持，2013年国务发布《国务院关于促进信息消费扩大内需的若干意见》，说明了互联网在整体经济社会中的地位；其次，互联网与传统经济结合越加紧密，如购物、物流、支付乃至金融等方面均有良好应用；最后，互联网应用塑造全新的社会生活形态，对人们日常生活中的衣食住行均有较大改变。

截至 2013 年 12 月，我国手机网民规模达 5 亿，较 2012 年底增加 8009 万人，网民中使用手机上网的人群占比由 2012 年底的 74.5% 提升至 81%，手机网民规模继续保持稳定增长。手机网民规模的持续增长，一方面得益于 3G 的普及、无线网络的发展和智能手机的价格持续走低，为手机上网奠定了较好的使用基础，促进网民对各类手机应用的使用，尤其为网络接入、终端获取受限的人群提供接入互联网的可能。根据工信部公布的数据，2013 年 1~10 月，我国智能手机出货量达到 3.48 亿部，销量保持快速增长；2013 年 11 月 3G 移动电话用户达 3.86 亿户，较上年同期增长 1.54 亿户。另一方面得益于手机应用服务的多样性和深入性，尤其是在新型即时通信工具和生活类应用的推动下，手机上网对日常生活的渗透进一步加大，在满足网民多元化生活需求的同时提升了手机网民的上网黏性。如图 17 所示。

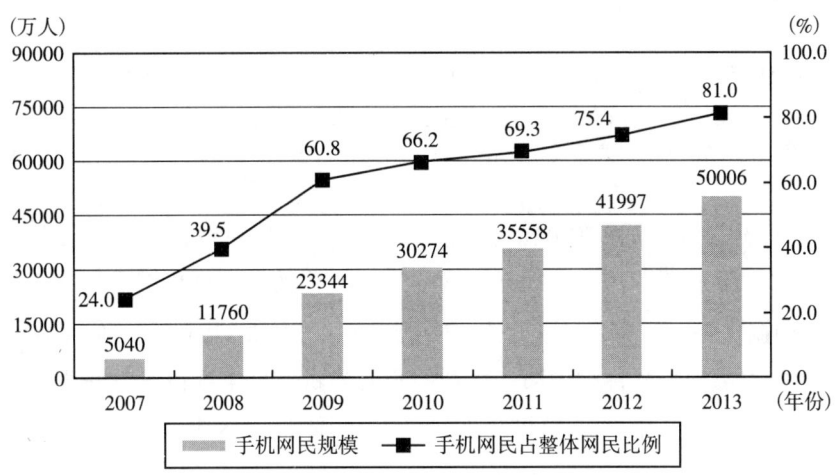

图 17　2007~2013 年中国手机网民规模

资料来源：CNNIC《中国互联网络发展状况统计调查》。

根据缔元信对中国移动视频使用者的调查显示，在我国移动视频用户中，39.1% 的用户每天观看视频的时间在 5 小时以上，其次是 1~2 小时和 2~3 小时的占比较高，分别为 16.1% 和 15.3%。在观看视频最常使用的设备中，移动设备（智能手机和平板电脑）已逐渐占据半壁江山，占比合计为 47.8%，已接近笔记本电脑的使用量。而在使用移动设备观看视频的用户中，22.5% 的用户每天使用移动设备观看视频的时间在 5 小时以上，重度用户渐成主流，其次是 2 小时和

3~4小时的占比较高,分别为21.4%和16.7%。由此可以看出,使用移动设备观看电视已逐渐成为视频用户的主流。如图18所示。

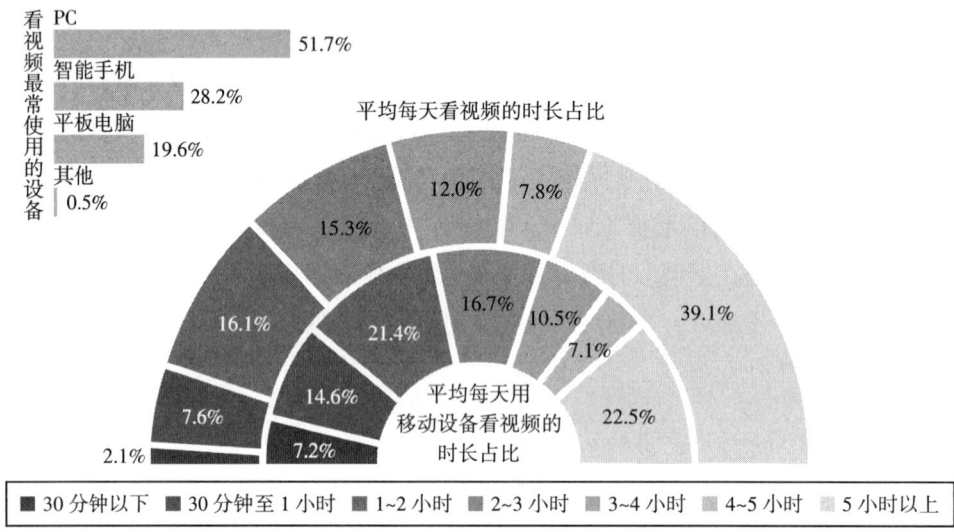

图18 2013年中国平均每日使用移动设备看电视的时长占比

资料来源:缔元信《2013中国移动视频用户调研报告》。

2006年诞生的快播,在电影视频点播领域一直是领导者,同时也被国内称为是万能影音播放器,随着移动互联网的发展,移动快播客户端也随之诞生,延续其在PC端优势,在移动端下载量也居于第一,达到21019万次的下载量,成为当之无愧的第一。号称中国第一影视门户的爱奇艺从上线以来,一直坚持"悦享品质"的理念,为用户提供清晰、流畅的观影体验,移动客户端下载量也突破2亿次,位居第二。由古永锵2006年创立的优酷网是中国领先的视频分享网站,在2013年3月荣获三大风投入资近百亿元,移动客户端同样受到用户欢迎,跻身排行榜前三,下载量19131万次。在PC端依靠强大搜索市场进军视频市场的百度,2011年上线百度影音后,使快播倍感压力,但是在移动端市场,似乎表现并没有PC端那么强劲,下载量仅为7242万次。腾讯视频定位于中国最大在线视频媒体平台,24小时多平台无缝应用,移动客户端更是优势多多,支持离线下载,美剧频道多多增彩,记录播放等,给予用户极致体验。如表3所示。

表3 2013年中国各大移动视频客户端下载排行榜

单位：万次

应用	豌豆荚	360手机助手	91手机助手	安卓市场	应用汇	总下载	
快播	2488	9817	2889	4434	1391	21019	A
爱奇艺视频	1416	4255	3875	9531	1239	20316	
优酷	1400	4766	2836	9208	921	19131	
PPS影音	911	4216	2951	3637	934	12649	B
PPTV	1211	3785	2776	3678	549	11999	
暴风影音	2254	4268	1383	2766	803	11474	
搜狐视频	297	1374	1658	5371	174	8874	
百度视频	754	1234	1200	3827	227	7242	
土豆	635	486	279	2629	203	4232	C
乐视影视	309	963	425	931	222	2850	
腾讯视频	316	689	403	806	239	2453	
QQ影音	564	529	238	627	203	2161	
风行电影	164	829	320	383	63	1759	
迅雷看看	321	417	209	318	161	1426	

注：上图汇集主要手机应用商店下载数据，列示各大移动视频客户端下载排行榜。上图将下载情况分列成三个区域，分别是下载量在2亿次左右的A区，下载量在1亿次左右的B区和下载量在千万次以上的C区。

资料来源：速途研究院《2013移动端视频市场分析报告》。

2013年11月在线视频PC端网页与PC客户端的月度覆盖人数分别为4.6亿人和3.4亿人，环比增长分别为1.6%和6.7%，整体来看，PC端在线视频的用户规模已经趋于稳定，保持平稳态势，如图19所示。

随着"三网融合"方案的提出，从目前三网融合的进程来看，电信系更占优势，IPTV是电信系进入视频领域重要的战略，电信系网络运营商在现有网络上开展IPTV视频业务也非常平滑。我国拥有4亿多电视用户，网络用户近2亿，宽带网络用户为IPTV的潜在客户，三网融合的第一阶段（2010~2012年）已经收官，并迈入推广阶段（2013~2015年），第二批54个试点城市已包括全国大部分重要城市，覆盖人口超过3亿。在电信、视频网站、广电等各利益方的参与下，我国IPTV用户数已从2009年的470万户发展到2013年底的3400万户，成为全球IPTV用户最多的国家，并且仍有40%~50%的增长空间。如图20所示。

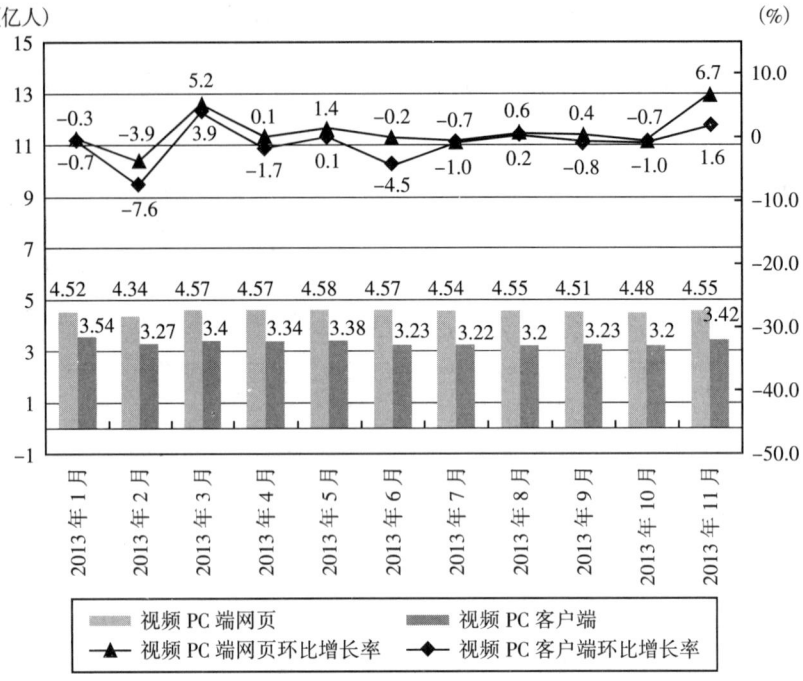

图 19　2013 年中国在线视频 PC 端网页与 PC 客户端月度覆盖人数与环比增长率

注：此处的用户规模即为 iUserTracker 中的月度覆盖人数（iUserTracker 家庭办公版 2014.1，基于对 40 万名家庭及办公（不含公共上网地点）样本网络行为的长期监测数据获得）。

资料来源：艾瑞咨询《2013 年第四季度中国在线视频行业季度监测报告》。

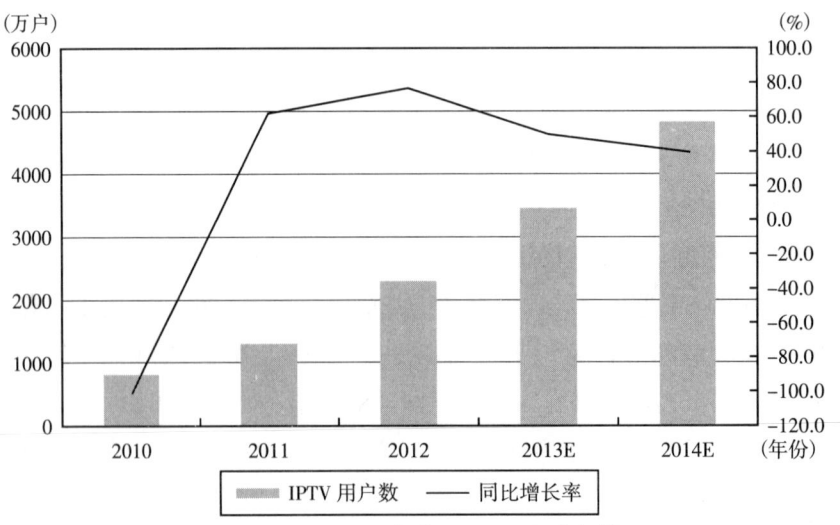

图 20　2010~2014 年中国 IPTV 用户规模

注：2013 年和 2014 年数据为预测值。

资料来源：艾瑞咨询《2013 年 IPTV 行业分析报告》。

2013年CCTV移动传媒已经覆盖全国22个重点一线城市、40000辆公交车、80000个液晶播放移动终端，每周深入影响全国主流消费者4亿人次，如图21所示。

城市	日平均覆盖人次	周总覆盖人次
北京	9711187	67978310
上海	5118343	35828402
杭州	4227786	29594500
广州	3915559	27408916
成都	3121853	21852970
西安	2990561	20933926
青岛	2910006	20370040
昆明	2690666	18834662
天津	2375830	16630811
武汉	2345806	16420643
东莞	2231474	15620321
哈尔滨	2032327	14226287
兰州	2018150	14127048
深圳	2018087	14126607
南昌	1898102	13286712
郑州	1690635	11834444
南京	1221470	8550291
大连	1007376	7051635
西宁	884739	6193175
沈阳	840998	5886987
桂林	809225	5664572
海口	768578	5380047
全国汇总	56828758	397801307

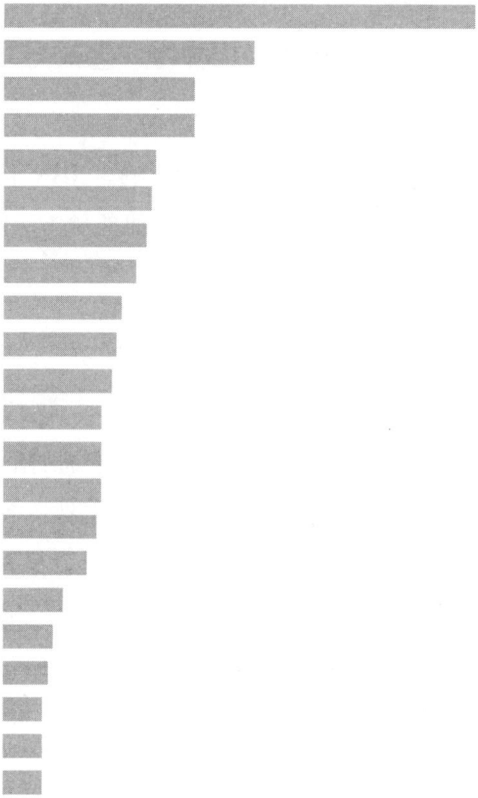

图21 2013年CCTV移动电视覆盖用户规模

资料来源：CTR《2014年CCTV移动电视媒体推介报告》。

三、2013~2014年新媒体产业发展特点

（一）2013年被称为"大数据元年"

大数据时代，媒体的转型发展，既是技术问题，也是战略问题，将对未来的媒体形态和格局产生深远影响。2013年被称为"大数据元年"。目前，几乎所有世界级的互联网企业，都将业务触角延伸至大数据产业；无论社交平台逐鹿、电商价格大战还是门户网站竞争，都有它的影子；去年美国政府投资2亿美元启动"大数据研究和发展计划"，更将大数据上升到国家战略层面。大数据，正由技术热词变成一股社会浪潮，影响社会生活的方方面面。

"大数据"并不是一个新概念，但大数据时代却是伴随着近年来信息爆炸式增长而来。互联网上，每天新浪微博用户发博量超过1亿条，百度大约要处理数十亿次搜索请求，淘宝网站的交易达数千万笔，联通的用户上网记录一天达到10TB等。数据量的爆发式增长也带来了数据储存方式的革命。在2000年，数字化储存的信息只占全球数据量的1/4，而在2007年，所有数据中只有7%是储存在报纸、书籍、图片等媒介上，其余全是数字数据。解放日报报业集团社长尹明华在近日举行的中国传媒大会上说："新媒体的本质就是数据分析。我们已经从信息时代走到了数字时代和智能时代，如果数据被赋予背景，它就成了信息；如果数据能够提炼出规律，它就是知识；如果数据能够借助于各种各样的工具在分析的基础之上为我们提供正确的决策，它就是资源。"大数据时代，信息的内涵已不仅是消息等新闻，而是各种各样的数据。这就要求媒体必须适应新的信息生产和传播方式，以多元化媒介来承担信息传播的职能。生产、分析、解读数据，探索一条为受众和用户提供分众化服务和体验的媒体发展之路，将成为媒体竞争的必备技能。

大数据时代的媒体转型和发展，需要结合自身特色，走一条符合传播规律、符合自身实际、符合受众需求的发展之路。这对媒体既是机遇也是挑战。大数据考验媒体的战略决策能力。不转型，就会丧失主动权，被淘汰或边缘化；要转

型，就要对当前的报道形式和运行体系进行全面改造。这将考验决策者的胆魄和智慧。媒体应对大数据时代的另一个挑战是数据加工能力的匮乏。当前大数据建设缺乏专门的数据分析方法、使用体系和高端专业人才，很多媒体没有专门的数据管理和分析部门及专家。如果软件跟不上，却一窝蜂地投身于数据平台的搭建，对媒体长远发展不利。

（二）4G 服务正式商用

2013 年 12 月，工业和信息化部根据相关企业申请，依据《中华人民共和国电信条例》，本着"客观、及时、透明和非歧视"的原则，按照《电信业务经营许可管理办法》，对企业申请进行审核，向中国移动通信集团公司、中国电信集团公司和中国联合网络通信集团有限公司颁发"LTE 第四代数字蜂窝移动通信业务（TD-LTE）"经营许可，即 4G 网络经营许可。在中国市场中，无论是电信运营商还是设备制造商，4G 都是抢占未来三年市场的关键发力点。对于电信运营商而言，是否能够尽早推出 4G 网络尤为关键，4G 的推出能够吸引接近 90%的消费者加入，还很有可能帮助率先推出 4G 服务的电信运营商抢占其他电信运营商的已有客户。而对于设备制造商而言，虽然 4G 服务在中国市场还未推出，但如果新推出的手机具有 4G 功能，将会成为吸引消费者的很大亮点。

（三）微信访问量与日俱增

2013 年 9 月，王菲与李亚鹏离婚的消息一出，整个微博炸开了锅，用一位新浪微博高层的话说："牛鬼蛇神都出来了，连潜伏的千年老妖也出来点赞了。"其实，微博不是不活跃，而是渐渐回归真实，20%的人写微博，80%的人在看微博而已。济南中院庭审薄熙来案微博直播，连凤凰卫视主持人直播的时候都在看微博做播报。再看微信，微信这一年其实也挺热闹，微信新版打飞机着实成了产品营销的典型案例；微信扫一扫，横扫一切也确实让二维码重回公众视线；微信调整公众账号策略，对公众账号进行折叠遭到吐槽；最近的微信支付也很火，明里暗里叫板支付宝。微信这一年确实干了很多事，让业界刮目相看。

无论用户需求、信息传播路径还是用户关系，微博和微信都有明显的差异。用户对微博的需求以信息为导向，通过微博获取资讯、分享兴趣内容、结识兴趣好友、参与社会事件传播，对微信的需求则以工具为导向，通过微信实现移动通信、私密生活分享、心情分享等功能。在传播路径上，微博的信息以点对面的形式传播，是一个公开讨论的场所；微信则以点对点的对话为主，虽然5.1版本将微信群的人数上限放宽到100人，但其传播路径相对于微博而言仍然是封闭和狭窄的。在用户关系上，微博上的用户是弱关系，彼此可能并不认识，但却有共同的兴趣；微信上的用户则相反，彼此之间的关系强于微博，即使兴趣不同但通常都是"熟人"。简而言之，微博更像社交媒体，而微信则是不折不扣的社交工具。

《中国互联网络发展状况统计报告》（以下简称《报告》）显示，2013年是中国微博发展的转折之年，用户规模和使用情况均大幅下降。具体说来，就是在2013年，22.8%的网民减少了微博的使用，而微博产品的使用时间仅增加了12.7%。在手机端，使用微博的网民数量也呈下降趋势，使用热度也在下降。截至2013年12月，中国手机微博用户数为1.96亿，较2012年底减少了596万。同时，手机微博的使用率仅为39.3%，比2012年底降低了8.9个百分点。对于微博等社交类网站的活跃度下降，该《报告》认为，原因有四点：一是一些用户认为"社交类网站浪费时间"，减少使用。二是网民转向微信等替代性产品。在减少使用微博的用户中，37.4%的人转而使用微信。三是长期使用后，丧失新鲜感。四是与朋友的互动变少。

（四）三网融合进入推广阶段开局之年

2010年1月13日召开的国务院常务会议决定加快推进电信网、广播电视网和互联网三网融合，标志着三网融合正式进入实质性推进阶段。在"三网融合"中，广电与电信都将大规模投资建设光纤宽带网络，这为光纤光缆产业的发展带来新的机遇。2013~2015年正值全面实现三网融合时期，根据广电总局规划，到2015年，数字化改造将全部完成，预计届时双向化覆盖率有望达到80%，双向互动电视渗透率预计将从2011年底的7%上升到40%；2013年我国三网融合试点城市增加到54个；广电总局牵头组建的中国广播电视网络公司于2014年4月17日注册成立。

在第一阶段，广电系统在三网融合以及自身后续发展方面一直都在"摸石过河"，缺乏系统而明确的产业发展规划。自2013年开始，三网融合将进入全面总结与推广阶段，在这一阶段，广电系统首先需要做的就是对产业链进行梳理，变过去的"无的放矢"为"有的放矢"。电台、电视台、有线电视网络公司、电视机、机顶盒、CA 卡、BOSS 等厂商均急需一份权威性的"广电行业发展路线图"。

电信运营商之间的竞争正在使得光纤建设不断升级。长期以来，由于政策原因中国宽带形成了"北网通，南电信"的格局，而随着政策因素的消失这样的壁垒正在被打破，电信和联通均加强了在弱势区域的宽带建设力度，意图在全业务的竞争格局中赢得领先优势，现在全国各地陆续出现的免费升级宽带计划正是这种竞争加剧的有力体现。

而对于广电来说，在全业务竞争时代，三网融合无疑是其参与宽带竞争、获取更多用户价值的历史机遇，其必然会利用三网融合的机会实现自身的网络、视频内容等内部资源整合并最终成为与三大电信运营商竞争的综合信息服务提供商。在此背景下，广电大力推动其下一代广播电视网络（NGB）的建设，并提出在 2015 年使 NGB 的网络功能和性能达到与电信网络平等竞合的水平。所以，在运营商之间不断激化的竞争格局之下，其必将会加大在宽带建设方面的投入，从而使得光纤需求不断升级。

四、2013~2014 年新媒体产业安全存在问题

（一）新媒体产业发展不平衡

以报纸为例，国内报纸的移动化水平依然存在地区上的高度不平衡，总体呈现出由沿海向内地递减，重点城市遥遥领先的态势。但在过去的一段时间，中部地区在媒体移动化上的努力仍然值得肯定。中国报业移动化未来发展的方向就是让"由沿海向内地递减"的态势变为以沿海带动内地、影响内地，两地共同发展、相得益彰，使中国报业移动化水平不断提高，移动化范围不断拓宽。从地域分布来看，报纸媒体传播百强包含了 20 个省、自治区、直辖市（不包括港澳台地区），主要集中在中东部地区。我国地区媒体的发达程度和经济水平呈正相关性，经济发达、人口集中的大城市也是大众传媒的活跃之地，报纸移动化水平也与此保持了一致。京粤浙辽四地在本次移动传播水平评估中继续保持领先优势，占报纸移动传播百强中的 53%，其中北京 24 家，广东 15 家，浙江、辽宁各 7

家。北京作为首都具有天然的地缘优势，是大量央媒本部所在地，人民系、新华系等央媒报纸一直独占鳌头。广东作为改革开放的前沿阵地，传媒国际化程度较高，新媒体意识较强，南方系报纸在媒体移动化方面也走在全国前列。京粤两地报纸移动化水平远远领先其他省份。如图22所示。

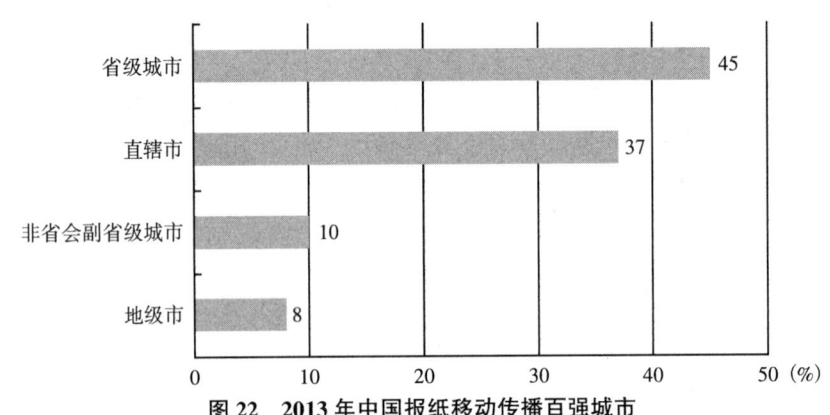

图22　2013年中国报纸移动传播百强城市
资料来源：人民网研究院《中国媒体移动传播指数报告》。

从杂志移动传播百强地域分布可以看出，杂志媒体地域集中化程度比报纸更高，只涉及16个省域，占全国省域总数的一半左右。82%位于北上广这些政治、经济、文化中心城市，其中北京54家，占比54%。而云南、湖南、浙江等9个省域均只1家上榜，对比显示出我国杂志移动化转型的地域间差距。与报纸媒体不同的是，杂志媒体的移动化程度同地区经济发展水平不总是呈正相关关系。以东部沿海省份江苏、浙江为例，尽管以上两个省份在《"十二五"中期中国省域经济综合竞争力发展报告》中分别居第一位和第三位，但是其省内杂志媒体移动化水平程度表现不佳；与此同时，四川、云南、宁夏等省内杂志媒体移动化水平却有不俗表现。

微博、微信作为兼具传媒性与社交性的移动互联网传播平台，对于媒体而言是传递信息、吸引受众以及与网友进行互动的最便捷平台，电视媒体进军移动互联网同样无法回避这两个重要阵地。如今，入驻双微平台已成电视频道移动传播标配。其中，央视及省级卫视微博开通率为97.83%，微信开通率为91.3%，其中包含少数以电视台为认证信息的微博、微信，而不属于独立的卫视频道。在这样的大环境下，开微博、做微信已成为共识，而如何更好地利用双微平台服务观众才是接下来的任务所在。微博、微信应当走出粉丝之争的阶段，真正踏上提供服务的道路。如媒体可在腾讯微信平台中开通微社区，目前仅湖南卫视、山东卫视等少数几家频道开通微社区。数据显示，46家电视频道中仅有15家开通腾讯微视，且提供的视频质量大多不尽如人意，这或许与微视8秒视频的时长过短，无法满足电视节目的全面呈现有关。其实，微视平台可以作为节目预告平台，同时也可提供在电视中未经播出的花絮和"彩蛋"。图23反映了2013年电视频道移动传播平台开通情况。

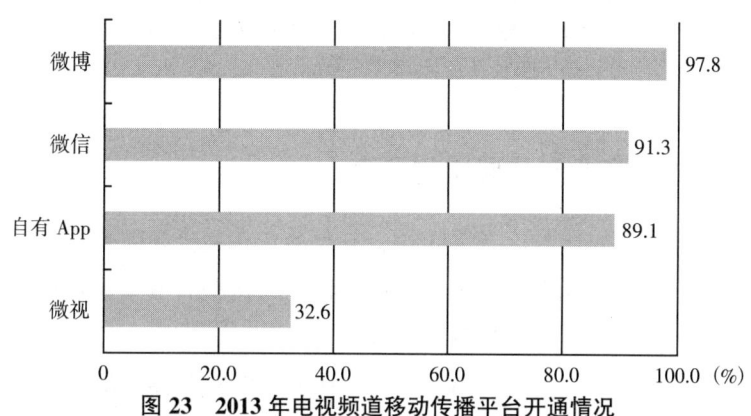

图23　2013年电视频道移动传播平台开通情况
资料来源：人民网研究院《中国媒体移动传播指数报告》。

从省域分布上来看，广播频道移动传播百强涵盖24个省、自治区、直辖市（不包括港澳台地区），集中于东中部地区。其中北京有15家（含国家级广播电台），广东11家，山东、江苏各10家。东西部广播移动化差距较大，沿海城市移动化程度最高。从城市分布上来看，百强广播频道省会城市占比最大，为58%。其中，广州、郑州、南京数量最多，分别为8家、6家、5家。尚有5家广播频道分别位于少数民族自治区首府新疆乌鲁木齐和广西南宁。四个直辖市共有23家广播频道进入百强，其中北京最多，为15家，同时北京也是所有城市中拥有百强广播频道最多的城市。这当然与国家级广播电台位居此地有关，北京15家广播具体分属情况如下：中国国际广播电台3家、中央人民广播电台6家、北京人民广播电台6家。副省级市中，青岛拥有百强广播频道数最多，为4家。拥有百强广播频道的10个地级市中，中山、无锡、苏州各获两家。如图24所示。

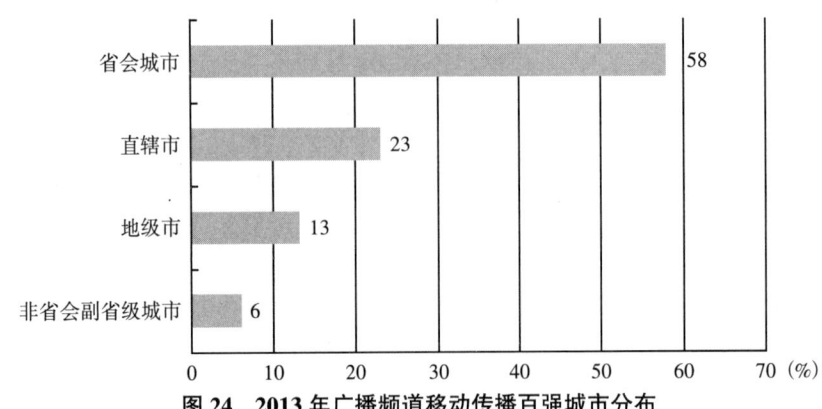

图 24　2013 年广播频道移动传播百强城市分布

资料来源：人民网研究院《中国媒体移动传播指数报告》。

（二）新媒体产业产品同质化严重

微博加深了报刊媒体与读者之间的交流互动，有利于媒体及时获得新闻线索和反馈信息，增强用户黏度，对报刊媒体的移动化转型有着举足轻重的作用。从目前情况来看，微博属于媒体运营较为成熟的平台，入围百强榜单的报纸均开通有新浪或腾讯微博。以《人民日报》为例，其观点新颖、评论给力，并极具亲和力，在微博中一枝独秀。都市生活类报纸也纷纷通过微博与受众互动，微博平台成为其新闻来源之一。

但在微博开通形势一片大好的情况下，各家媒体微博运营的成熟度与内容质量却参差不齐。报纸微博同质化现象普遍，给受众传递了过多冗余且深度不足的信息。建议报纸官方微博建立"半小时快评"机制，在新闻发生后及时安排本报评论员或邀请微博意见达人撰写短小精悍的新闻快评，发布于微博上。避开第一轮抢发同质、简单新闻信息的高峰，而采用"错峰时间"策略，发布更具深度内涵的评论性信息。需要注意的是，"快评"机制同样需要把握新闻的时效性，是"快"与"深"的结合。

（三）新媒体产业移动传播的特性未得到彰显

依托原期刊品牌建立起来的本土传媒集团，如知音、读者、家庭等传媒集团，与时尚、财讯等有跨国基因的传媒公司相比，其新媒体意识和移动化水平明显偏低。如知音集团旗下仅有《知音》一家杂志上榜，排名也不靠前。而时尚传媒集团旗下几家杂志均有不俗表现。在移动化领域中，本土传媒集团应加强媒体移动化战略，重视微博、微信营销手段，加强与读者的互动，方便读者直接投稿；打造精品App，实现杂志数字化、多媒体、虚拟化，从而增强用户体验，采用移动支付等手段，方便用户订阅，从而在移动终端上与外资传媒集团一较高下。本土化杂志必须在新一轮的移动化转型中快速觉醒，奋起直追。

大众消费类杂志的移动化走在前列，而IT类、医学类、体育类等专业期刊只有个别进入移动化百强。事实上，专业类杂志适合研发自有App，以满足特定读者群体的专业化、个性化需求。

中央电视台15个频道，移动化水平参差不齐，整体呈现"两头大、中间小"的发展态势。这其中不乏可以作为典型榜样的优秀移动平台，如央视自有App"央视新闻""央视影音"，微信平台"央视财经"，它们对提高中央电视台的移动传播指数大有裨益。

与此相对的是，几家针对相对特定受众的专业性频道，移动化水平则相对较弱，甚至存在频道没有开通微博、微信，如中央电视台少儿频道。事实上，在央视普遍入驻多个移动平台，且受到较高关注时，缺席某一移动平台会严重削弱自身的移动传播效果。目前央视频道微博粉丝总数已超4500万。

不过对于央视而言，这种态势并非难以扭转，以强势频道带动其他频道，目前落后的平台积极利用强势频道已有的受众基础和央视强大的人才宝库、技术支持，将传播扩展到每一个高价值的移动平台，依据不同平台的特点提供不同形式的高质量节目和信息，那么央视整体的移动化传播地位将大大提高。表4为2013年央视频道移动传播排名。

表4 2013年央视频道移动传播排名

央视频道	排名	央视频道	排名
中央电视台新闻频道	1	中央电视台电影频道	20
中央电视台财经频道	3	中央电视台社会与法频道	24
中央电视台纪录频道	6	中央电视台中文国际频道	34
中央电视台音乐频道	8	中央电视台科教频道	35
中央电视台体育频道	10	中央电视台军事农业频道	36
中央电视台综合频道	12	中央电视台戏曲频道	37
中央电视台综艺频道	15	中央电视台少儿频道	39
中央电视台电视剧频道	16		

(四) 新媒体产业立法滞后

随着我国网民数量的增加,社会生活、个人生活、经济生活已经快速进入网络时代,进入数字化生存。而与此形成强烈反差的,则是中国网络立法的严重滞后。在网络立法方面,中国目前只有一部《电子签名法》和包括《政府信息公开条例》在内的不到 10 部行政法规。改革开放以来,中国制定了大量法律和行政法规,而涉及互联网管理的法律法规却只占 1.5%左右。

网络正成为日益重要的信息通道,网络的"弥散性"为民意形成提供了极佳的技术手段,因此它是大型民主社会可能并臻于完善的技术条件。但是正所谓祸福相依、利弊相随,网络自然也有其弊,因而需要管理;但过分的管理有可能伤及网络自由。2012 年 12 月 28 日第十一届全国人民代表大会常务委员会第三十次会议通过了《全国人民代表大会常务委员会关于加强网络信息保护的决定》,再次引发了人们对网络自由的关注。

法律法规缺失导致的直接后果是使网络上一系列问题陷入无法规制的状态,比如近些年广为关注的个人信息保护问题。我国个人信息现在处于严重被滥用的状况,而导致这一现象的最重要原因就是法律上没有对个人信息保护给予明确的、具有可操作性的规定。还有让人头疼的垃圾信息,严重影响了人们的正常生活;另外,各种网络诈骗、网络犯罪层出不穷,网络秩序受到严重挑战。中国网络立法滞后主要有两方面原因:客观原因是与发达国家相比,中国进入互联网时代要稍落后几年,有一个滞后效应;主观原因则是对网络立法的重要性和必要性认识不足。加强网络立法的意义在于,首先,可以为公民在网络上行使自己的权利,保护自己的合法利益提供法律基础;其次,有利于政府机关依法管理网络。以往政府机关多通过行政手段管理互联网,而中共十八大报告提出要"推进网络依法规范有序运行",特别强调"依法"管理。通过明确的规则和法律程序,将管理网络的行为纳入法制轨道,有利于规范网络秩序、提高政府管理网络的能力。加强网络立法对于互联网企业的发展也有积极作用。近几年互联网上假冒伪劣层出不穷,无序竞争接连不断。假冒商品问题、搜索引擎竞价排名问题、3Q大战、3D 大战等互联网上的竞争秩序面临严重挑战。传统法律在适用互联网时面临许多障碍。通过网络立法,可以为互联网企业之间的竞争提供明确的行为规范,使网络竞争在依法依规前提下良性开展,有利于保护企业的合法经营和合法利益。由于缺少网络管理法律法规，近些年个人信息滥用和垃圾邮件泛滥已经成为严重的社会问题，直接影响到中国的国际形象和互联网企业的声誉。因此，通过立法提升网络信息保护水平，有利于提升中国政府在国际上的形象，也有利于保护中国互联网企业"走出去"。

（佟东，本文原载于《中国新媒体产业安全报告》2014年版）